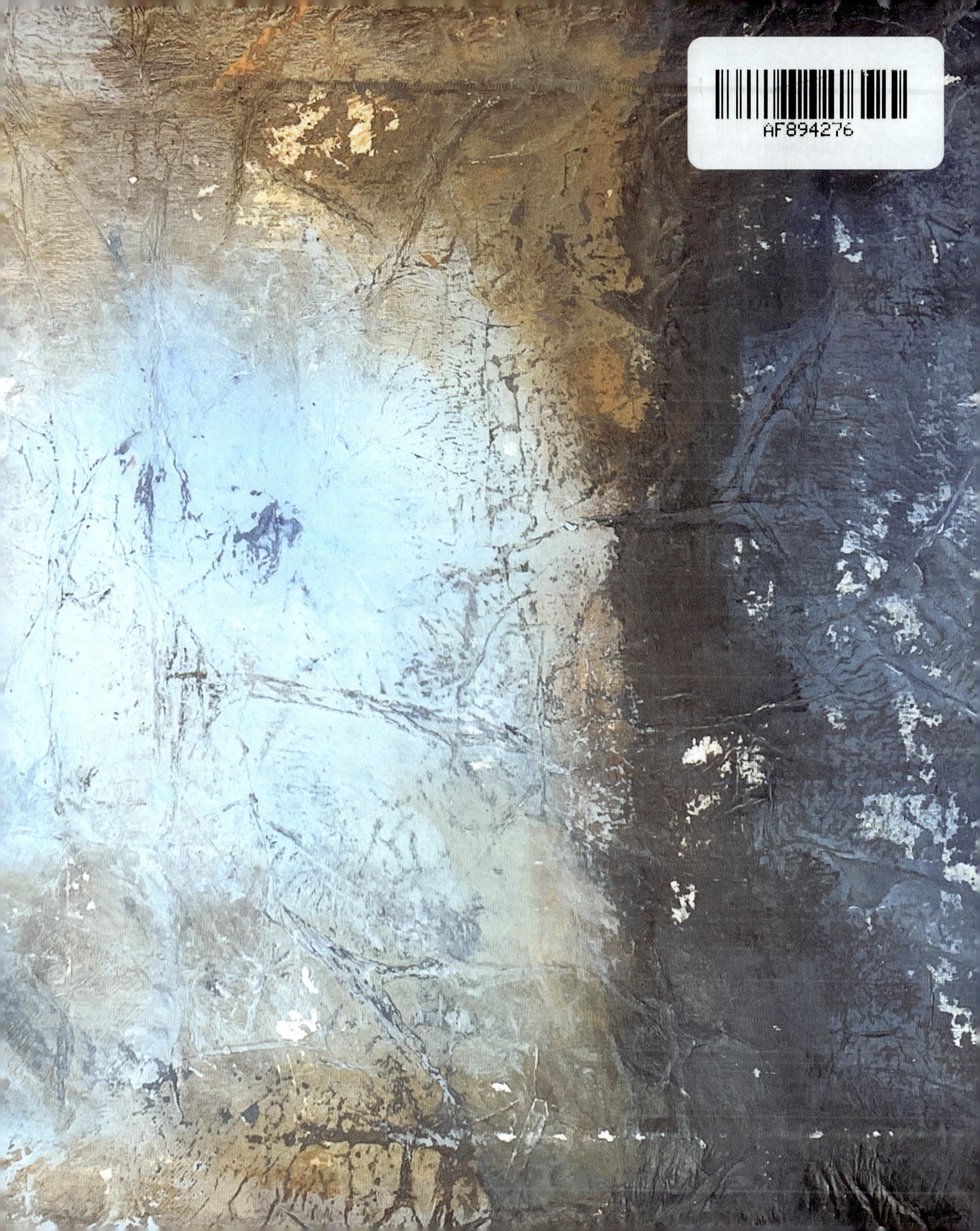

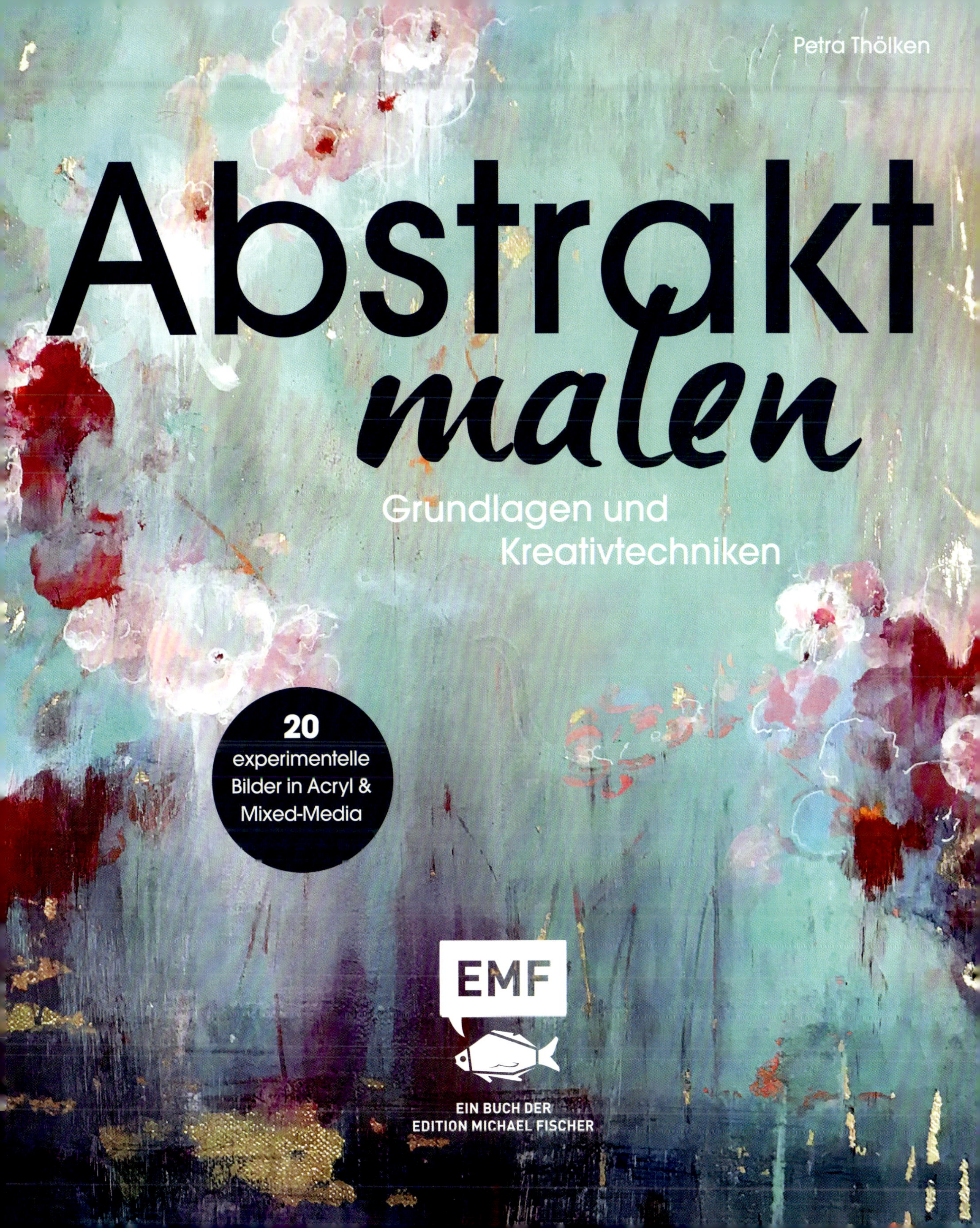
Petra Thölken
Abstrakt
malen
Grundlagen und
Kreativtechniken
20
experimentelle
Bilder in Acryl &
Mixed-Media
EMF
EIN BUCH DER
EDITION MICHAEL FISCHER

# Inhalt



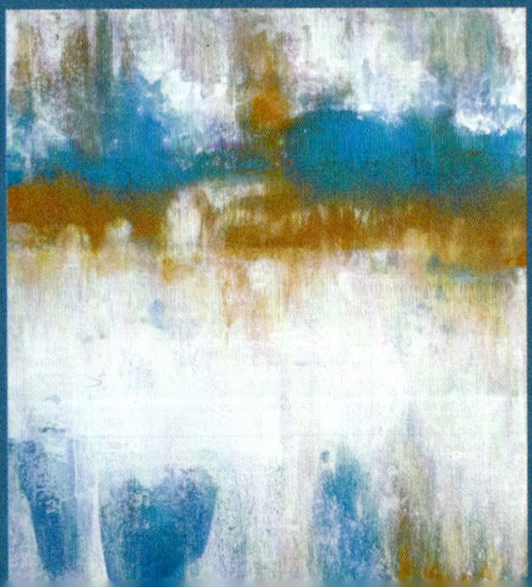

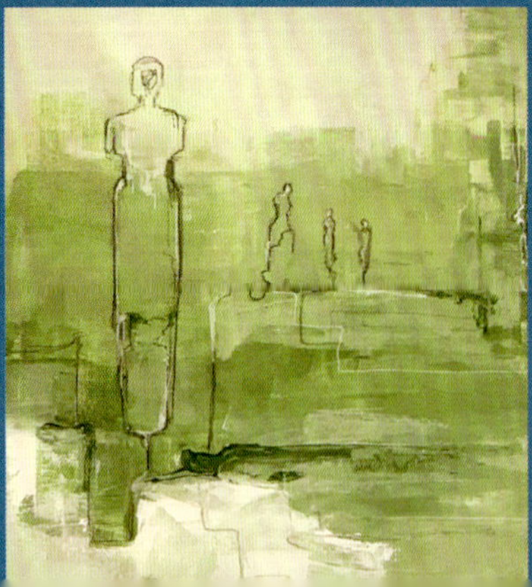

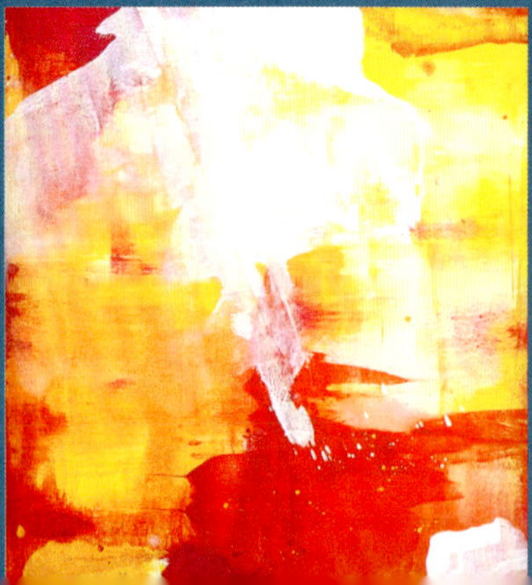

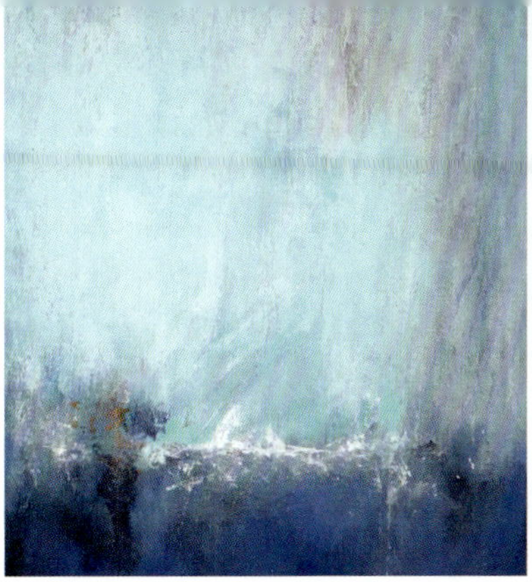

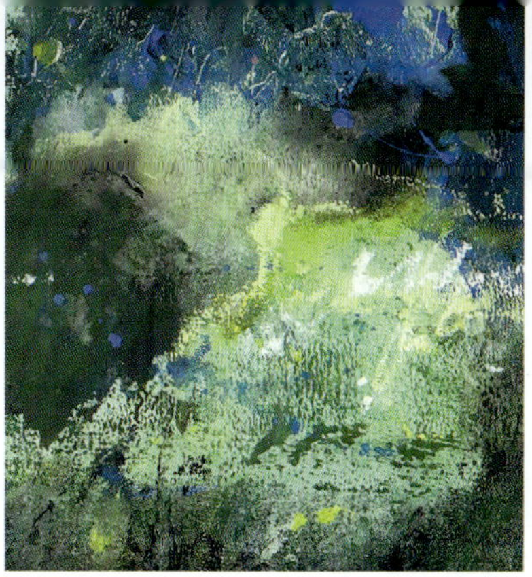

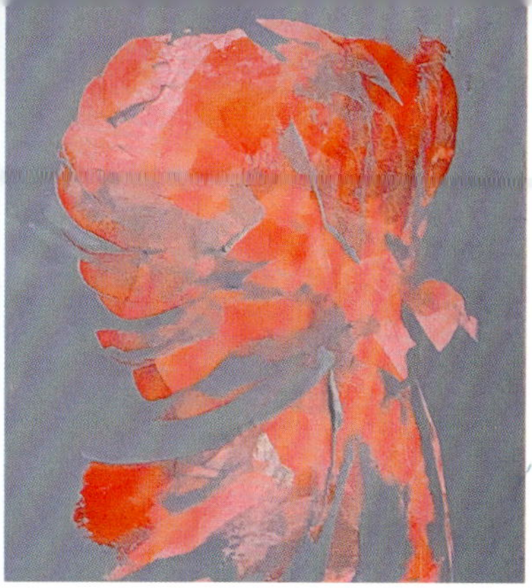

# Vorwort

Die abstrakte Malerei lädt dich schlichtweg zum Malen ein. Sie unterliegt keinen strengen Regeln und Vorgaben, was allerdings für viele nicht gleich bedeutet, dass es dadurch einfacher wird. Ganz im Gegenteil. Denn es kann oft schwerer sein, sich ohne Vorgaben in die Malerei zu begeben. Du fragst dich dann vielleicht: „Wo fange ich überhaupt an, wann höre ich auf?" oder „Wie schaffe ich Lebendigkeit in mein Bild?". Es gibt einiges, an dem du dich, auch in der abstrakten Malerei, orientieren kannst. Diese Rahmenmöglichkeiten stelle ich dir vor. Die abstrakte Malerei bietet dir außerdem das Malen mit den unterschiedlichsten Werkzeugen an. Es gibt Techniken, die dir zu einem eigenen Ausdruck verhelfen. Du kannst dabei Materialien entdeckten, die du mühelos einsetzen kannst, oder Farbmischungen entwickeln, die dein Bild leuchten lassen.

Schön, dass du dieses Buch entdeckt hast. In deinem Vorhaben des abstrakten Malens werde ich dich sehr gerne unterstützen. Ich selbst male Zeit meines Lebens. Daher kenne ich mich mit den Tiefen und Höhen aus, die das Malen mit sich bringt. Manchmal gelingt einem einfach alles und es sprudelt nur so aus einem heraus. Aber es gibt auch Tage, an denen nichts klappen will. Man geht womöglich enttäuscht von seinem Bild und zweifelt an seinem Können. Zudem wirst du heute von so vielen schönen Bildern überflutet. Du kannst diese Bilder abmalen und sie werden fast genauso schön und du freust dich darüber. Wenn du aber eines abmalst und es sieht am Ende ganz anders aus, bist du womöglich enttäuscht. Da kann ich dich beruhigen: Im Grunde kann es nie genauso aussehen wie die Vorlage. Und das ist gut so. Mittlerweile führe ich Menschen seit mehr als 15 Jahren an die Malerei heran. Daher erlaube ich mir auch die persönliche Ansprache, das Du. Denn die Teilnehmerinnen und Teilnehmer in meinen Malkursen liegen mir sehr am Herzen. Und so heiße ich auch dich willkommen zu deinem Malkurs. Trete, durch dieses Buch, in mein Atelier ein und wir malen uns beide durch den Tag oder auch durch die Nacht, ganz wie du möchtest. Das ist ja das Schöne an einem Buch. Du kannst dich ganz nach deinem Rhythmus in die Malerei vertiefen. Die unterschiedlichen Situationen, wo du die Malerei für dich nutzen kannst, einfach zu deinen Gunsten machen.

Fängst du gerade erst an mit dem Malen, ist das wunderbar. Du kannst losgelöst ans Malen gehen. Du bestimmst das Tempo und die Zeit. Und wann immer du möchtest, schlägst du eine Seite, in diesem Buch, auf und begibst dich an deine Farben und Inspirationen. Du kannst die Malerei als ein vorübergehendes Hobby sehen, du kannst aber auch eine wahre Leidenschaft dafür entwickeln, in der du dich neu entdecken kannst. Du findest in diesem Buch nicht nur Anleitungen für Bildmotive, sondern auch, wie du unterschiedlich an die Bilder herangehen kannst. Du findest Anleitungen für ein schnelles Bild, mit wenigen Arbeitsschritten, um dir schnell eine Freude zu bereiten. Oder Anleitungen, bei denen deine Ausdauer gefragt ist. Du findest dekorative wie meditative Bilder. Sachliche wie fantasievoll gedachte, abstrakte Welten. Ich stelle dir Werkzeuge und unkonventionelle Untergründe vor. Probiere dich aus. Lass dich auf das Malen ein. Lerne Farben und das Mischen von Farbtönen kennen. Nehme dir etwas Zeit und schaffe dir ein Stück Zufriedenheit. Denn das ist das, worum es wirklich beim Malen geht. Ich wünsche dir viel Freude an diesem Buch und viel Schaffenslust bei deiner Umsetzung.

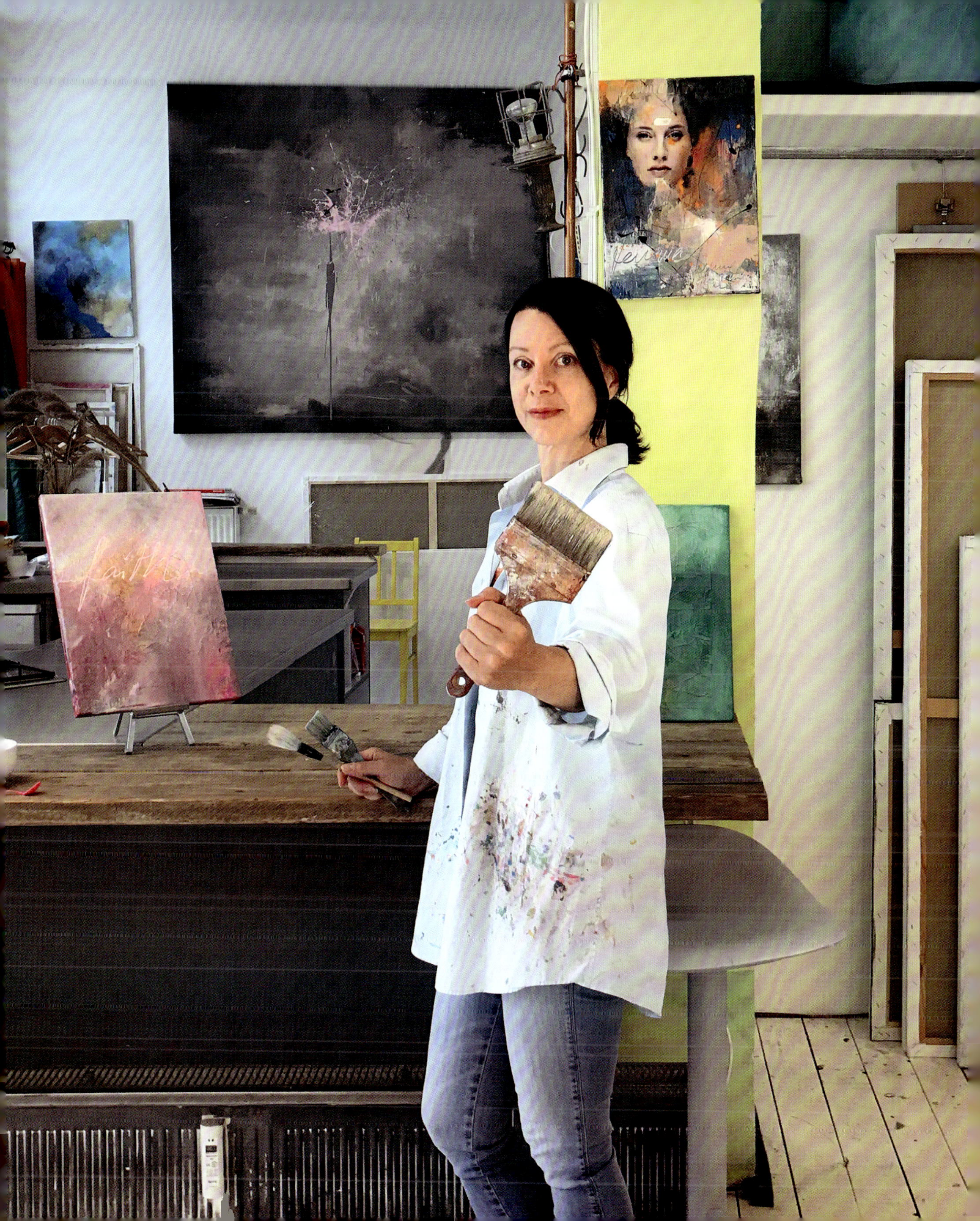
faith

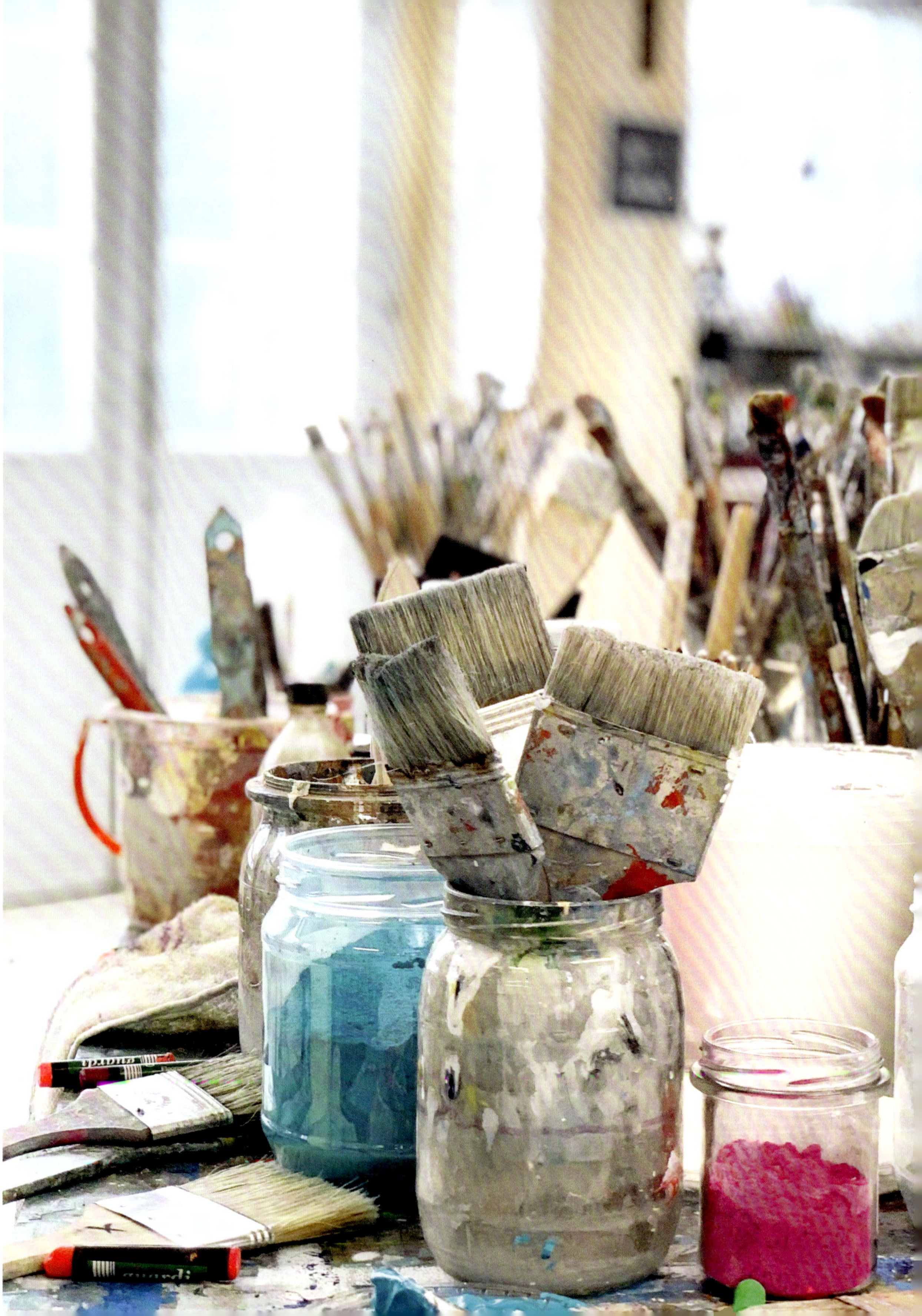

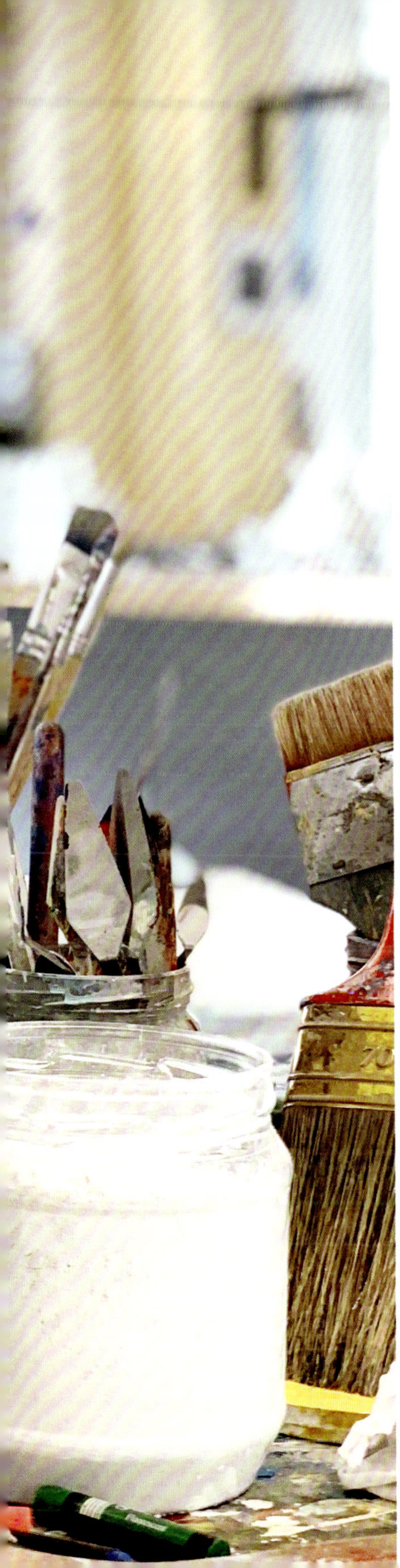

# Grundlagen

Werkzeuge, Materialien, Untergründe, welche Farbe nehme ich überhaupt? Es gibt so viele Möglichkeiten und das Angebot ist so groß, dass man leicht den Überblick verlieren kann. Ich habe mit der Vielzahl ein bisschen aufgeräumt und dir die wichtigsten Dinge herausgesucht. Das, was du brauchst, und das, was du über Techniken, Farbtöne und Bildaufbau wissen solltest. Auf den nächsten Seiten findest du alles, was dir beim späteren Tun weiterhilft.

# Pigment

**Pigmente sind die ältesten Malmittel, die wir kennen. In der Höhlenmalerei wurden Steine und Erden zu Pulver zermahlen und an die Wand gebracht. Diese verwendeten Pulver sind natürliche, anorganische Pigmente. Bis heute hat sich daran nichts geändert. Es gibt zahlreiche natürliche Pigmente, die oft ihrer Herkunft nach benannt werden. Vielleicht hast du schon mal Siena oder Umbra in der Hand gehabt. Das Pigment Umbra kam ursprünglich aus Umbrien, daher der Name. Umbra gebrannt, bedeutet, dass das Pigment im Herstellungsverfahren gebrannt wurde, womit sich der Farbton verändert hat.**

Wir unterscheiden Pigmente in zwei Hauptgruppen: natürliche und synthetische Pigmente. Diese gruppieren wir nochmals in organische und anorganische. Im Fachhandel (Künstlerbedarf) sind unzählige Pigmente, in allen erdenklichen Farbtönen, erhältlich. Du kaufst dann meist ein natürliches, anorganisches oder ein synthetisch hergestelltes Pigment.

Zu der Zeit der Höhlenmalerei haftete das Pigment durch die Umstände des Klimas in der Höhle selbst. Somit reichte dort das Wasser aus, womit sich das trockene Pigment zu einem nassen Brei verarbeiten ließ. Du kannst also deinem Pigment Wasser beigeben, um einen Farbteig zu erhalten. Damit es aber auf deinem Untergrund, der Leinwand oder dem Papier, haften bleibt und nicht nach der Trocknung wieder herunterrieselt, benötigst du eine weitere Zutat: ein Bindemittel.

## DER UNTERSCHIED ZU GEBRAUCHSFERTIGER ACRYLFARBE

Wenn du in ein Geschäft gehst und dir deine Tube gebrauchsfertige Acrylfarbe kaufst, ist hier das Pigment schon zu Farbe verarbeitet. Das heißt, der Hersteller hat sein Pigment (das den Farbton einer Farbe bestimmt) mit seinem Bindemittel (weitere Zutaten) zu einem Farbteig verarbeitet. Du kannst dir das so vorstellen: Wenn du ein Gericht kochen möchtest, gehst du in ein Geschäft und kaufst (bei fertiger Acrylfarbe) ein Fertiggericht. Kaufst du ein Pigment, erhältst du kein Fertiggericht, sondern eine Grundzutat. Ein Pigment oder ein Farbstoff ist also eine Grundzutat einer jeden gebrauchsfertigen Farbe.

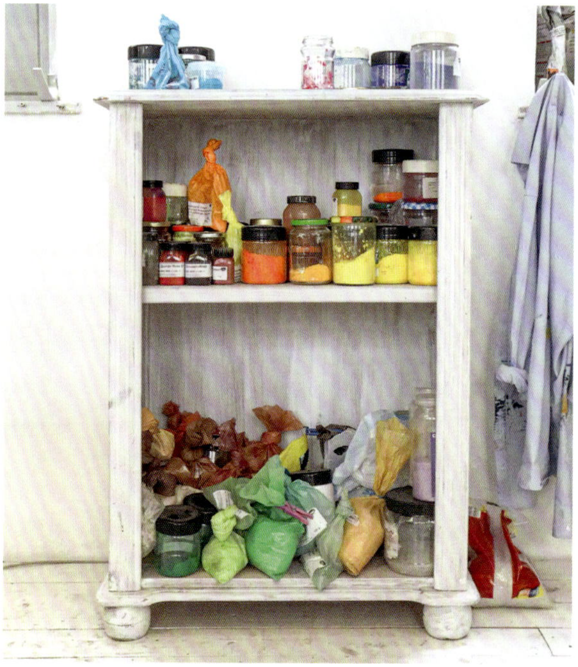

## REINER FARBTON

Wie bei einem Fertiggericht weißt du nicht, welche weiteren Zutaten sich in einer gebrauchsfertigen Acrylfarbe befinden. So wie jedes Mehl feine Geschmacksunterschiede aufweist, gibt es auch Unterschiede bei Pigmenten, Bindemitteln und somit auch bei deiner Farbe. Ich habe schon einige Bindemittel ausprobiert und auch bei den Pigmenten gibt es viele Unterschiede, die aber meist nur im Benetzen des Pigments, der Trocknungszeit oder dem Deckvermögen bestehen. Ich benutze aber keine weiteren Zusätze, sodass ich immer den reinen Farbton und seine uneingeschränkte Farbintensität auf die Leinwand bringen kann. Ich möchte dir das noch einmal ganz kurz, anhand eines vereinfachten Beispiels, erklären: Wenn du ein Hellblau als fertige Acrylfarbe verwendest, benutzt du oft nicht nur ein Blau sondern auch ein Weiß. Denn hier wurde das blaue Pigment mit Weiß, vom Hersteller, zu einem Hellblau gemischt. Benutzt du ein Hellblau als Pigment, weißt du, dass sich keine weiteren Zutaten im Pigment befinden, es sei denn, es steht auf der Verpackung oder im Datenblatt des Herstellers. Du hast also einen Farbton, ein helles Blau, ohne Weißanteil. Das ist für viele Techniken wichtig, denn Weiß verhüllt deine Farben. Farben, mit Weiß gemischt, sind zudem deckender.

## SPEZIFISCHE EIGENSCHAFTEN

Du kannst bedenkenlos Pigmente aus dem Fachhandel benutzen. Ich schreibe hier allerdings bewusst: aus dem Fachhandel. Denn du solltest wissen, dass in Pigmenten auch Schadstoffe enthalten sein können. Um das Verwenden solcher, nicht sachgerecht ausgezeichneter Pigmente zu vermeiden, rate ich, Pigmente immer aus dem Fachhandel zu beziehen. Dort sind gefährliche Substanzen mit einem Gefahrensymbol gekennzeichnet. Es gibt immer ein Datenblatt, welches du dir, vor Gebrauch, durchlesen kannst. Du kannst Pigmente auch direkt vom Hersteller, einer Farbmühle bestellen, die es auch in Deutschland gibt und wo Pigmente noch mit Liebe und Leidenschaft hergestellt werden. Pigmente sind, wie auch gebrauchsfertige Acrylfarben, mit Standardhinweisen deklariert. Diese Hinweise geben die spezifischen Eigenschaften wie folgt an:

### LICHTECHTHEIT

Lichtechtheit gibt an, wie beständig der Farbton gegen den UV-Anteil des Sonnenlichts ist. Denn das Sonnenlicht kann den Farbton des Pigments verändern, wie zum Beispiel es verblassen lassen. 8 steht für maximale, 7 für sehr gute, 6 für gute Lichtechtheit.

### EIGNUNG

Die Eignung gibt an, mit welchen Bindemitteln sich das Pigment binden lässt, wie zum Beispiel:

**Ö:** für Öl geeignet
**Ac:** für Acrylbindemittel geeignet
**G:** für Gouachebindemittel geeignet
**Aq:** für Aquarellbindemittel geeignet
**Ei:** für Eitempera geeignet
**L:** für Leimfarben geeignet
**K:** für Kalkfarben geeignet
**Z:** Das Pigment ist zementecht

Du kannst also mit einem Pigment oftmals eine Ölfarbe wie auch eine Acrylfarbe herstellen.

### DECKKRAFT

Ein Pigment kann transparent oder auch deckend sein. Das ist einfach so. Dementsprechend ist auch eine gebrauchsfertige Acrylfarbe deckend oder transparent. Auf der Verpackung steht hier ein T für Transparent, L für lasierend, D für deckend oder DD für hochdeckend.

### LANGLEBIGKEIT

Dies ist eine der besten Eigenschaften. Deshalb möchte ich sie auch erwähnen. Kaufst du dir ein natürliches, anorganisches Pigment, so hältst du hier womöglich Tausende von Jahren in den Händen. Du kannst, bei guter Lagerung, dein Pigment ein Leben lang benutzen, ohne dass es seine Eigenschaften verliert. Du kannst es sogar ererben.

# Acryl

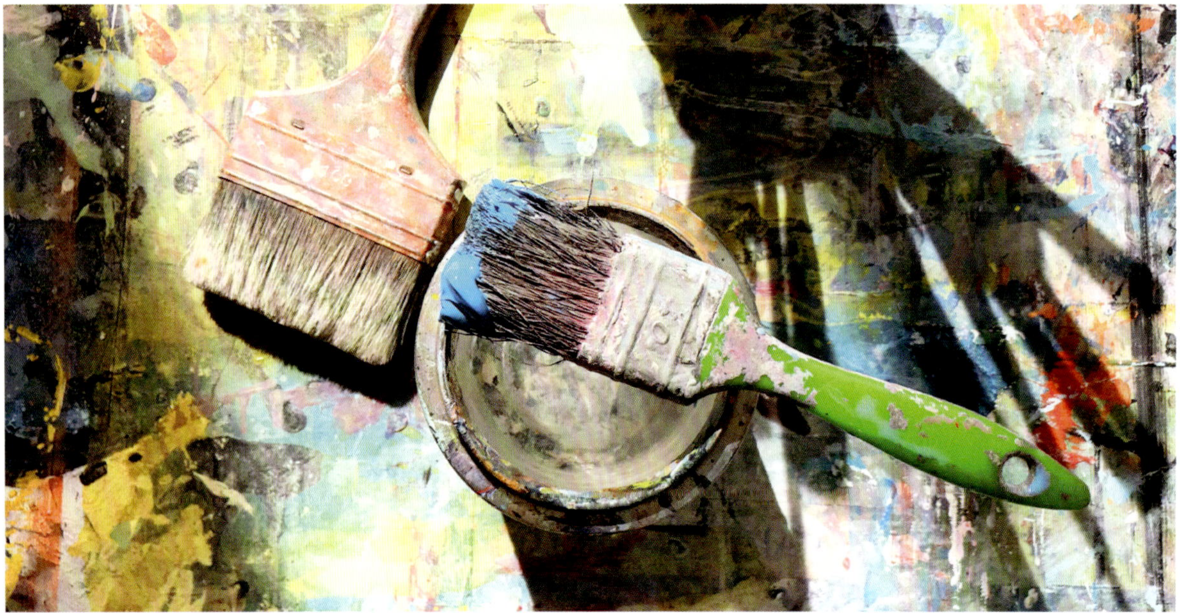

Die gebrauchsfertige Acrylfarbe ist meist farbstark, lichtecht und bietet eine große Auswahl an Farbtönen. Aber was noch besser ist, du kannst sie sofort benutzen. Das ist ein wunderbarer Vorteil. Je nachdem, welche Acrylfarbe du gekauft hast, ist sie zudem fest, cremig oder flüssig. Die Farbe lässt sich entsprechend spezifisch zur Technik bzw. zu deinem Werkzeug hervorragend anwenden.

Darüber hinaus gibt es Zusätze zu den Farben: Verflüssiger, damit deine feste Farbe viskos flüssig wird; Verzögerer, um eine schnelle Trocknung zu vermeiden. Viele weitere Zusätze sind erhältlich bis hin zum Schlussfirnis, welcher dein Werk schützen soll. Du kannst selber ausprobieren, welches Malmittel dich bei deiner Farbe und Technik unterstützt. Was du also wissen solltest, ist, wenn du zum Beispiel in der Spachteltechnik reibungslos arbeiten möchtest, verwendest du eine geschmeidige Farbe, damit du die Farbe mit dem Spachtel über die Leinwand bewegen kannst und diese nicht zäh dort verharrt, wo du sie gerade aufgetragen hast. In der Lasurtechnik brauchst du dünne, transparente Farbschichten. Du kannst deine gebrauchsfertige Farbe mit Wasser verdünnen, dies kann aber bedeuten, dass die Farbe wässrig und nicht viskos wird. Eine wässrige Farbe fließt schnell, eine viskose Farbe hast du weiter unter Kontrolle. Du bestimmst also mit dem Kauf deiner Farbe nicht nur einen Farbton, sondern auch, wie, mit welchem Werkzeug und in welcher Technik du damit gut arbeiten kannst.

Je leichter du mit der Farbe malen kannst, umso mehr Spaß hast du und dies wirkt sich enorm auf dein Ergebnis aus. Wenn ich gebrauchsfertige Acrylfarbe verwende, achte ich auf eine mittlere Festigkeit. Sie ist also nicht zäh, aber auch nicht flüssig. Zudem achte ich auf brillante Farbkraft. Wenn mir diese Farbe bei der Verwendung zu fest ist, nehme ich ein klein wenig Wasser dazu. Die hochwertige Farbe hat meist auch hochwertige Zusätze, sodass die Beigabe von Wasser der Leuchtkraft und Viskosität nicht schadet.

# Bindemittel

Seit dem zwanzigsten Jahrhundert hat der synthetisch hergestellte Kunstharz die altbewährten Malmittel, wie zum Beispiel Bienenwachs, Öle oder Leime, um ein Vielfaches bereichert. Du hast mit der Acryldispersion ein Bindemittel, mit dem du schnell und unkompliziert deine Farbteige selber ansetzen kannst. Zudem sind Bindemittel in unterschiedlicher Konsistenz erhältlich. Bindemittel kannst du auch deiner gebrauchsfertigen Acrylfarbe beimischen, um ihre Konsistenz zu verändern und die Haftung zu erhöhen. Es trocknet klar auf und der Glanzgrad kann dadurch mitbestimmt werden. Eine Acryldispersion kann auch als Grundierung verwendet werden.

## KONSISTENZ

Du kannst Acrylbinder in unterschiedlicher Konsistenz kaufen – wässrig, flüssig, cremig, fließend und sehr fest – und entsprechend den Farbteig so ansetzen, wie du ihn für deine gewählte Maltechnik brauchst. Einen festen Binder nimmst du für pastose Farbaufträge. Hier bewahrt die Festigkeit des Binders die Prägung des Werkzeugs. Einen flüssigen Binder nimmst du, um in der Lasurtechnik zu arbeiten. Ein cremiges Bindemittel kannst du besonders gut in der Spachteltechnik einsetzen. Ich persönlich arbeite mit zwei Bindemitteln, einem flüssigen und einem festen. Den festen Binder nutze ich zudem, um Pasten herzustellen; den flüssigen, um in der Lasurtechnik lange Offenzeiten der Farbe zu erzielen.

## GLANZGRAD

Bindemittel gibt es in unterschiedlichen Glanzgraden wie glänzend, seidenmatt und matt. Mischt du dir einen Farbteig mit einem glänzenden Bindemittel an, so glänzt diese Farbe im getrockneten Zustand. Hier wird deine Kreativität auch schon geweckt, indem du zum Beispiel auf einen glänzenden Untergrund mit matten Farben Muster malst und diese so besonders hervorhebst.

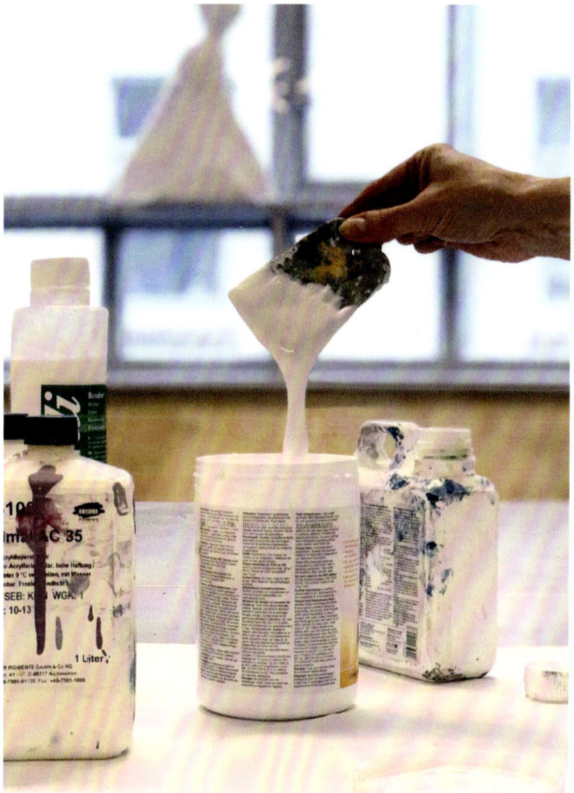

## AUSSEHEN

Das Bindemittel ist im flüssigen Zustand milchig und erst transparent, wenn es getrocknet ist. Beim Ansetzen von Farbteigen ist dies eine kleine Herausforderung. Denn das Bindemittel verfälscht vorerst deinen Farbton. Es ist ratsam, kleine Proben zu mischen, um später den wirklichen Farbton zu erkennen.

## TROCKNUNG

Bindemittel trocknen, wie auch gebrauchsfertige Acrylfarben, relativ schnell. Zugabe von Wasser verlangsamt den Trocknungsprozess. Aber auch das Raumklima und die Temperatur spielen eine Rolle in der Trocknungszeit deiner Farbe. So kann es sein, dass du im Winter mit der Farbe anders arbeiten kannst als im Sommer.

# Klassische Farbenlehre

In der klassischen Farbenlehre sprechen wir von den Primärfarben Blau, Rot, Gelb und den Sekundärfarben Orange, Grün und Violett. In der Praxis ist es oft so, dass dich dieses Wissen zwar unterstützt, aber zugleich sorgt die Praxis auch für Überraschungen: Du hast Kadmiumgelb und Ultramarinblau eingekauft. Diese beiden Farben gemischt ergeben aber kein leuchtendes Grün, denn beide Farbtöne gehen auf der Farbskala in die Richtung einer anderen Farbe: Das Blau kann Richtung Grün oder Rot einschlagen, ein Gelb kann ins Rot oder Grün, ein Rot zu Blau oder Gelb wechseln. Beim Mischen dieser Grundfarben erhältst du Farbtöne, die erdig werden, da alle drei Grundfarben im Mischton vorkommen. Was ich dir zur Farbenlehre deshalb vor allem vermitteln möchte, ist eine ganz kurze Vorstellungsrunde der gängigen Farbtöne:

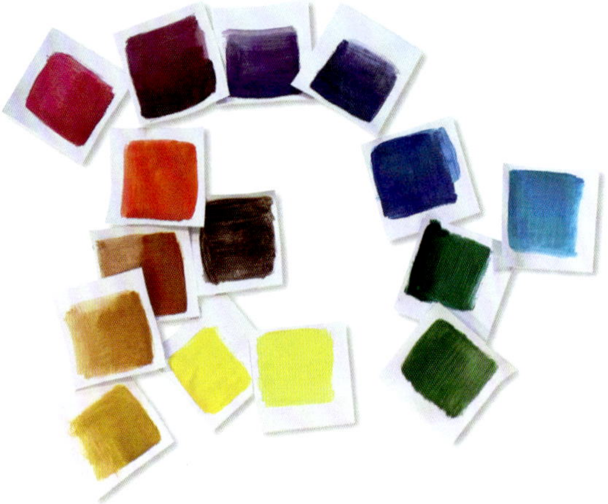

## GELB

Gelb ist ein Grundton, eine Primärfarbe. Aus Gelb lassen sich Orange und Grün mischen. Gelb ist oft transparent. Mit Weiß gemischt wird es deckender. Kadmiumgelb ist deckend und sieht sonnig warm aus, hat aber einen Stich ins Braun, d. h. dieser Farbton geht beim Mischen mit Magenta (dem Primärrot) oder mit Cyan (Primärblau) ins Erdige. Indischgelb reicht ihrer Schwester, dem Rot, die Hand und kann beim Mischen mit Blau Oliv erzeugen. Echtgelb ist recht neutral. Zitronengelb ist mein Primärgelb. Einige Hersteller sehen das genauso, daher findest du das Zitronengelb als Primärgelb vor. Hier erhalte ich die im Farbkreis mittigsten Mischtöne.

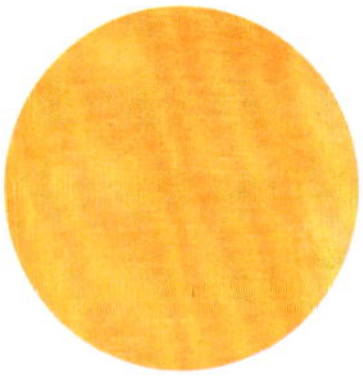

## ORANGE

Orange mischst du aus Gelb und Rot. Kadmiumgelb mit Zinnober behält seine Leuchtkraft und führt zu einem strahlenden Orange. Echtrot und Zitronengelb ergeben ebenfalls leuchtend Orange. Kadmiumgelb mit Magenta hingegen werden zu einem dumpfen Orange. Ein sehr kräftig leuchtendes Orange erhältst du, wenn du Neonpink mit Zitronengelb mischt.

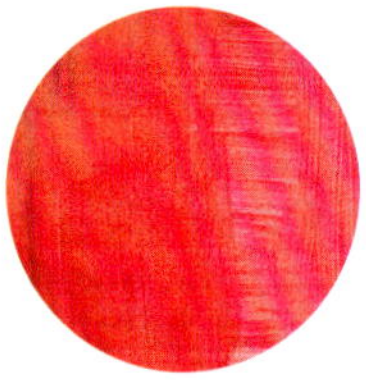

## ROT

Als Primärrot taucht hier das Magenta auf. Magenta hat einen Stich ins Blau, daher kannst du mit Magenta wunderbar leuchtende Violetttöne mischen. Das Gleiche gilt für Chinacridonviolett. Ich nutze gerne beide Farben zum Mischen. Echtrot ist fester Bestandteil meiner Farbpalette, da Echtrot mittig im Farbkreis liegt und somit beim Mischen zu „reinen" Mischtönen führt. Das heißt, es kippt nicht ins Gelb und auch nicht ins Blau. Kadmiumrot ist ein deckendes Pigment mit großer Leuchtkraft aber, wie das Kadmiumgelb, kippt auch das Rot ins Bräunliche. Das Azorot ist kräftig, wie auch Krapp, beide tendieren aber auch zu Braun. Englisch Rot ist hell, erdig und geht mit Bordeaux, dem ins Blau gehenden Rot, eine harmonische Beziehung ein. Zinnober winkt dem Gelb zu, ohne dabei grell zu werden. Es ist ein helles Rot.

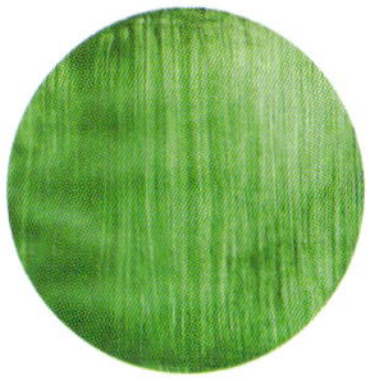

## GRÜN

Im Gegensatz zu Rot oder Blau ist die Auswahl an gebrauchsfertigem Grün eher klein. Grün kannst du aber aus Gelb und Blau mischen. Wie ich schon bei Gelb erwähnt habe, gibt es einige Gelbtöne, die ins Orange oder Braun tendieren, und Blautöne, die ins Rot gehen. Daher werden diese Mischtöne immer erdig und warm. Möchtest du ein leuchtend helles Grün, nimmst du ein neutrales Gelb, wie Zitronengelb oder Echtgelb, und ein Blau, wie Cyan oder Echtblau. Zudem gibt es das Phthalogrün, welches in unterschiedlichen Nuancen angeboten wird, und das Chromoxid. Letzteres ist feurig (laut) sowie das Kadmiumgrün, welches wie seine Geschwister, Rot und Gelb, ins bräunliche schwenkt.

## BLAU

Cyan (Primärblau) ist farbstark und behält auch verdünnt seine Leuchtkraft. Es ist mittig im Farbkreis angesiedelt und du kannst dementsprechend neutral helle und dunkle Grüntöne mischen. Kobalt ist ein beliebter Farbton, ich persönlich bevorzuge Cyan, da ich beim Malen oft nach einem kontraststarken Pigment suche. Kobalttürkis findet gerne seinen Platz auf meiner Palette. Coelinblau kippt ins Grün: Ein Himmel, mit Coelin gemalt, betont die Ferne. Phthaloblau findest du rötlich und in Cyan. Indigo ist so tief und dunkel, dass ich damit gerne Farben dunkler mische, statt mit Schwarz. Miloriblau ist einer der kältesten Blautöne. Mische ihn mit Weiß und du holst dir eine Decke zum Wärmen. Miloriblau ist aber auch dunkel und geheimnisvoll, denn du erkennst nicht sofort, in welche Farbfamilie es kippt. Ultramarin ist wegen seines Rotanteils ein guter Farbton zum Mischen von Violetttönen. Möchtest du eher Aubergine erhalten, nimmst du die erdigen Rottöne und mischt sie mit neutralem Blau, wie Echtblau oder Cyan.

## WEISS

Weiß ist dein hellster Farbton in deiner Farbpalette. Es ist als Zinkweiß, Mischweiß oder Titanweiß erhältlich. Hier greife ich zum Titanweiß, da es deckend ist. Es ist zudem ein Reinweiß, welches keine weiteren Nuancierungen aufweist.

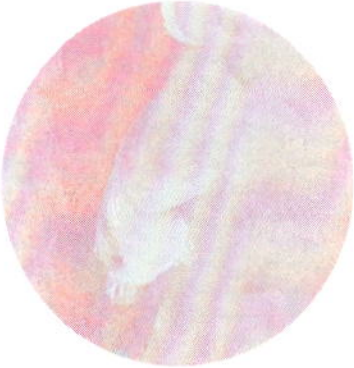

## AUFHELLEN MIT WEISS

Mit Weiß kannst du deine Bunttöne aufhellen. Du kannst einen vollen Buntton mit Weiß mischen und dieser wird immer heller. Hier ergeben sich wiederum viele Nuancen eines einzigen Farbtons. Durch die Zugabe von Weiß wird dein Buntton verhüllt und deckender. Du bringst deinen Farbton ins Pastell.

## SCHWARZ

Schwarz ist nicht gleich Schwarz. Es gibt viele Schwarztöne und diese können zu Gelb, Blau und Braun tendieren. Wenn du Schwarz zum Mischen verwendest, kann es daher sein, dass dein Mischton nicht die gewünschte Farbigkeit aufweist. Hier empfehle ich, verschiedene Schwarztöne im Sortiment zu haben. Ich habe Lampenruß, Eisenoxidschwarz und Rußverkollerer.

## ABDUNKELN MIT SCHWARZ

Du kannst durch wenig oder viel Zugabe von Schwarz deinen Buntton in vielen Nuancen dunkler werden lassen (auch: vergrauen). Wenn du einen Farbton abdunkeln möchtest, empfehle ich dir jedoch, nicht unbedingt zu Schwarz zu greifen. Wenn du stattdessen einen anderen dunklen Farbton verwendest, kannst du eine Vergrauung verhindern. Dieser dunkle Farbton kann zur Farbfamilie gehören, aber auch im Farbkreis gegenüberliegen. Möchtest du z. B. ein Rot abdunkeln, bietet sich dafür ein dunkles Blau an. Kasslerbraun (auch: Van-Dyke-Braun) ist sehr dunkel. Der damit gemischte Farbton erscheint nicht so kalt wie mit Schwarz. Umbra eignet sich auch.

# Mischen in der Praxis

Damit du dir nicht jeden Farbton einzeln kaufen musst, kannst du Farbtöne auch mischen. Hier folgen die Beispiele, die du auf die Bilder in diesem Buch anwenden kannst. Es gibt Farbtöne, die zu meinen Lieblingsfarben gehören, wie zum Beispiel das Pariserblau, Englisch Rot oder Grüne Erde. Diese habe ich als Pigment und verwende sie häufig auch, um weitere Farbtöne daraus zu erzeugen. Die Farbtöne, die du als gebrauchsfertige Acrylfarbe kaufen kannst, tragen zum Teil denselben Namen, sehen aber anders aus als mein Pigment. So kann es in der Terminologie häufig zu Verwechslungen kommen. Manche Farbtöne lassen sich einigermaßen gut nachmischen, auch wenn sie nicht vollkommen so aussehen wie das reine Pigment. In diesem Buch findest du also Namen wie Pariserblau, und du kannst es dann wie folgt aus gebrauchsfertiger Farbe herstellen:

## ORANGE

### WARMES ORANGE:

Mische Zitronengelb mit etwas Magenta und du erhältst ein sonniges bis leicht bräunliches, erdiges Orange. Dieses Orange kommt dem Kadmiumorange sehr nahe.

### LEUCHTENDES ORANGE:

Zitronengelb mit etwas Zinnoberrot ergibt ein kräftig, leuchtendes Orange.

## ROT

### PUDRIGES ROT:

In dem Bild Farbfeldmalerei (auf Seite 74) geht es nur um den Farbton: Mische zu Neonpink etwas Zinnober und gib einen Hauch Bordeaux (Alternativ Mauve von Lukas) dazu. Teile diese Farbe auf zwei Schälchen auf. Gib zu dem einen Weiß, zum anderen Bordeaux dazu.

### WARMES ROT:

Wie mit dem Kadmiumgelb, ist es auch mit dem Kadmiumrot. Nimm Zitronengelb und gib Magenta hinzu. Gib dann noch etwas Zinnober dazu, und du kommst dem Kadmiumrot sehr nahe.

## GRÜN

### OLIVE:

Nimm Olivegrün und gib etwas Grüne Erde (Lukas) und etwas Indigo dazu. Das wird ein satter, dunkler Grünton.

### HELLGRÜN:

Nimme Olivegrün und gib Weiß dazu. Dieser Farbton ist hell aber auch leicht kalt. Wenn du möchtest, gib etwas Zitronengelb dazu und anschließend etwas Weiß. Dein Grün strahlt ein warmes Licht aus.

## BLAU

### DUNKELBLAU:

Das Pariserblau ist speziell. Aber du kannst es nachempfinden, indem du zu dem Cyan Indigo gibst.

### HELLBLAU:

Ein Blau mit Weiß gemischt ergibt ein Hellblau. Oft sehen diese Blautöne sehr nach einem sogenannten Babyblau aus. Ich verwende hier als Pigment Echtblau. Bei gebrauchsfertiger Farbe nimm Cyan.

### TÜRKIS:

Für das Coverbild habe ich ein dunkles Grün genommen, das ins Blau kippt. Du kannst dafür Grüne Erde von Lukas als Grundton verwenden. Gib etwas Cyan dazu. Anschließend mischst du nach und nach Weiß dazu.

# Farbteig herstellen

Einen eigenen Farbteig herzustellen ist viel leichter als du wahrscheinlich denkst. Du brauchst nur zwei Grundstoffe: deinen eigentlichen Farbton, also dein Pigment, und ein Mittel, das dein Pigment auf deinem Untergrund haften lässt. Dieses Haftmittel nennen wir Bindemittel. Wenn du dir eine Acrylfarbe anrühren möchtest, nimmst du dafür einen Binder auf Kunstharzbasis, eine Acryldispersion. Möchtest du hingegen eine Ölfarbe herstellen, verwendest du als Bindemittel ein Öl. So gibt es verschiedene Bindemittel für die unterschiedlichen Farben. Der Unterschied beim Ansetzen eines Farbteigs mit Acryl ist, dass das Bindemittel im nassen Zustand milchig ist. Es verfälscht damit den eigentlichen Farbton des Pigments. Erst wenn deine Farbe getrocknet ist, siehst du den wahren Farbton.

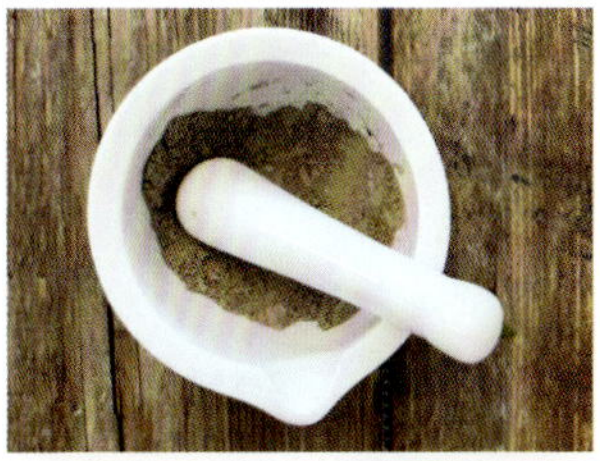

***Pigment im Mörser verreiben.***

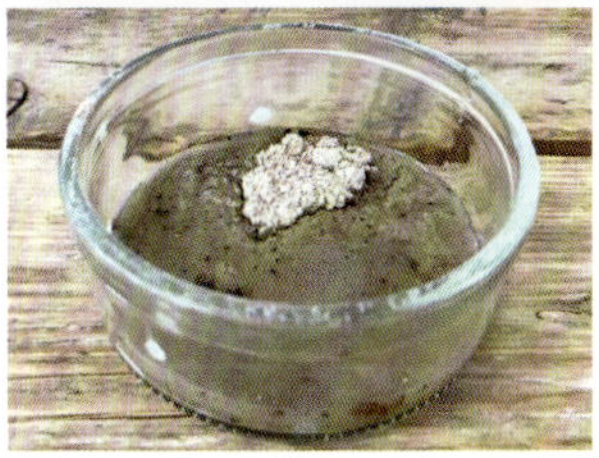

***In einer Schale, Pigment mit Wasser einsumpfen lassen.***

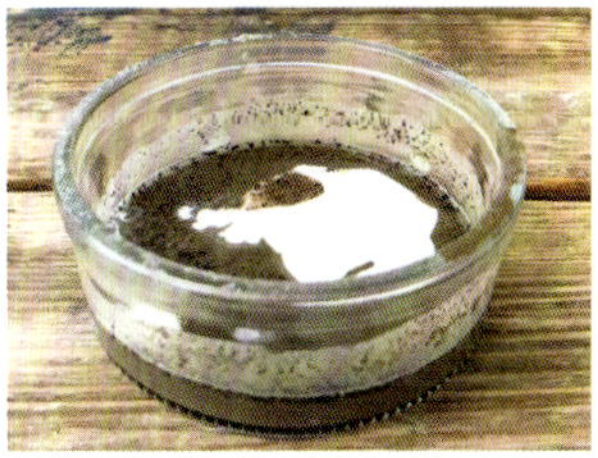

***Bindemittel dazugeben und miteinander verrühren.***

## FARBTEIG HERSTELLEN

Beim Anteigen einer Farbe gibst du etwas Wasser zum Pigment. Viele Pigmente verbinden sich schnell mit Wasser. Wenn dein Pigment sich mit Wasser benetzt, verändert sich die Farbe. Es wird dunkler und satter. Es gibt aber auch Pigmente, meist organische wie Kasslerbraun oder Miloriblau (Berliner Blau), die sich schwer benetzen lassen. Auch unter Zugabe von Bindemittel schwimmt das Pigment wie Fett an der Oberfläche. Diese Pigmente musst du einsumpfen. Am besten gelingt das in einem Mörser, wo du das Pigment weiter verreiben kannst. Für eine schnellere Verbindung sorgt ein Dispergiermittel. Ein, zwei Tropfen reichen meist schon aus, und dein Pigment verbindet sich mit Wasser oder der Acryldispersion, deinem Bindemittel, um Acrylfarben herzustellen, das du jetzt dazugeben kannst. Ich rate dazu, immer erst das Pigment mit Wasser anzuteigen, da du bei einem festen Bindemittel das Pulver schlecht zu einer homogenen Masse verarbeiten kannst. Hast du etwas Übung, kannst du das Wasser auch bei dicken Bindemitteln weglassen und dein Pigment nur mit Binder anreiben. – Fertig ist deine Acrylfarbe.

### Inspiration - kreative Zeit

Nimm dir einfach mal Zeit, um Farben anzusetzen. Es macht so viel Spaß, die Farben herzustellen. Du hast keinen Zwang, dass etwas dabei rauskommen muss. Du kannst dich von den Farbtönen inspirieren lassen. Ich räume mir gerne einmal die Zeit ein und sammle z. B. im Herbst die Farben in Form von Blättern ein. Denn Farbtöne können wir uns nicht vorstellen. Wenn du ein rotes Ahornblatt vor Augen hast, kannst du versuchen, den Farbton herzustellen, indem du Zinnober mit Bordeaux anrührst. Alleine aus diesen beiden Pigmenten lassen sich unendliche Nuancen mischen. Du kannst übrigens die angerührte Farbe lagern, indem du sie in eine Leertube ziehst. Ich verpacke sie meist nur luftdicht und stelle sie in den Kühlschrank des Ateliers, wo eine gleichbleibende Temperatur herrscht.

# Bildaufteilung in Bereiche

**Zu der Aufteilung eines Kunstwerkes gehören Ebenen wie ein Vordergrund (Höhe), ein Mittelbereich (Mitte), ein Untergrund (Tiefe). Dazu kommt ein weiterer Punkt: die Aufteilung in Bereiche. Die Bildbereiche kannst du nach der Regel des Goldenen Schnitts aufteilen. Diese unterstützt dich, mühelos ein gegenstandsloses Bild attraktiv zu gestalten. Du kannst damit auch erfahren, wohin du dein Hauptmotiv setzt.**

## GOLDENER SCHNITT

Vielleicht hast du schon einmal etwas über den Goldenen Schnitt gehört. Der Goldene Schnitt teilt eine Fläche in drei Teile. Etwas vereinfacht, in eine $^2/_3$-Teilung. Egal ob senkrecht oder waagerecht, du teilst deinen Malgrund in 2 Teile zu 1 Teil auf. An sich ist die Berechnung des Goldenen Schnitts noch detaillierter, aber die $^2/_3$-Teilung reicht aus, um deine Fläche harmonisch auf den Betrachter wirken zu lassen. Die Linien, die sich aus der Aufteilung ergeben, sind deine Anhaltspunkte für ein Hauptmotiv. Innerhalb dieser Schnittstellen setzt du dein Motiv. Wenn du es leicht nach rechts oder links zur Schnittlinie versetzt, bekommt es noch mehr Harmonie. Wenn du dich in dieser Aufteilung sicher fühlst, kannst du sie vernachlässigen und mehr ausprobieren. Denn es hat auch seinen Reiz, aus dieser Harmonie herauszugehen und neue Impulse einzufangen. Neue Spannungen zu erzeugen.

## EINE PRAKTISCHE ÜBUNG

Damit du ein Verständnis über diese Aufteilung und ein Gefühl für ihre Wirkung erhältst, möchte ich dich bitten, einmal deine Übung (die „Spachtelübung" auf Seite 28) vor dich zu legen und ein Passepartout dazu zu nehmen.

**1**

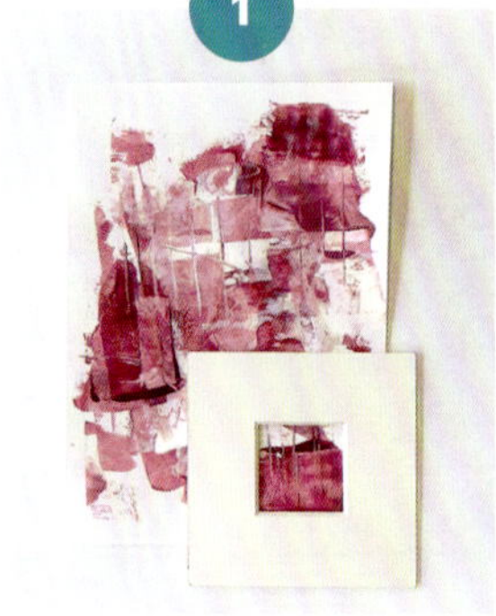

Nimm deine Übung aus der Spachteltechnik und lege ein Passepartout mit viereckigem Ausschnitt darauf. Du kannst auch einfach ein Viereck aus einem weißen Papier ausschneiden und dies benutzen, sofern du kein Passepartout zur Hand hast. Verschiebe den Ausschnitt und suche die Aufteilung des Goldenen Schnitt. Schiebe dann bewusst das Passepartout nach oben und unten, so, dass sich die gespachtelte Aufteilung verändert. Achte dabei darauf, wie du darauf reagierst. Welcher Ausschnitt findet bei dir Anklang.

---

**2**

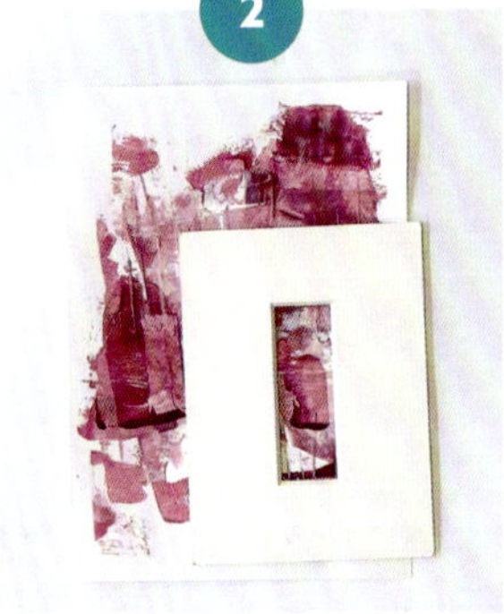

Nimm ein Passepartout mit einem rechteckigen Ausschnitt. Gehe hier vor wie in Übung 1. Achte auch hier auf die Veränderung deiner Gefühle. Was spricht dich an, was widerspricht deinem Gefühl von Harmonie?

**TIPP**

**Übrigens kannst du, wie natürlich auch hier, deine Übung in einen Glaswechselrahmen setzen.**

# Ebene

## HÖHEN UND TIEFEN

Die Aufteilung eines Kunstwerkes in Ebenen , d.h. in einen Vordergrund (Höhe), einen Mittelbereich (Mitte) und einen Untergrund (Tiefe), schaffen wir wesentlich mit Abdunkeln und Aufhellen: Mit Weiß gemischte Farbtöne treten optisch in den Vordergrund und die mit Schwarz gemischten Farben rücken optisch in den Hintergrund. Das reine Weiß (Titanweiß) ist somit der hellste Farbton in deinem Bild. Und es gibt keinen dunkleren Farbton als dein Schwarz. Wenn du also ein Porträt malst, und du das Wissen hast, dass helle Farben optisch nach vorne treten, wirst du in deinem Porträt für die Wangenknochen, Nasenrücken etc. (die sogenannten Höhen) Farben verwenden, denen Weiß beigemischt ist. Und nicht nur das, du wirst mit reinem Weiß sogenannte Lichter setzen, um dein Porträt plastisch erscheinen zu lassen. Genauso ist es mit den Tiefen in deinem Porträt. Alle zurückliegenden Partien des Gesichts, die sogenannten Tiefen, werden mit dunkleren Farben gemalt. Wir sprechen also von Höhen und Tiefen in der Malerei. Aber wie ist es in der abstrakten Malerei?

## HÖHEN UND TIEFEN IN DER ABSTRAKTEN MALEREI

Trägst du auf deinem Malgrund eine Schicht aus nebeneinandergesetzten dunklen und hellen Farben auf, so erscheinen, anders als in der Porträtmalerei, nur helle und dunkle Farben, aber keine Tiefen und Höhen. Setzt du aber einen helleren Farbton auf einen dunkleren, so ist dein heller Farbton vor dem dunkleren. Eine Höhe und eine Tiefe ist damit entstanden. Andersherum ist es genauso: Setzt du einen dunklen Farbton auf einen hellen, so ist dein dunkler Farbton vor dem Helleren. Eine Farbschicht erscheint also flach, viele Schichten erzeugen eine Tiefe. Zum Schluss aufgetragene helle Farben lassen diese nach vorne kommen, aber auch schwarze Linien sind für den Betrachter zum Greifen nah. In der abstrakten Malerei geht es auch darum, das Bild so aufzuteilen und zu malen, dass die Fläche für den Betrachter nicht so schnell zu ergründen ist. Daher kommen Linien, Formen, Muster, Strukturen und Materialien gerne zum Einsatz und geben dem Bild seinen Ausdruck.

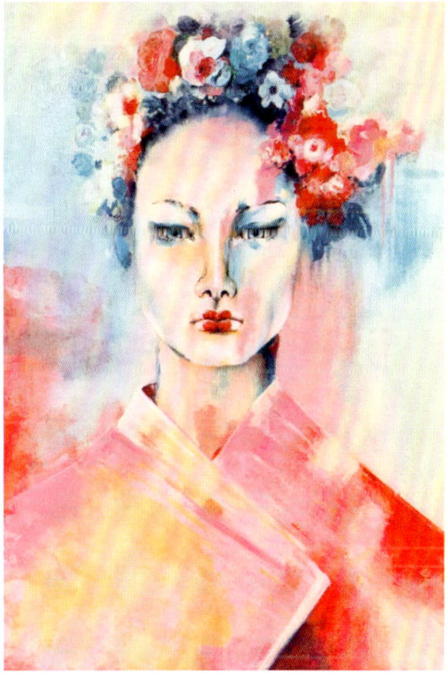

*In einem Porträt erhältst du eine Tiefenwirkung auch bei nebeneinander gesetzten hellen und dunklen Farbtönen, da du gezielt die Farbe aufträgst.*

**youtu.be/3RVtY3XU4pc**

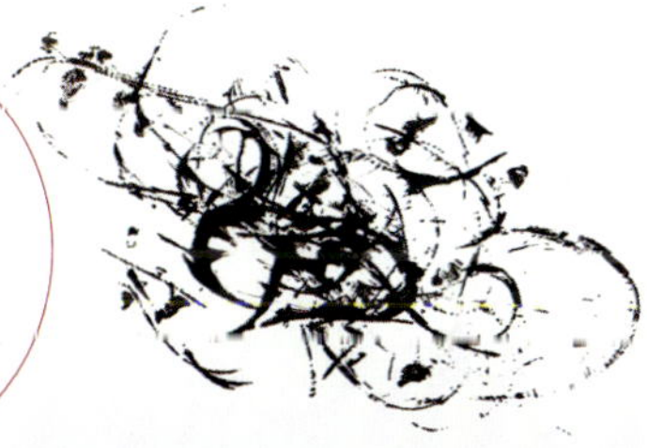

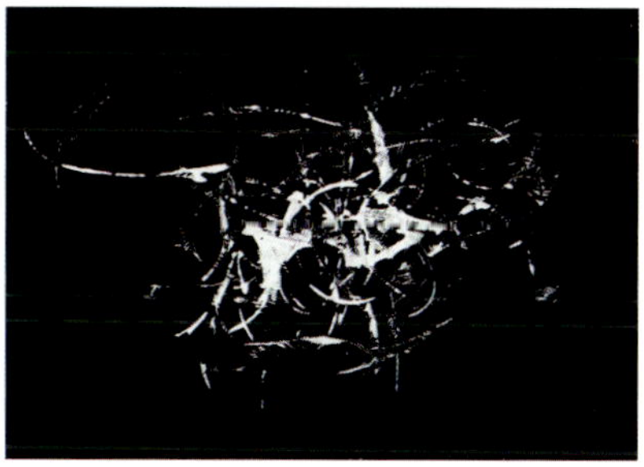

*Helle wie dunkle Farben treten in den Vordergrund, wenn sie übereinander gemalt sind.*

# Thema und Ausdruck

Nicht nur der Bildaufbau, mit Höhen und Tiefen und der Aufteilung deiner Malfläche, spielt eine Rolle, um dein Bild harmonisch und vollendet aussehen zu lassen. Es braucht zudem einen Ausdruck. Die Technik hilft dir dabei. Sie gibt deinem Bild einen Stil. Dennoch, malen musst du es immer noch selbst und das wirft weitere Fragen auf: Womit fange ich an, wo höre ich auf, was male ich überhaupt? Diese und andere Fragen stellen sich dir in den Weg und wollen beantwortet werden.

So möchte ich dich an dieser Stelle mit einem Vergleich in deinem Tun und beim Beantworten deiner Fragen unterstützen: Lass dein Bild eine Geschichte erzählen und baue es wie einen Roman auf. Es gibt eine Einleitung, einen Hauptteil und einen Höhepunkt in deinem Bild. Die Einleitung ist dazu da, um einen Einstieg in die Malerei zu bekommen. Um den ersten Schritt auf der weißen Leinwand zu tun. Der Hauptteil besteht aus vielen Schichten, Strukturen und Farbtönen, die das Bild aufbauen. Die Technik schafft dabei Zusammenhänge, wie die Kapitel eines Romans. Deine Hauptakteure in deinem Bild sind zum Beispiel zwei Hauptfarben. Es kann auch die Struktur im Untergrund sein, die nach und nach betont wird. Oder Linien, die zum Ausdruck deines Bildes beitragen. So, wie sich ein Roman Seite für Seite aufbaut, beschreibt jede Farbe, jede Schicht oder beschreiben die durch die Technik erarbeiteten Farbtöne die Geschichte deines Bildes. Figuren verschwinden dabei und tauchen an anderer Stelle wieder auf. Dieser Hauptteil umrandet das Thema. Er schafft die Verbindung zum Akzent, dem Höhepunkt: ein letzter Klecks, ein letzter Strich, der das Werk vollendet. Der Höhepunkt eines Bildes ist dementsprechend in der abstrakten Malerei ein Farbakzent, ein Motiv, ein Muster oder in der gegenstandslosen Malerei ein Thema, das gedanklich mitschwingt.

*Exkurs*

**ERZÄHLE DEINE GESCHICHTEN**

Jedes Tun hat einen Bezug zum Höhepunkt sowie zu dem Thema. So bekommt das Bild eine Gesamtaussage. Das Gerüst deiner Herangehensweise kannst du also aufbauen wie einen Roman. Du gibst ihm Inhalt, mit allen Figuren, die deine Aufmerksamkeit verdienen. Denke dir Geschichten und träume beim Malen: Ein romantischer Farbauftrag durch den Schwamm wie eine Hommage an die Liebe. Hitziger und kontrastreicher Farbwechsel wie ein Krimi, wo die scharfkantige Linie einen letzten Hinweis gibt. Zum Schluss bist du selbst so im Thema, dass du ganz von selbst einen Akzent setzt, der den Atem stocken lässt. Das ist das, was du tun kannst, um nicht nur ein Bild zu malen. Das ist das, was du tun kannst, um deinem Werk Leben einzuhauchen, das den Funken überspringen lässt und dich erinnern wird, wenn du es betrachtest. Der Betrachter will erraten, worum es in dem Bild geht und seine Interpretation wird angeregt.

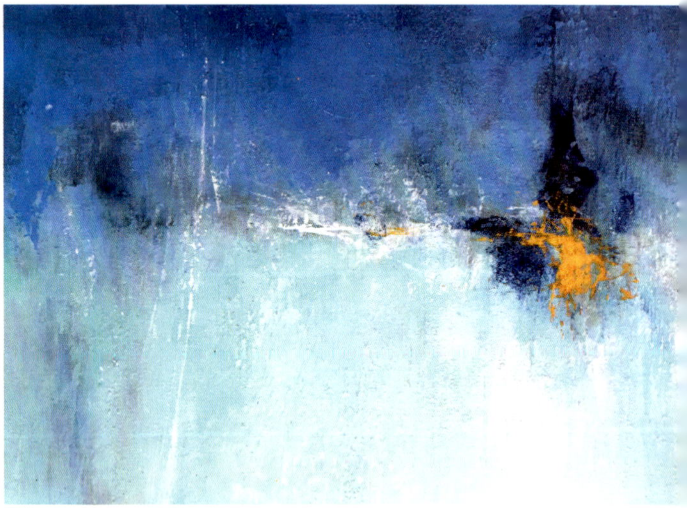

## DIE EINLEITUNG:

Der Anfang ist manchmal etwas schwer. Eine neue Technik, wie fange ich an, kann ich das überhaupt? Viele Fragen tauchen auf, bevor der erste Schritt getan ist. Damit dir der erste Schritt leichter fällt, sind die Anfänge in diesem Buch leicht gemacht. So kannst du zum Beispiel erst deine Struktur auf den Untergrund bringen. Du kannst Folie aufkleben und dich beim Trocknen mit dem weiteren Tun vertraut machen. Bei den Farbaufträgen fängst du meist erst am Rand an und arbeitest dich langsam zur Mitte hin. Auch der Farbton lässt dir Spielraum zum Ausprobieren. Die Technik der Schichtenmalerei bietet direktes Üben auf unterster Ebene. So kannst du losgelöst an die Arbeit gehen.

## DER HAUPTTEIL:

Im Hauptteil können mehrere Farbschichten übereinandergelegt werden. Hier können Linien durch Auskratzen der Farbe eingearbeitet werden und die untere Schicht wieder hervorholen. Über jede Lage verändert sich der Farbton. Strukturen tauchen auf und werden betont. Der Hauptteil erzählt mit allen Höhen und Tiefen die Geschichte und lässt deine Romanfiguren auftauchen.

## DER HÖHEPUNKT:

Der Höhepunkt kann unterschiedlich dargestellt sein. Es kann, zum Beispiel, etwas völlig anderes auf dein Bild gebracht werden. Ein neutraler Farbklecks, ein Akzent durch eine weitere Linie, ein Wort oder ein Motiv. Er unterstützt das Thema deiner Geschichte. Wechselhafte Farbspiele durch den Schwamm im Hauptteil, ein Tupfer eines gewählten Farbtons am Schluss und fertig ist dein Kunstwerk. Der Höhepunkt bedeutet oftmals auch ein kurzes Ende.

## SCHLUSS:

Der Schluss beendet das Bild. Alles, was du jetzt nachträglich auf das Bild bringst, ist oftmals kopfgesteuert. Lass das Bild ruhig etwas stehen und entscheide später, ob du wirklich noch etwas an dem Bild machen möchtest. Du kannst es abschließend einmal überlackieren. Dann erhält das Bild einen gleichmäßigen Glanz. Die Farbe wird dadurch auch satter und manchmal ist es nur das, was noch gefehlt hat.

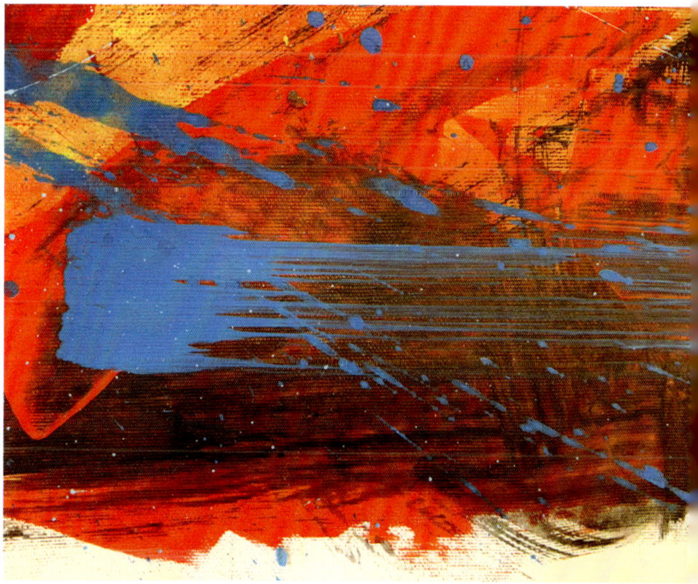

***Akzent als Höhepunkt, der gleichzeitig auch als Schlussstrich gesehen werden kann.***

# Pinsel

Es gibt unzählige Pinsel in allen Ausführungen, für alle möglichen Techniken. In der Acrylmalerei verwende ich ein paar Pinsel, die ich dir hier gerne vorstellen möchte, da sie an einem guten Ergebnis maßgeblich beteiligt sind. Die Pinsel sind meist nicht teuer, aber von guter Qualität. Denn gute Pinsel sind eine gute Voraussetzung für ein reibungsloses Arbeiten. Pinsel, die ständig Haare verlieren, können wirklich nerven. Mit Pinseln lässt sich unterschiedlich malen. Hat der Pinsel beispielsweise kurze bis mittellange Haare, Flach- wie Rundpinsel, so arbeitest du mit diesem eher pastös. Lange, weiche Haare sind für flüssigere Farbaufträge gut geeignet. Aber auch die Eigenschaft, wie der Pinsel Farbe aufnimmt, gibt an, wie du mit dem Pinsel malen kannst. So kann eine Borste das Wasser schlecht aufnehmen, was in der Lasurmalerei von Vorteil ist. Ein synthetischer Pinsel hingegen hat eine bessere Farbaufnahme, was bedeutet, die Farbe lässt sich damit leichter und weicher verstreichen.

## PINSEL ZUM ANMISCHEN DER FARBE

Um mir einen Farbteig herzustellen oder um eine gebrauchsfertige Acrylfarbe zu mischen, nehme ich einen Borstenpinsel, flach mit kurzen Borsten, Größe ca. 10–16. Du kannst diesen dann auch gleich verwenden, um damit die Farbe auf die Leinwand oder dein Werkzeug zu bringen. Ich verstreiche oft erst die Farbe aus dem Pinsel direkt auf die Leinwand, um dann weiter in meiner Technik zu malen. In der Spachteltechnik kannst du die Farbe aus dem Pinsel erst an deinem Spachtel abstreichen, so hast du gezielt die Farbe auf deinem Werkzeug und kannst auch gezielter die Farbe auftragen. In diesem Buch ist es der Borstenpinsel, flach, Größe 14 und meist nass. Du kannst mehrere davon im Sortiment haben, damit du deine Farben immer sauber anrühren kannst.

## LASURTECHNIK

Wenn ich einen gleichmäßigen Farbverlauf möchte, dann ist der Borstenpinsel in der Größe 2 (50 breit) unabkömmlich, denn er hat, wie die meisten Borstenpinsel, eine schlechte Farbaufnahme. Dieser Vorteil ist in der Lasurtechnik hilfreich. Daher habe ich gleich mehrere einer Größe in meinem Sortiment.

**Hinweis:** Bei Lasuren wird dieser Pinsel immer trocken verwendet! Im Fachgeschäft kostet er circa 5,00 Euro und läuft oft unter dem Namen Universalpinsel (Borste). In diesem Buch nenne ich ihn nur Borstenpinsel, flach, 40 oder 50 breit.

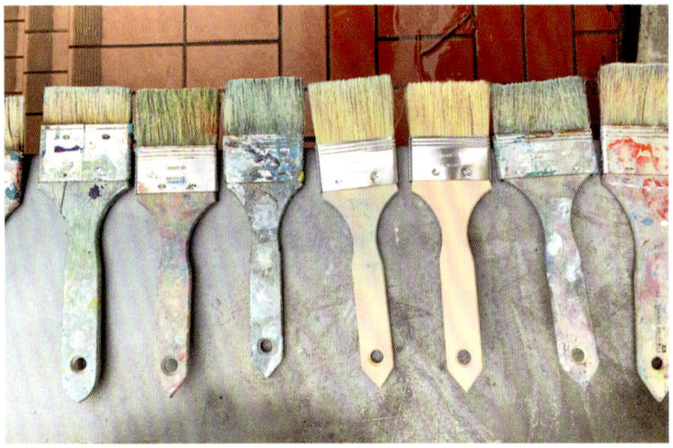

## GROSSE FLÄCHE, SCHNELLER FARBAUFTRAG

In vielen Techniken ist es notwendig, zügig die Farbe auf die Leinwand zu bringen. Hier nehme ich einen synthetischen Pinsel. Je nach Vorhaben, einen sogenannten Flachpinsel oder auch Flächenstreicher genannt (synthetisch) der Größe 20, 40 oder 50. Die Farbaufnahme ist meist groß und daher wichtig, dass du den Pinsel vor Gebrauch in Wasser tauchst. Kurz an einem Tuch abtupfen und die Farbe dann aufnehmen. Der Pinsel gibt so die Farbe auch wieder ab. Du kannst sie besser verstreichen und die Farbe trocknet nicht so schnell auf der Leinwand. In diesem Buch steht hier Flächenstreicher, synthetik, meist Größe 40.

## LINIEN

Um feine Linien zu malen, brauchst du einen feinen Pinsel. Hier nehme ich einen Rundpinsel aus Synthetikfaser, wegen der guten Farbaufnahme. Wenn die Haare zu lang sind, ist er sehr weich und du kannst die Linie nicht so gerade malen. Daher verwende ich eher eine mittlere bis kurze Länge. Für grobe Linien, bei denen ich den Pinselstrich bewusst sichtbar machen möchte, verwende ich einen runden Borstenpinsel. Um Linien aus der nassen Farbe nehmen zu können, verwende ich einen Color Shaper. Dieser hat eine Spitze, die aus Silikon ist. Die Spitzen gibt es in unterschiedlichen Größen und Formen.

## OBJEKT AUSMALEN

Möchtest du gezielt ein Objekt ausmalen, verwende einen sogenannten Katzenzungen-Pinsel. Dieser Pinsel, am besten aus synthetischer Faser, sorgt für einen präzisen Farbauftrag. Sind die Haare zu lang, biegen sie sich entsprechend und dadurch gibst du klecksartig deine Farbe ab. Ich verwende deshalb auch hier eine eher kürzere bis mittellange Länge der Pinselhaare. Die Spitze läuft konisch zusammen und sieht aus wie eine Katzenzunge. Daher der Name.

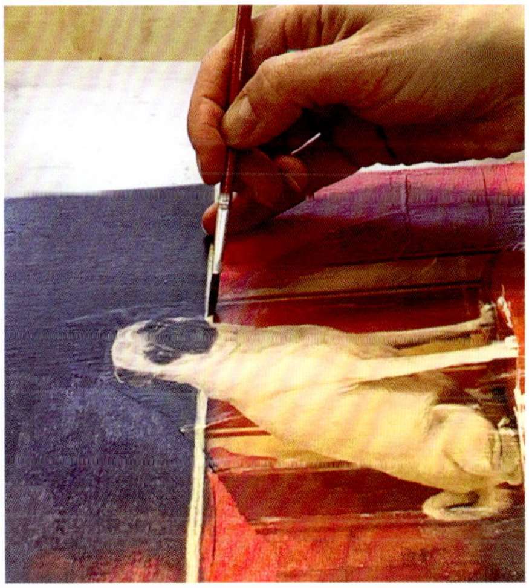

***Feiner Rundpinsel aus Synthetikhaar, um schmale Linien gezielt aufzumalen***

## PINSELPFLEGE

Kleine Farbreste im Pinsel können den neu angemischten Farbton unbeabsichtigt bräunlich werden lassen. Genauso wie du immer sauberes Wasser brauchst, muss auch dein Pinsel immer frei von Farbresten sein. Daher ist eine gute Reinigung unabdingbar. Spüle deinen Pinsel mit Wasser ab und seife ihn anschließend mit Pinsel- oder Kernseife ein. Drehe ihn mit dem Zeigefinger und Daumen und lockere so die Farbreste. Wieder mit Wasser abspülen, kurz über ein Tuch das Wasser abstreifen und die Spitze glatt ziehen. Lege die Pinsel immer hin. Am besten auf einem trockenen Tuch. So trocknen auch die Zwinge und der Stiel. Die Seife pflegt das Pinselhaar, egal ob synthetisch oder Naturhaar.

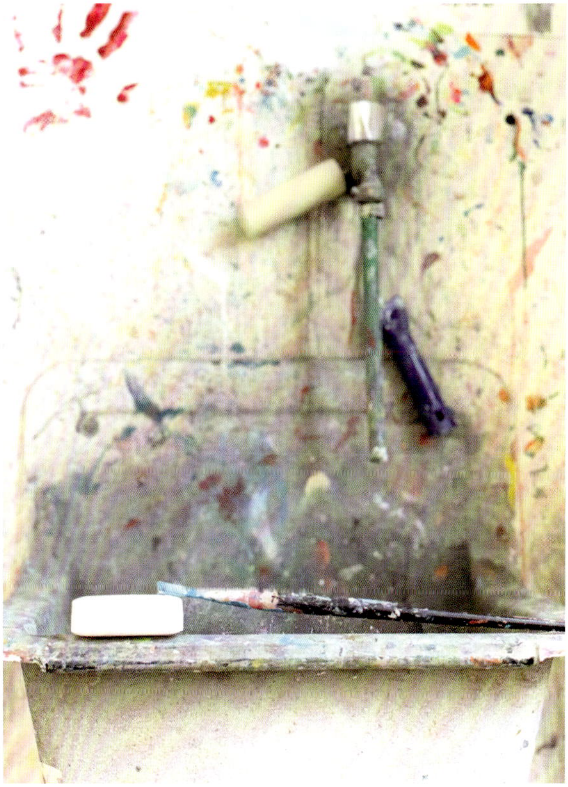

# Unkonventionelle Werkzeuge

**Große Flächen ganz losgelöst gestalten mit einem Werkzeug wie dem Spachtel. Doch der Spachtel ist mir mal zu klein, mal zu fest oder zu starr, einfach zu einseitig. Vielleicht mit einem Rakel? Ein Siebdruckrakel hat eine Gummilippe, das Gummi ist mir aber zu fest und zu klein. Der Rakel mit rostfreier Stahlfläche, daher oft auch als Flächenspachtel bezeichnet, ist groß, hinterlässt aber Spuren beim Verarbeiten. Ich brauche etwas anderes. Und manchmal liegt die Lösung so nahe (bzw. kommen einem die besten Ideen unter der Dusche).**

## DUSCHSCHEIBENABZIEHER

Der Fensterabzieher, auch Duschscheibenabzieher genannt, hat einen Griff wie der Flächenspachtel, aber eine Fläche aus Gummi. Das Gummi ist nicht so starr wie das Gummi vom Siebdruckrakel. Daher ist es genau das Werkzeug, wonach ich gesucht habe. Du kannst also dein Haushaltsgerät nutzen, um große wie kleine Flächen ebenmäßig, farbig zu gestalten. Mit ihm lässt sich wunderbar die Farbe verteilen. Die Strukturen, die leicht entstehen, inspirieren dich im Malprozess. Auch Highlights kannst du mit ihm setzen. Er ist vielseitig und es macht Spaß, mit ihm zu malen.

## HANDHABUNG:

Das Werkzeug (Abzieher) hat eine Seite aus Gummi. Mit dieser kannst du die Farbe über die Leinwand ziehen oder auch schieben. Schiebst du das Werkzeug, so blockiert das Gummi und lässt die Bewegung stoppen. Das wiederum ergibt neue Effekte im Farbauftrag. Ziehst du das Werkzeug, verstreichst du die Farbe homogen. Gezielt Farbe auftragen lässt sich, wenn du auch schon gezielt die Farbe auf dein Werkzeug bringst. So kannst du auch auf kleineren Leinwänden arbeiten. Interessante Gebilde entstehen, wenn du die Farbe auf die Leinwand wirfst und anschließend nur einmal mit dem Wischer verstreichst. Mal kannst du die Farbe nass in nass verarbeiten, mal arbeitest du langsam in Schichten. Dieses Werkzeug ist grandios und bietet dir viel Abwechslung.

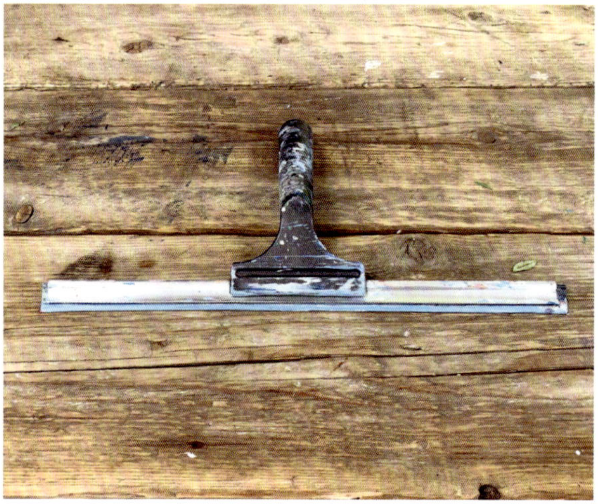

## KUCHENHEBER

Du magst die pastosen Farbaufträge, die die Prägung des Werkzeugs mitwirken lassen. Du magst diese leicht anmutenden Bilder, die kantige wie weiche Ausdrucksformen beinhalten. Meist sind sie mit einem Malmesser oder Kunststoffspachtel gemalt. Ein Malmesser hat einen Griff mit einem Messer, das in verschiedenen Formen angeboten wird. Aber es ist eher klein. Eine Mischung aus beiden, dem Malmesser und dem Spachtel, bietet der Kuchenheber. Damit es keinen Grund mehr gibt, nicht malen zu können, weil das entsprechende Werkzeug nicht da ist, habe ich hiermit einen Kuchenheber als dein alternatives Werkzeug erkoren.

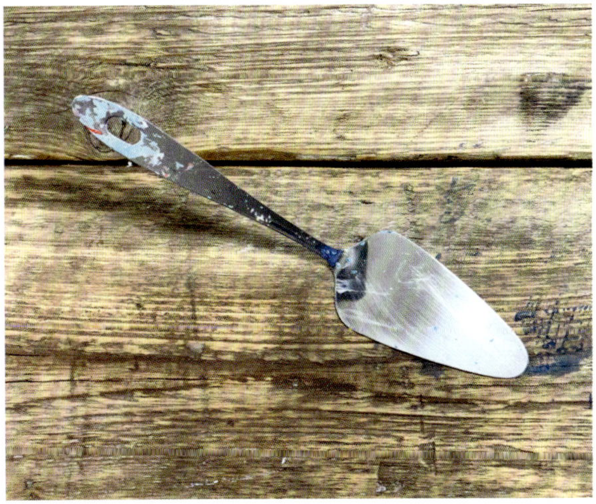

## HANDHABUNG:

Das Arbeiten mit diesem Werkzeug ist sehr einfach. Deine Farbe sollte eher viskos sein. Sprühe kurz etwas Wasser auf die flache Seite des Spachtels. Trage dann, z. B. mit dem Pinsel, die Farbe auf den Spachtel auf. Du kannst dir auch ein Blatt Backpapier auslegen und deine Acrylfarbe daraufgeben. Hier kannst du die Farbe schnell und direkt mit den Kuchenheber mischen und auch aufnehmen. Auftragen lässt sich die Farbe mit der flachen Unterseite und du kannst die Farbe damit leicht über die Leinwand verteilen. Mit etwas mehr Druck und einer leichten Schräghaltung des Werkzeugs schiebst du die Farbe und kannst sie so auch wieder von der Leinwand nehmen. Die Spitze eignet sich, wie beim Malmesser, zum gezielten Farbauftrag. So kannst du hin und her arbeiten. Nass-in-Nass-Techniken sind damit leicht auszuführen. Pastose Farbaufträge wie Lasuren lassen sich damit erzielen.

# Leinwand

Ich freue mich sehr über den Vorteil, einfach ins Geschäft gehen zu können, um gute Malgründe zu kaufen. Die Leinwand, auf Keilrahmen gespannt, ist mein Malgrund überhaupt und ich habe Keilrahmen noch nie selbst angefertigt. Es gibt sie in vielen Standardformaten und auch Sonderformate werden, in guten Geschäften, schnell hergestellt. Bei einer Leinwand macht nicht nur die Qualität des Stoffes den Preis, sondern die Grundierung und das Holz des Keilrahmens haben großen Anteil daran. Eine gute Leinwand braucht gut abgelagertes Holz, am besten aus nachhaltiger Forstwirtschaft und eine gute Grundierung. Eine schlechte Grundierung stört deine Arbeitsweise, denn sie kann stark saugen oder ist schlecht aufgetragen und wirft Schatten hervor. Ein leichtes Holz verzieht sich schnell. Eine gute Leinwand ist also eine wesentliche Voraussetzung für ein gutes Ergebnis. Denn was möchtest du mit einem Bild machen, das du hinterher nicht aufhängen magst, weil sich der Rahmen verzogen hat oder es sich nicht gut darauf malen lässt? Ich spreche mich hier ganz klar für den Kauf in einem Fachhandel aus. Diese haben meist Produkte, die günstig, aber nicht billig sind. Übrigens: Im Fachjargon heißt es deshalb auch nicht „Leinwand", sondern „bespannter Keilrahmen" mit Baumwollgewebe oder Leinen.

## FORMATE

Einen bespannten Keilrahmen erhältst du in vielen gängigen Größen. Quadratisch wie rechteckig. Es gibt besonders schlanke Formate, zum Beispiel 20 × 50 oder 30 × 100 cm. Im Goldenen Schnitt liegende bespannte Keilrahmen wären zum Beispiel 80 × 130 oder 50 × 80 aber auch 34 × 55 wird schon als Standardware angeboten. Großformate sind zusätzlich mit einer Kreuzverbindung stabilisiert. Es gibt auch unterschiedliche Rahmenstärken. 1,8 cm ist ein gängiges Keilrahmenmaß. Hier kannst du das Bild auch später, z.B. in einen Schattenfugen-Rahmen setzen. Bei der Verwendung von stärkeren Rahmen, wie 4,5 cm, wirst du eher keinen Rahmen um dein Kunstwerk setzen. Allerdings verwende ich diese starken Rahmen, wenn ich ab einer Größe von 180 cm arbeite. Da bin ich mir sicher, dass ich sehr nass arbeiten kann, ohne dass sich mein Rahmen verzieht. Denn so ein großes Gewebe entwickelt unglaubliche Kräfte beim Trocknen, es läuft ein. Ich persönlich hänge die Bilder meist ohne Rahmen auf, ob einfache oder doppelte Rahmenstärke.

**TIPP**

Achte bitte immer darauf, dass deine Leinwand beim Malen gerade liegt. Denn durch die Farbe wird die Leinwand nass und kann sich ggf. verziehen. Entferne immer sofort die kleinen Keilchen, die meist an der Rückseite befestigt sind.

## KEILE ZUM SPANNEN

Falls du mal eine Leinwand hast, die durchhängt, also nicht mehr gut gespannt ist oder Beulen im Stoff aufweist, kannst du Folgendes tun: Nimm einen flachen, breiten Pinsel und mache ihn nass. Streiche damit die Rückseite deiner Leinwand ein. Beim anschließenden Trocknen der Leinwand läuft die Leinwand ein, spannt sich dabei neu und wird so gleichmäßig straff. Wichtig ist hier: Achte beim Trocknen darauf, dass deine Leinwand auf einem geraden Untergrund liegt. Denn je nach Qualität deines Keilrahmens kann sich das Holz verziehen. Das, im Übrigen, macht auch einen Qualitätsunterschied aus. Die Keile habe ich noch nie benutzt, was nicht heißen soll, dass sie ihren Zweck nicht erfüllen. Du kannst diese in die vorgesehenen Fugen treiben, womit sich der Rahmen öffnet und die Leinwand sich damit gleichzeitig glattzieht.

# Grundieren

Die meisten Leinwände sind bereits weiß grundiert. Wenn du dir deine Leinwand selber grundieren möchtest, kannst du dafür ein Gesso verwenden. Ein Gesso ist ein lichtechter und alterungsbeständiger Acryl-Kreidegrund. Er deckt sehr gut und lässt deine Leinwand offenporig. Er haftet zudem auf vielen Untergründen wie Karton, Holz, Span- und Hartfaserplatte, Kunststoff, Glas, mineralischen Untergründen und textilem Gewebe. Daher bietet er eine Brücke zwischen deiner Acrylmalerei und anderen Untergründen als Leinwand oder Papier. Auf Gesso kannst du meist auch mit Öl-, Acryl-, Tempera-, Gouache- und Aquarellfarben malen. Wenn du kein Gesso zur Hand hast, kannst du auch dein Acryl-Weiß nehmen. Das Weißen mit Acrylfarbe hinterlässt oftmals Spuren des Auftrags. Das Acryl in deinem Weiß schließt zudem die Poren deines Untergrunds und macht ihn nicht mehr so saugfähig, was bei einigen Malgründen, wie Papier, auch einen Vorteil bedeuten kann.

**DAS WEISSEN EINER ALTEN LEINWAND**

Du kannst ein Gesso zum Grundieren nehmen, aber auch, um schon bemalte Leinwände zu übermalen. Das ist oft ein befreiender Moment. Ein Bild wieder hervorzuholen, das hinterm Schrank versteckt ist oder womöglich noch an der Wand hängt und schon längst nicht mehr gefällt. Das Schöne daran ist, die Leinwand hatte schon ihren Zweck erfüllt und du kannst viel entspannter an die Fläche gehen. Die neuen Strukturen der alten Farbe ergeben spannende Effekte. Der Zugang zur Leinwand fällt dir leichter und du kannst auch etwas Neues einfach mal daran ausprobieren. Das entspricht auch sehr meiner Philosophie. Die Leinwand betrachte ich als Fläche, auf der ich einfach alles ausprobieren kann. Wo im Leben bitte kann ich das? Also wenn nicht hier, wo denn dann! Das Bild einfach mithilfe einer Schaumstoffrolle mit Gesso weiß übermalen.

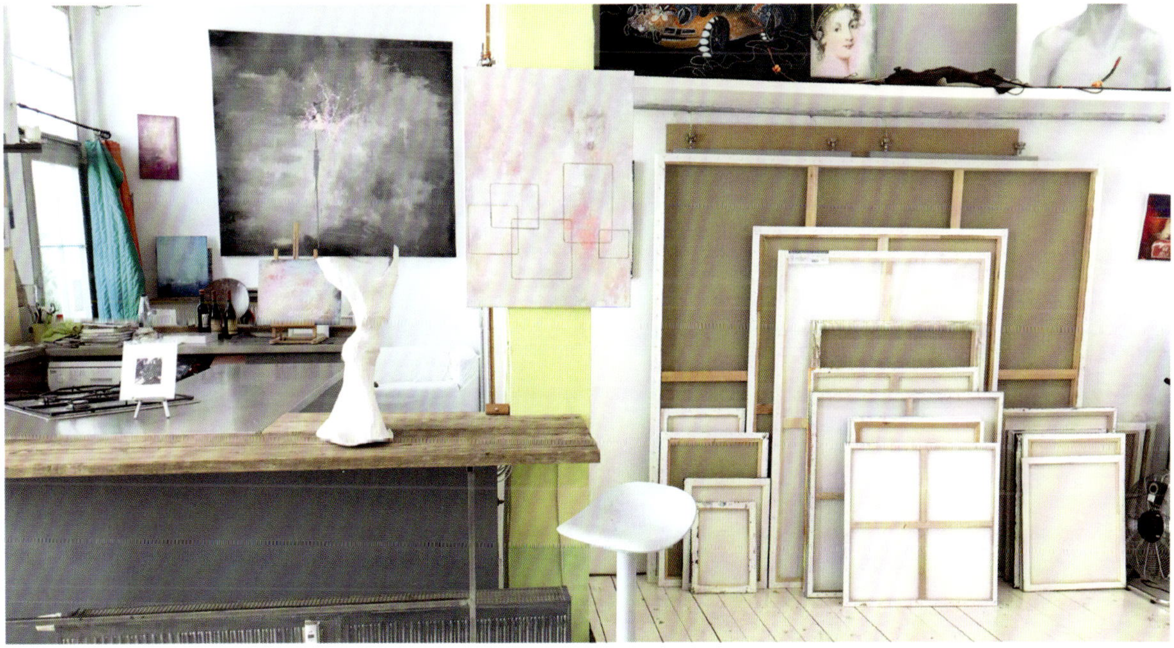

# Was ist Lasurtechnik?

Eine Lasur ist eine alte Maltechnik, in der transparente Farbschichten auf einen Malgrund gelegt werden. Dabei sollten möglichst keine Spuren des Farbauftrags erkennbar sein. Du kannst durch das übereinanderlegen von mehreren transparenten Farbschichten eine optische Farbmischung erzielen. D.h. wenn du eine blaue transparente Farbe auf eine trockene gelbe Farbschicht gibst, scheint das Gelb durch das Blau und wird für dich optisch Grün erscheinen. Wenn du diese Technik anwendest, muss jede Schicht trocken sein, bevor du eine weitere Schicht aufträgst. Diese Technik wird oft in Kombination mit anderen Techniken verwendet, z.. mit pastosem Farbauftrag. Es heißt, das Leonardo da Vinci in der Mona Lisa bis zu 30 Lasuren übereinander gelegt hat.

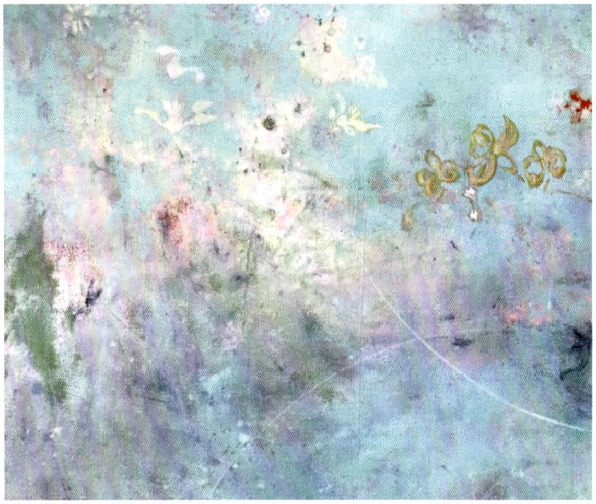

## LEUCHTKRAFT

Die Lasurtechnik wird meist verwendet, um möglichst leuchtende Farben zu erzielen. Es entsteht ein sogenanntes Tiefenlicht, da das Licht durch alle Farbschichten dringt und erst am Boden des Malgrundes reflektiert wird. Daher sollte der Malgrund besonders Weiß sein. Farbige Untergründe verhindern die Leuchtkraft und die erzielte optische Farbmischung.

## WEISS IN DER LASUR

Die Lasurtechnik war der Grund, warum ich mit selbst hergestellten Farben arbeite. Wenn du eine fertige Farbe benutzt, können Weißteilchen in deiner Farbe sein. Diese Weißmischungen verhindern das Tiefenlicht, denn Weiß verhüllt deine Farbschicht. Es dringt kein Licht in die Tiefe deiner Farbschichten. Wenn ich den reinen Farbton nutzen kann, also Pigment, und ein Bindemittel, das frei von milchigen Rückständen oder Zusätzen ist, entsteht eine Farbe von höchster Reinheit. Was nicht heißen will, dass ich nicht mit Weiß-Lasuren male. Ich nutze die deckende Eigenschaft mit Weiß angemischter Lasur und verdünne sie unterschiedlich stark mit Wasser oder flüssigem Acryl-Bindemittel. Extrem verdünnt scheint der untere Farbton als Schatten durch. Wenig verdünnt kann ich mit anderen Werkzeugen (wie Lappen oder Schwamm) Effekte erzielen und den farbigen Untergrund gezielt aufblitzen lassen.

## RICHTIG LACKIEREN:

Wenn du zum Beispiel, in der Lasurtechnik, deine gebrauchsfertige Acrylfarbe mit viel Wasser verdünnst, kann es sein, dass die Farbe nicht mehr so gut, auf deinen Untergrund, haftet. Beim nächsten Farbauftrag, nimmst du dann die Farbe wieder ab, statt sie über die andere zu legen. Hier empfiehlt es sich, die bemalte Fläche einmal über zu lackieren. Dies kannst du ganz einfach machen. Verdünne den Binder mit Wasser und gib ihn in eine Schale. Befeuchte eine Schaumstoffrolle und drücke sie aus. Nimm den verdünnten Lack mit der Rolle auf und verteile ihn mit leichtem Druck gleichmäßig über die Leinwand. Jetzt perlt der Lack etwas. Warte einen Moment. Die Bläschen werden weniger. Drücke den nassen Roller in ein sauberes, trockenes Tuch. Geh mit der fast trockenen Rolle noch einmal ohne Druck über die nasse Fläche. Lass den Lack gut trocknen.

# Spachtel-Techniken

## TON IN TON: WEICHE ÜBERGÄNGE

Nasse Farbe in nasse Farbe arbeiten und dabei weiche Übergänge erzielen. Dieses Arbeiten wird „nass in nass" genannt. In der Spachteltechnik kannst du zwei Farben ineinanderziehen. Es entstehen dabei weiche Übergänge, mit vielen Nuancen des Farbtons oder ein dritter Farbton. Wenn du zwei Farbtöne nimmst, die zueinander passen, zum Beispiel aus einer Farbfamilie wie Hellgrün und Dunkelgrün, dann entstehen weitere Nuancen des Farbtons. Nimmst du zwei Farben, die sich ergänzen wie Gelb und Blau, entsteht eine dritte, in diesem Fall Grün. Über diese Mischungen werden deine Übergänge weich. Du mischt hier direkt auf dem Malgrund.

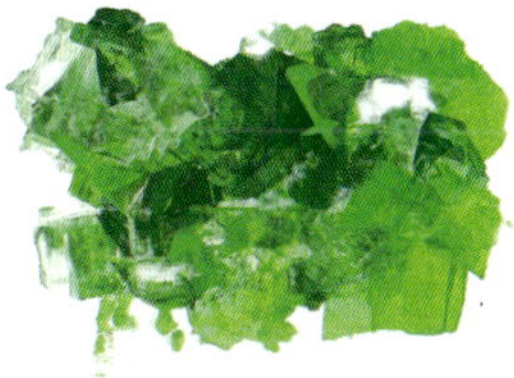

## NEBENEINANDER: KONTRASTSTARK

Du kannst mit dem Spachtel kontraststark arbeiten, indem du zwei Farbtöne nebeneinandersetzt und nicht miteinander vermischst. Farbe an Farbe, also nass an nass arbeiten, ohne die Farben weiter zu vermischen. Die Struktur des Spachtels bleibt dabei sichtbar stehen. Wenn du an einem Bild weitermalst, welches schon getrocknet ist, kannst du gezielt Farbe auftragen, ohne diese mit der unteren Farbe zu vermischen. Hier kannst du „nass auf trocken"-Kontraste erarbeiten. Ein Malmesser oder ein zurechtgeschnittener Kunststoffspachtel eignet sich dafür bestens. Die Farbe sollte eher pastös sein.

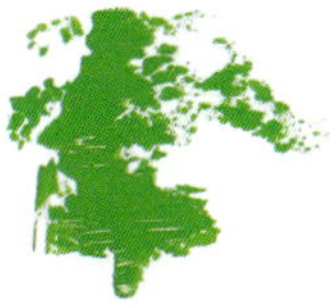

## VIEL: DECKEND WENIG: TRANSPARENT

Mit dem Spachtel kannst du deckend und transparent arbeiten. Hältst du den Spachtel flach, trägst du viel Farbe auf und kannst dabei die Farbe auch, nass in nass, mit der anderen Farbe vermischen. Mit diesem Auftrag entstehen Muster, die du zum Unterbrechen eines gleichmäßigen Farbauftrags nutzen kannst. Eine Höhe des Auftrags entsteht so ebenfalls, die eine kleine Struktur darstellt. Eine 3D-Optik entsteht hier von ganz alleine. Hältst du den Spachtel hingegen senkrecht, fängst du an, mit dem Spachtel auf der Oberfläche zu kratzen. Du gibst dadurch weniger Farbe auf die Leinwand und kannst auch Farbe so wieder abnehmen. Dies ist ein in sich harmonischer Prozess. Du kannst einen Farbton auf der Fläche mit einem anderen mischen, dann teilweise wieder abnehmen und an anderer Stelle wieder auftragen. Durch diese Handhabung des Werkzeugs lässt du mal den Untergrund aufblitzen und durchscheinen und mal deckst du die darunterliegende Farbe komplett ab. Der Fachausdruck „nass auf trocken" wird hier von mir gerne verwendet. Ein nicht saugender Untergrund ist dabei von Vorteil und auch die Farbe an sich sollte nicht zu flüssig, sondern viskos sein. Eine feste Farbe trocknet und haftet meist besser und ist daher kontraproduktiv, wenn du lange mit der Farbe auf der Oberfläche arbeiten möchtest.

# Spachtel

# ÜBUNG 1

## Malgrund:

Acrylpapier, 24 × 30 cm

## Farbe:

Magenta, Binder, fest, *Pigment mit festen Bindemittel anrühren Alternativ: viskose bis feste, gebrauchsfertige Acrylfarbe*

Mit dem Spachtel kannst du weiche Übergänge in den Farbwechsel bringen oder auch starke Kontraste erzielen. Weiche Übergänge schaffst du, indem du auf der Malfläche die Farben ineinander vermischst. Hier ist die Herausforderung, dass die Farbe viskos sein sollte und nicht zu schnell trocknen darf. Zudem brauchst du einen nicht saugfähigen Untergrund, um länger an der Oberfläche arbeiten zu können. Allerdings saugt dein Untergrund aber eben! Dafür brauchst du eine Lösung, die ich dir nun zeige (A).

## Werkzeug:

Kunststoffspachtel, Malmesser, Lappen, Tuch, Wassergläser

So geht's

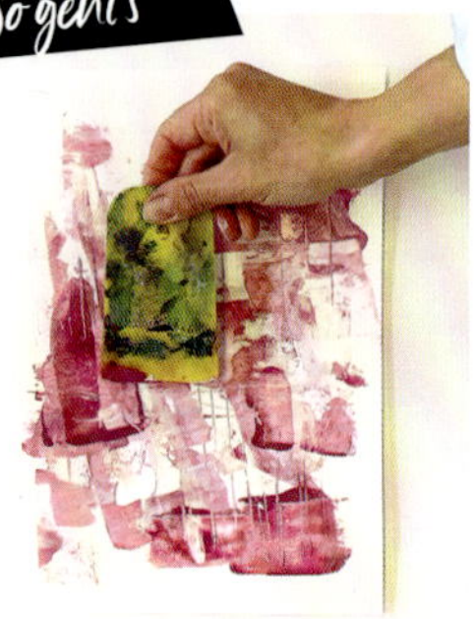

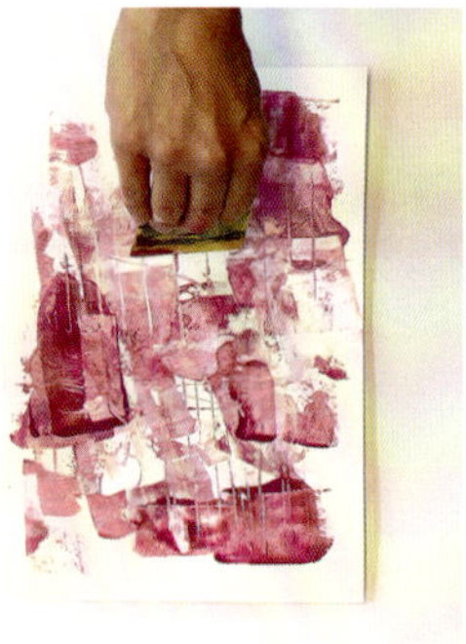

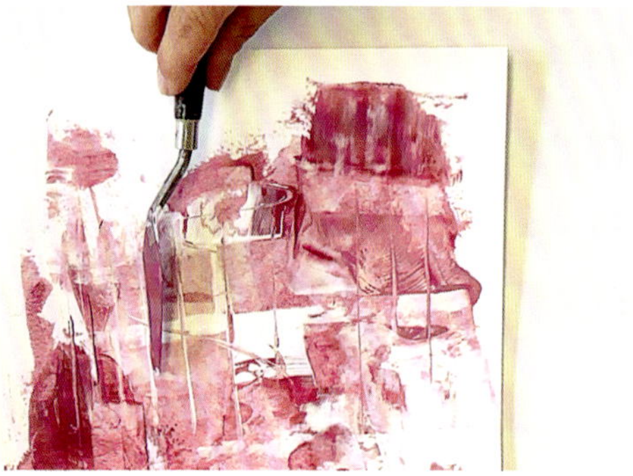

**A** **Deine Lösung ist folgende:** Verteile zunächst einen festen Acrylbinder auf dem Untergrund, er sorgt dafür, dass sich die Farbe nicht mit dem Malgrund verbindet. So kannst du mit dem Spachtel die Farbe auftragen und wieder abziehen. Wenn du den Spachtel flach hältst, Daumen nach oben (Foto), dann trägst du mehr Farbe auf. Sind deine Finger oben und der Daumen zeigt zum Untergrund, arbeitest du mit mehr Druck (Foto). Du trägst die Farbe auf, nimmst dabei aber auch schnell mal die Farbe wieder ab. So kannst du gut im Wechsel Farbe auftragen, verteilen und wieder entfernen.

**B** Benutze die Kante von deinem Spachtel oder ein Malmesser und ziehe Streifen in die nasse Farbe. Linien tragen in der abstrakten Malerei zu einem spannungsreichen Farbauftrag bei. Sie unterbrechen die Fläche, ohne stark ins Gewicht zu fallen, da sie sich gut mit dem kantigen Auftrag des Werkzeugs ergänzen.

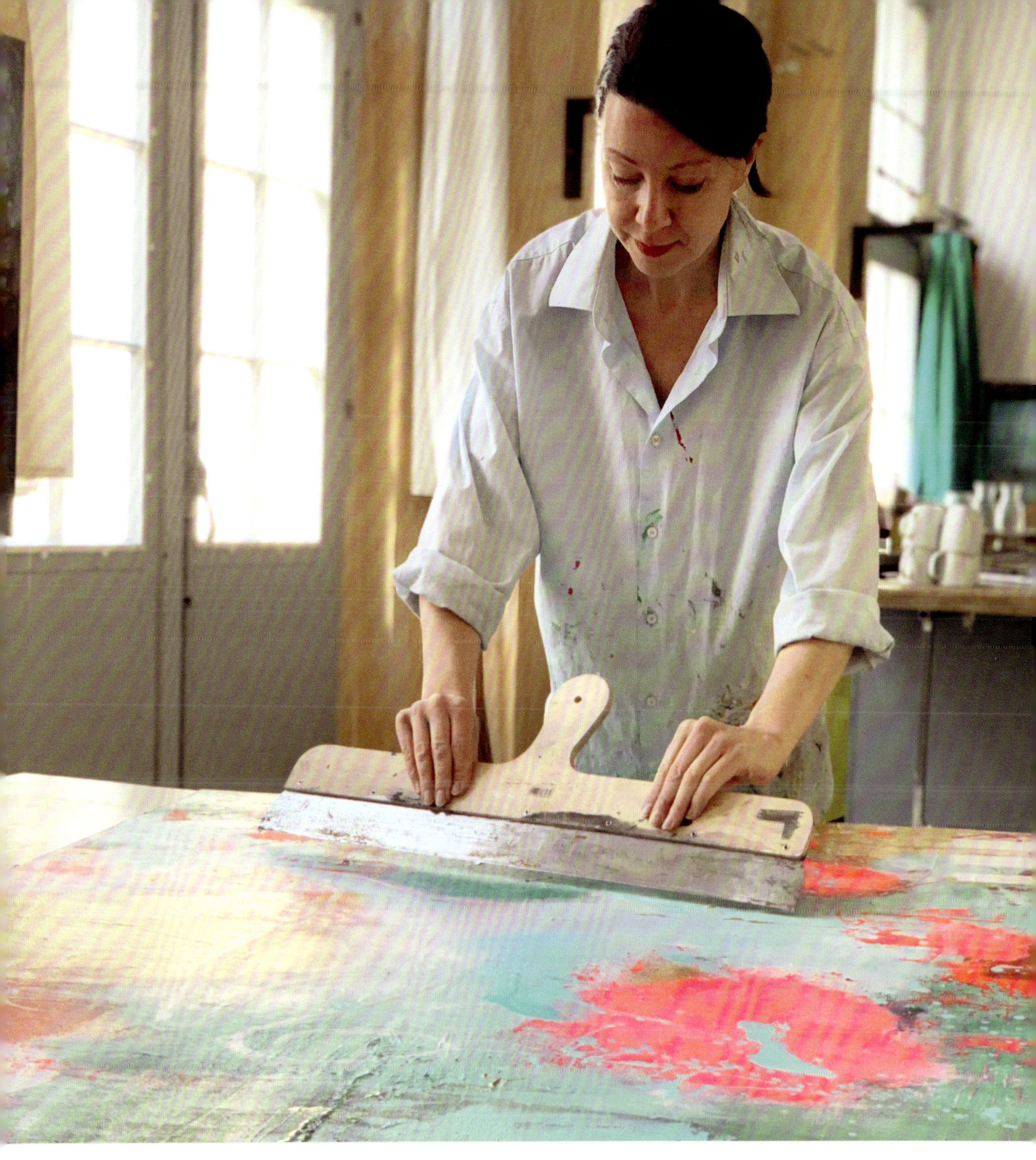

*Spachtel*

# ÜBUNG 2

**Malgrund:**
Acrylpapier, 24 × 30 cm

**Farbe:**
Weiß, Magenta, Indigo, Permanentgrün, Olivgrün, Türkis, Sienna, Farbspritzer, Glitzer, Acrylstift nach eigenem Belieben, *Pigment mit festen Bindemittel anrühren, Alternativ: viskose bis feste, gebrauchsfertige Acrylfarbe*

Bei dieser Übung übst du nicht nur die Handhabung deiner Werkzeuge, du übst dich auch im Loslassen. Einfach mal die Farbe klecksen oder schmeißen. Vielleicht doch mal das schillernde Glitzerpulver ausprobieren wie ein Bühnenlicht, das du einschalten kannst. Arbeite mit Kontrasten und Highlights. Lass dich inspirieren und entdecke deine Kreativität. Suche nach Sprüchen und verewige sie zum Abschluss mit einem Stift auf deinem Kunstwerk.

**Werkzeug:**
Flachpinsel, Borste, 14 Breit, nass, zum Mischen der Farbtöne, Kunststoffspachtel, Lappen, Tuch, Wassergläser, Schablone, nach Belieben

*So geht's*

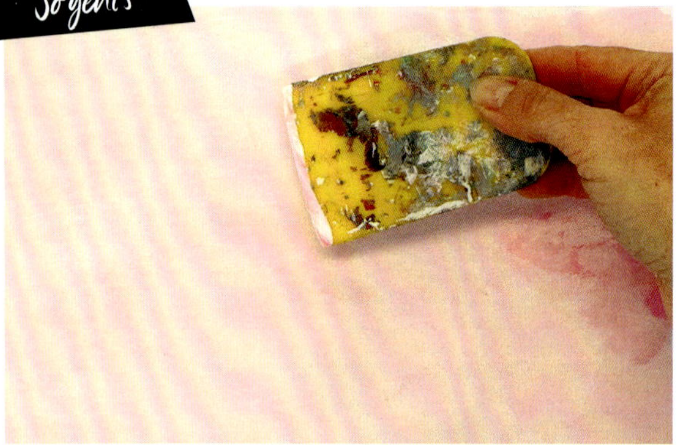

**1** Mische Weiß mit etwas Magenta zu Rosa. Nimm mit dem Spachtel die Farbe auf und verteile sie auf dem Malgrund. Gib Weiß und Magenta ungemischt mit dem Spachtel dazu. Verziehe die Farben ineinander, sodass weiche Übergänge entstehen. Halte den Spachtel dabei flach und wische in kleinen, kreisenden Bewegungen die Farbe ineinander. Halte den Spachtel senkrecht und nimm auch wieder etwas Farbe ab. Trage einen Farbton dazu und mische weiter. Kontraste können bleiben. Lass die Fläche trocknen. Du kannst die Fläche auch föhnen (Immer erst weitermalen, wenn die Fläche kalt ist.).

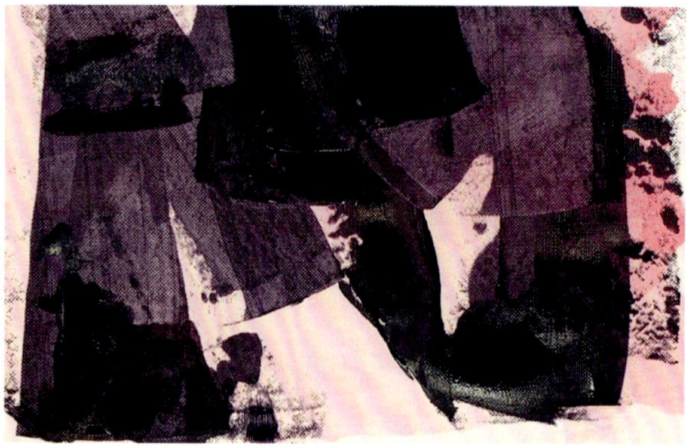

**2** Im zweiten Auftrag ziehst du mit dem Spachtel Indigo auf die Fläche. Halte den Spachtel senkrecht und schiebe mit Druck die Farbe über die Fläche. Dadurch wird die Struktur von deinem Papier sichtbar. Du schiebst damit auch die Farbe in die Tiefen deines Malgrundes und kratzt gleichzeitig die Höhen frei. Die Höhen bleiben hell bzw. rosa. Wenn du den Spachtel waagerecht, flach über die Fläche ziehst, mit wenig Druck, gibst du viel Farbe ab und verdeckst damit die Struktur und das Rosa. Drückst du dein Werkzeug stark auf, erhältst du einen transparenteren Farbauftrag, ähnlich wie eine Lasur.

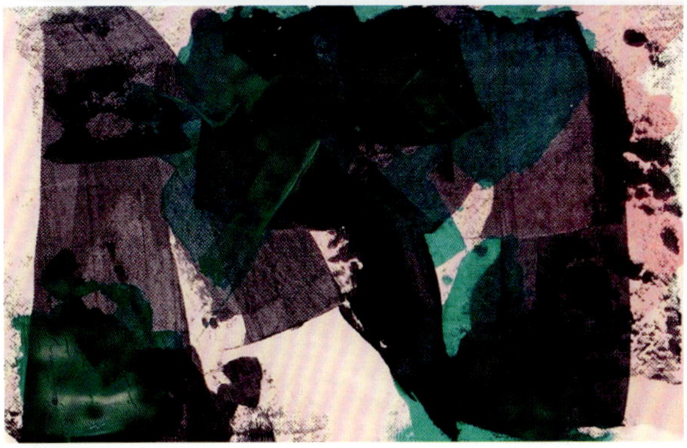

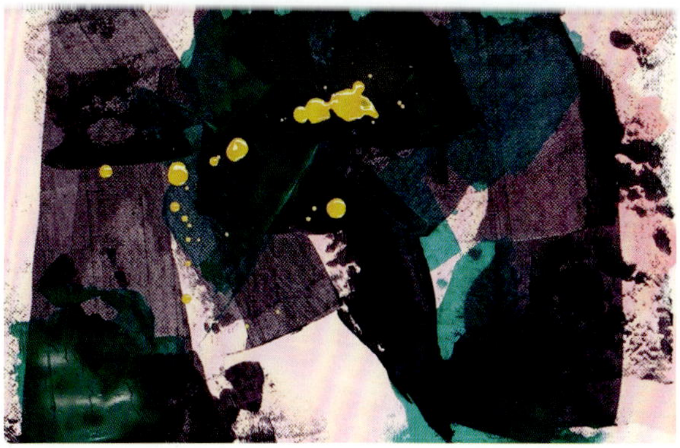

**3** Beim dritten Auftrag kannst du, zum Beispiel, ein Permanentgrün verwenden. Nimm gerne auch einen anderen Farbton, der dir gefällt. Beim Ansetzen des Spachtels erhältst du eine scharfkantige Fläche, beim Verziehen der Farbe läuft die Farbe etwas bogenartig aus. So entstehen immer zwei unterschiedliche Muster. Verteile in dieser Weise etwas Farbe auf die Fläche. Lass die Farbe anschließend antrocknen.

**4** Nimm einen Farbton und verdünne ihn mit Wasser. Nimm den Pinsel, den du auch zum Mischen benutzt hast, und schmeiße damit die Farbe auf die Farbfläche. So entstehen ganz zufällige Muster. Spritzer, die die Fläche auflockern und dem Bild Pep geben. Die Aufträge mit dem Spachtel treten damit in den Hintergrund und kommen durch den Kontrast immer wieder nach vorne. Sie gehen eine Wechselwirkung ein. Probiere dich hier ruhig aus. Nimm auch gerne andere Farben dazu. Ich habe Sienna bogenartig geworfen, Türkis leicht gespritzt und Olivgrün gekleckst. Selbst etwas Glitzer, in die nasse Farbe gestreut, gibt dem Bild nochmal ein Highlight.

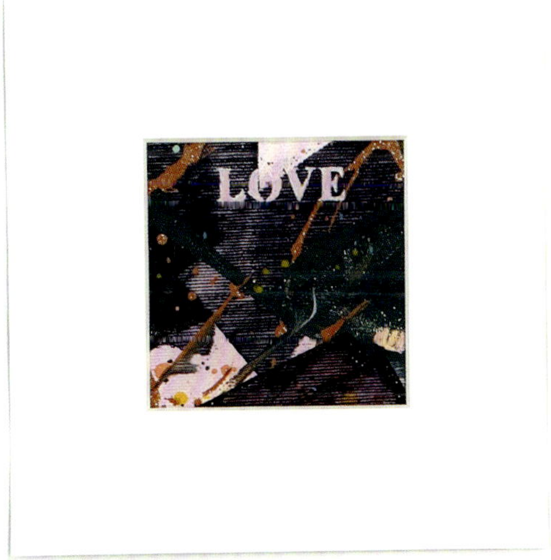


**5** Ich habe bei meinem Beispiel zusätzlich eine Schablone verwendet und ein Wort damit draufgesetzt. Du kannst auch einen Acrylstift dafür benutzen und einen Lieblingsspruch dazu komponieren. Deine Übung hinter ein Passepartout gesetzt, und schon hast du ein kleines Kunstwerk für dich oder für liebe Freunde/innen geschaffen.

# Die Struktur im Bild

Du hast verschiedene Möglichkeiten, eine Struktur in das Bild einzuarbeiten. Meist wird als erster Arbeitsschritt eine Struktur auf einen Malgrund gegeben und anschließend, nachdem die Struktur trocken ist, zufällig oder bewusst mit Farbe eingefärbt. Für das Trocknen von Strukturen muss Zeit eingeplant werden. Bei Pasten oft bis zu einem Tag. Eine Struktur gibt dir die einfache Möglichkeit, vollkommen gegenstandslos zu malen. Denn die Struktur auf deiner Leinwand hilft dir, die Fläche durch einen oder mehrere Farbaufträge interessant wirken zu lassen. Wenn du eine Farbe auf einen strukturierten Untergrund aufbringst, dringt sie unterschiedlich ein. Diesen Effekt nutzt du, um schnell und einfach eine Lebendigkeit in deinem Kunstwerk zu erzeugen. Im Folgenden zeige ich dir verschiedene Möglichkeiten, Strukturen zu erzeugen.

## STRUKTURPASTE

Du kannst eine Struktur mit Strukturpaste erzeugen. Diese gibt es als fertige Paste im Handel zu kaufen. Von fein- bis grobkörnigen Pasten, transparent, weiß oder schwarz. Du trägst sie am besten mit einem Spachtel auf. Je nachdem, wie du den Spachtel hältst, wird die Paste höher oder flacher. Falls du eine körnige Struktur auf deinem Malgrund haben möchtest, kannst du auch ganz einfach Sand in deine Acrylfarbe geben und diese auf deinen Malgrund auftragen. Wichtig ist, dass du zum anschließenden Bemalen einen weißen Untergrund hast. Wenn du also Sand hinzufügst, streiche die Fläche nach dem Trocknen einmal weiß, da sich durch den Sand deine Masse farblich verändert. Es gibt übrigens unterschiedlich körnigen Sand. Vogelsand ist feiner, Quarzsand gröber. Danach richtet sich auch deine Struktur in der Paste. (Um Pasten selber herzustellen brauchst du Acrylbinder, Füllstoff (z. B. Marmormehl) und ggf. Sand, um eine körnige Struktur zu erhalten.)

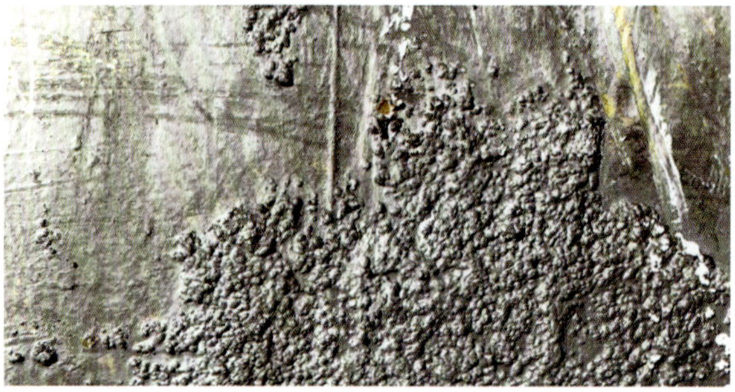

## STRUKTUR DURCH DAS WERKZEUG

Wenn du eine feste Acrylfarbe verwendest, kannst du, alleine durch das Auftragen der Farbe, z. B. mit dem Spachtel, Malmesser oder einer Walze, eine Prägung des Werkzeugs erzeugen. Farbe, mit der Walze aufgetragen, erzeugt Strukturen, die gleichmäßig und gezielt auf der Leinwand verteilt werden können. Damit die Struktur beim späteren Bemalen erhalten bleibt, sollte der Auftrag immer trocken sein. Bei niedrigen Strukturen im Untergrund eignet sich auch eine feste Acrylfarbe, zum Beispiel Weiß. Höhere Strukturen werden besser mit elastischen Pasten aufgetragen, da sie sonst abbrechen können. Du kannst auch im Malprozess mit Strukturen aus den Werkzeugen arbeiten. Gehe beispielsweise mit dem Zahnspachtel in deine Farbschicht und nimm die Farbe streifenartig wieder ab. Ein abstraktes, erhabenes Muster bleibt stehen.

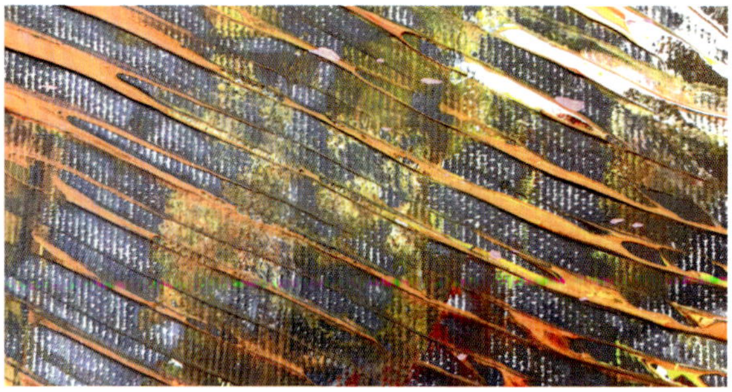

## STRUKTUREN DURCH KRAKELIEREN

Risse in der Oberfläche erinnern an längst Vergessenes. Geheimnisvoll öffnet sich die Farbe und lässt Geschichten erahnen. Das mag ich so an rissigen Oberflächen. Du kannst sie in der Tiefe wie in der Höhe betonen. Es gibt speziellen Lack zum Krakelieren. Es kann aber auch sein, dass du schon krakeliert hast, ohne es gemerkt zu haben. Wenn deine dick aufgetragene Farbe zu schnell trocknet, zum Beispiel durch den Einsatz eines Föhns, dann entsteht eine Spannung an der Oberfläche und die Farbe reißt. Du kannst also Acrylfarbe dick auftragen und die Stelle heiß föhnen. Gehe punktuell vor, da meist eine ganze Fläche nicht schnell heiß geföhnt werden kann. Im Französischen heißt krakelieren „craqueler", der Riss, daher leitet sich der Name dieser Technik ab.

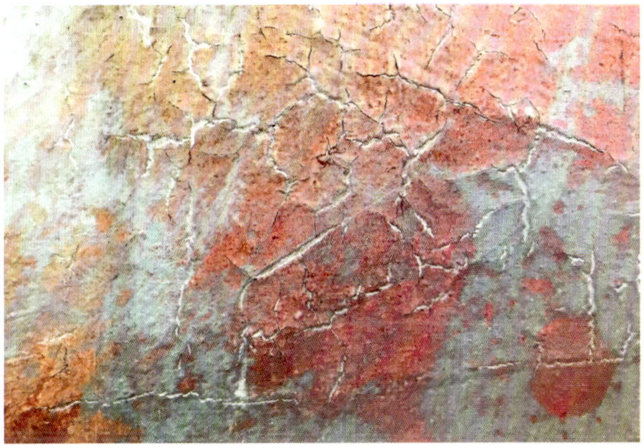

### TIPP

Eine Struktur auf deinem Bild gibt dir schnell einen Einstieg in die Malerei. Denn durch den Farbauftrag kannst du einfach die Höhen und die Tiefen im Bild betonen. Es wirkt dadurch interessant und inspiriert dich weiter zu experimentieren.

## STRUKTUR DURCH MATERIAL

Durch Papier, Folie oder beliebige andere Materialien lassen sich Strukturen erzeugen. Du klebst sie, z. B. mit Leim oder Bastelkleber, auf deinen Maluntergrund und lässt alles trocknen. Danach kannst du sie bemalen. Ich stelle dir in diesem Buch die Alu- und Rettungsschutzdecke vor. Hier lässt sich neben der Struktur auch ein Grundton ins Bild bringen.

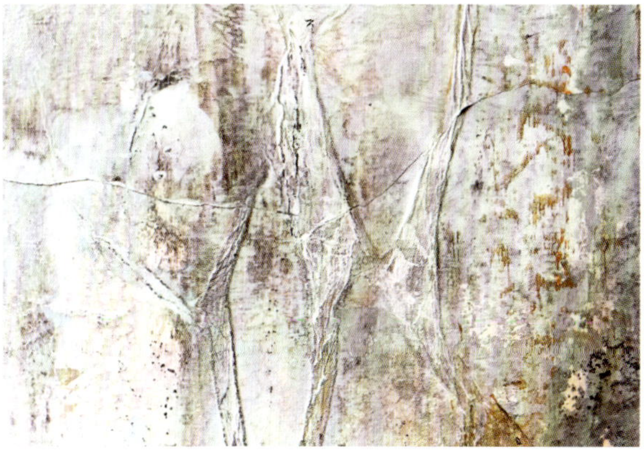

## STRUKTUREN DURCH FARBAUFTRÄGE

Pinselspuren von pastosen Farben erzeugen eine weitere Struktur. Wenn sie getrocknet sind, laden sie zu neuer Kreativität ein. Auch hier kannst du die Struktur verwenden, um mit einem Farbauftrag über die gesamte Fläche die Struktur hervorzuheben. Eine Bemalung, die die Leinwand neu aufteilt, lässt kontraststarkes Arbeiten zu.

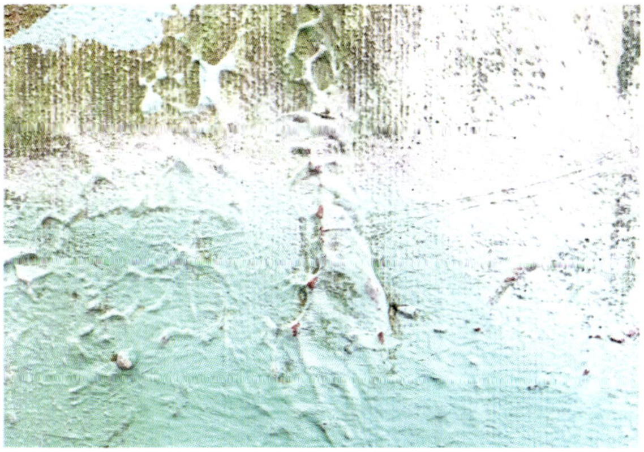

# Strukturen betonen

## ÜBUNG 1

**Malgrund:**
Leinwand, 30 × 30 cm

**Farbe:**
Türkis, Weiß, Strukturpaste, feinkörnig
*Pigment mit festem Bindemittel anrühren, Alternativ: viskose bis feste, gebrauchsfertige Acrylfarbe*

Du kannst in Ebenen arbeiten. Das fällt mit einer strukturierten Oberfläche leicht, da die Struktur selbst einen Aufbau in die Höhe hat. Je nachdem wie du die Struktur färbst, betonst du damit die Höhe der Struktur oder die Tiefe. Trägst du satte Farbe über die gesamte Struktur, verschwindet sie augenscheinlich. Nimmst du die Farbe stellenweise wieder weg, kannst du die Tiefen oder die Höhen einer Struktur betonen. Es entsteht, mit nur einem Farbauftrag, ein interessantes Farbspiel.

**Werkzeug:**
Kunststoffspachtel, Pinsel, Tuch

So geht's

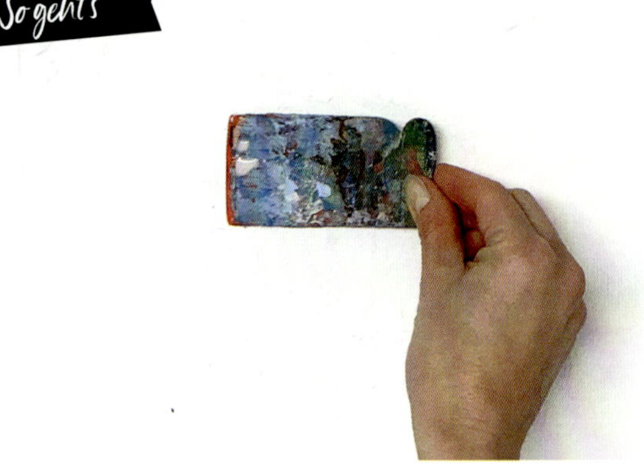

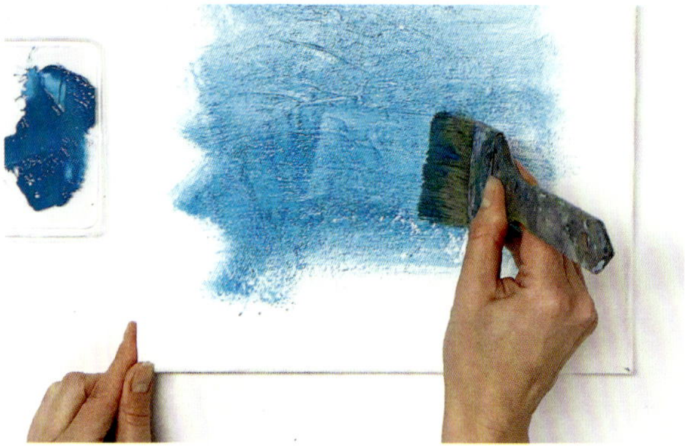

**1** Du beginnst, indem du eine Strukturpaste mit einem Spachtel auf deine Leinwand aufträgst. Ziehe ruhig ein paar Bögen und lass Stellen frei. Danach lässt du alles erstmal gut trocknen.

**2** Die **Tiefen** betonst du, indem du Farbe benutzt, die flüssig ist. Gib also deiner gebrauchsfertigen Farbe Wasser zu und verrühre sie zu einer dünnflüssigen Farbe. Mach deinen Pinsel nass, tupfe ihn kurz ab und gehe dann damit in deine angemischte Farbe. Färbe die strukturierte Fläche ein. Die Farbe läuft in die Tiefen.

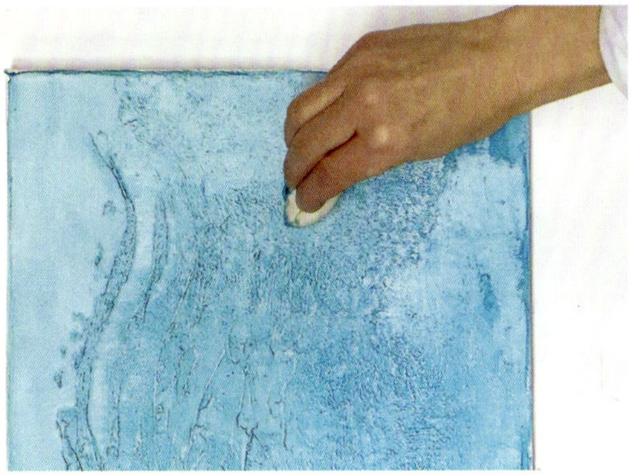

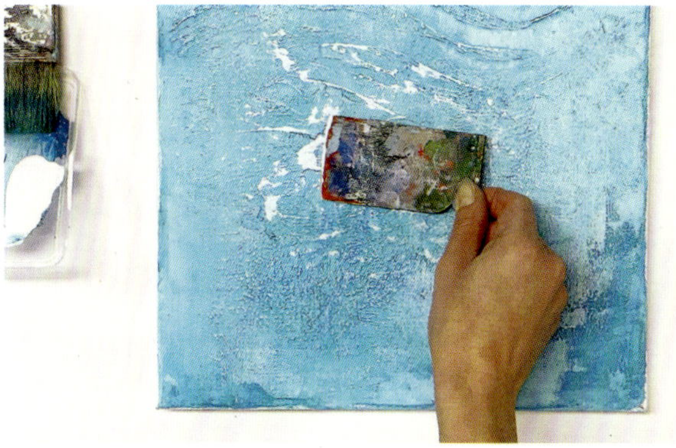

**3** Warte einen Moment, bis die Farbe anfängt zu trocknen. Dann nimmst du ein Tuch und tupfst die Farbe wieder von den Höhen ab. Achte dabei darauf, dass das Tuch nicht die Farbe aus den Tiefen aufsaugt. Wenn das der Fall ist, ist die Farbe noch zu nass. Warte einen Moment und versuche es erneut.

**4** Nimm jetzt dein Weiß mit dem Spachtel auf. Ziehe den Spachtel ganz flach über die Leinwand. Die **Höhen** deiner Struktur werden jetzt betont. Erhältst du dabei einen dicken, weißen Fleck auf deiner Struktur, so hast du zu viel Farbe auf dem Spachtel. Tupfe den Spachtel mit einem Tuch ab und nimm weniger Farbe auf den Spachtel. Versuche es erneut. Probiere diesen Auftrag auch mit einem Pinsel. Ziehe mit dem Pinsel die weiße Farbe flach über die Struktur. Experimentiere ruhig. Sieh dir deine Übung an und entdecke weitere Strukturen, zum Beispiel dort, wo keine Struktur im Vorfeld aufgetragen wurde. Hier entstehen oft verschiedene spannende Farbnuancen. Lass dich von deinem Bild inspirieren!

# Strukturen betonen

# ÜBUNG 2

Du kannst mit Materialien auch Strukturen auf deinen Malgrund bringen. In dieser Übung lernst du das Kleben der Folie sowie diese zu bemalen. Mit der Folie, egal ob Alufolie oder Rettungsschutzdecke, erhältst du zusätzlich einen Grundfarbton, ein Gold oder ein Silber. Wie in der ersten Übung kannst du so nicht nur mit der Struktur arbeiten, sondern auch mit dem Farbton.

**Malgrund:**
Leinwand, 30 × 30 cm

**Farbe:**
Acrylfarbe Ocker, Acrylfarbe Weiß,
*Pigment Ocker mit flüssigem Bindemittel oder als viskose, gebrauchsfertige Acrylfarbe*

**Werkzeug:**
Kunststoffspachtel, Flächenpinsel 40, Alufolie
Bastelkleber, zum Kleben der Folie, Tuch

So geht's

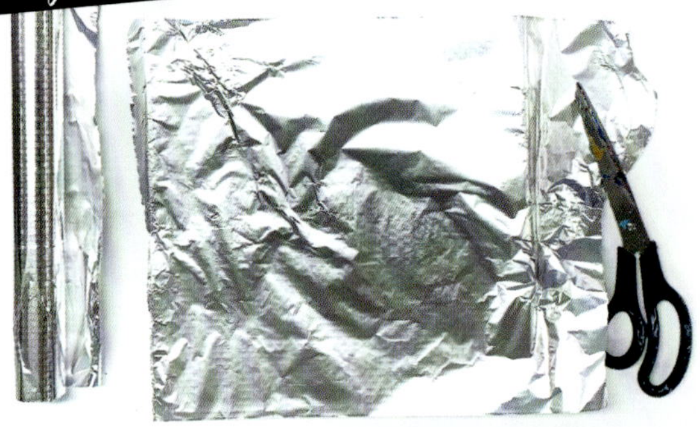

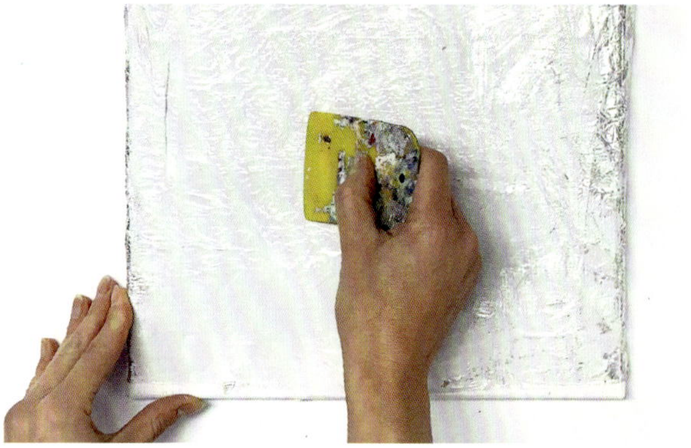

**1** Lege deine Leinwand vor dich. Schneide dir die Folie auf das Maß deines Malgrunds zurecht. Gib mit dem Spachtel den Kleber auf das Acrylpapier. Lege die Folie auf das Papier. Drücke die Folie mit dem Spachtel fest. Dabei dürfen Falten entstehen. Es sollte aber keine Luft zwischen der Folie und der Leinwand bleiben. Lass es einmal trocknen.

**2** Nimm mit einem zuvor angefeuchteten Pinsel Weiß auf. Verstreiche die Farbe über die Folie. Streiche die Farbe dabei deckend und transparent, sodass ein ungleichmäßiger Auftrag entsteht. Entferne anschließend mit dem Kunststoffspachtel die Farbe teilweise wieder. Geht die Farbe zu leicht ab, warte bis die Farbe besser haftet, und gehe dann nochmals darüber. Mit dem Tuch wischst du vorsichtig die Farbe von den erhabenen Strukturen. So werden die Falten betont. Tupfe hier und da etwas Farbe heraus, sodass der Farbton der Folie sichtbar stehen bleibt.

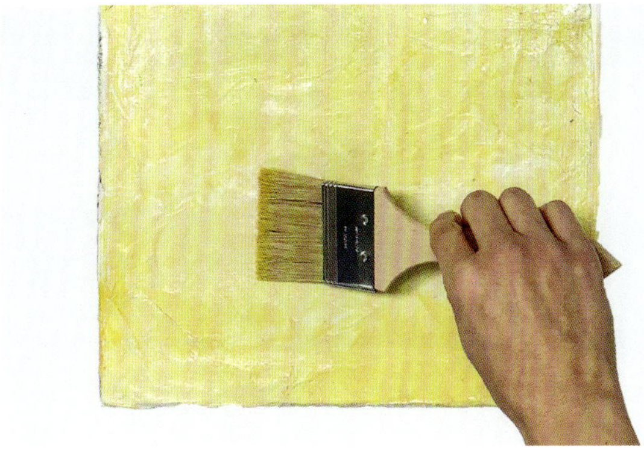

**3** Nimm Ocker mit dem nassen Pinsel auf und trage den Ocker auf dein Bild auf. Färbe die ganze Fläche ein. Tupfe anschließend auch hier die Farbe stellenweise wieder mit einem Tuch ab. Löst sich die Farbe zu schnell vom Untergrund, warte einen Moment. Löst sich die Farbe nicht von dem Untergrund, verwende statt dem trockenen Tuch ein feuchtes Tuch. Der Ocker auf der Folie macht aus dem Silber ein Gold. Es entstehen mehrere Farbnuancen. Auch hier kannst du weiter experimentieren. Lass es gerne wieder trocknen und probiere weitere Farbtöne aus. Probiere auch wieder den Spachtel zum Auftragen wie zum Entfernen der Farbe.

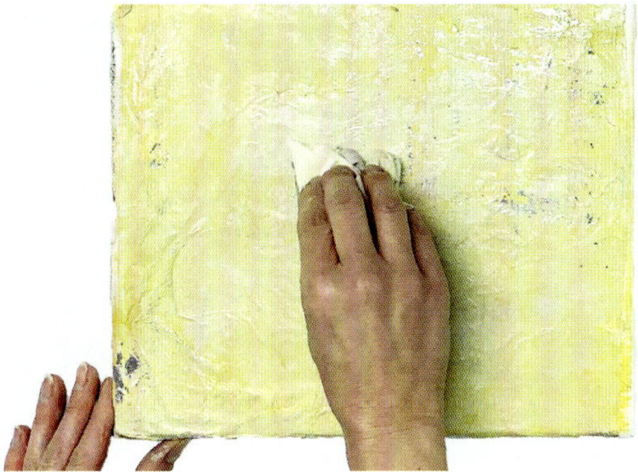

**TIPP**

Sollte deine Folie reißen, dann macht das nichts. Es entstehen dadurch weitere Strukturen, die beim späteren Einfärben neue Effekte ergeben.

# Schwamm

Der Schwamm war vor ein paar Jahren als Werkzeug sehr beliebt und wird heute eher vernachlässigt. Nicht jedes Werkzeug ist für jeden etwas. Oft entdeckt man aber seine Talente erst, wenn Möglichkeiten ausprobiert werden, die vorher gar nicht in Betracht gezogen wurden. So mache ich oft die Erfahrung in den Malkursen, dass eine Teilnehmerin am Spachtel verzweifelt, im Arbeiten mit dem Schwamm aber aufgeht und eine Kreativität in sich entdeckt, die unvorhergesehen war. Wenn also auch du an einem Punkt stehst und denkst, vielleicht einmal das Werkzeug zu wechseln, probiere den Schwamm aus.

Du hältst den Schwamm in der Hand und führst das Werkzeug über die Leinwand. Dies bedeutet direktes Malen auf deinem Untergrund. Einen Schwamm benutzt du so, dass du Farbe damit aufbringen kannst, aber auch wieder abnehmen. Der Schwamm hinterlässt Spuren vom Auftrag, die eine besondere Struktur aufweisen. Mit dem Schwamm kannst du viel Farbe aufnehmen und damit große Farbaufträge leicht und schnell bewerkstelligen. Du kannst ihn über die Fläche wischen, ziehen oder tupfen. Also lange Linien malen, genauso aber z. B. abstrakte Landschaften tupfen.

Nimmst du flüssige Farbe, kannst du die Farbe in weiche Übergänge miteinander vermischen. Verwendest du feste Farbe, entsteht eine Prägung des Werkzeugs auf deinem Untergrund. Diese unterstützt das plastische Arbeiten, wie das Arbeiten mit Strukturen. Der Schwamm eignet sich für weitere verschiedene Maltechniken, wie zum Beispiel die Lasur- oder die Nass-in-Nass-Technik.

***Farbe wischen und Strukturen stehen lassen, erzeugt Dynamik im Bild.***

***Farbauftrag mit viel und wenig Farbe lässt das Arbeiten in Fläche sowie Akzente zu.***

***Farbe lässt sich ineinander und übereinander tupfen.***

Du kannst jeden beliebigen Schwamm benutzen. Hier fängt deine Kreativität schon an. Schaue dich in deiner Wohnung um und sieh' dir das Muster, also die Poren, deines Schwamms an. So gibt es feine bis grobporige Naturschwämme, aber auch robuste Kunstschwämme. Nutze die Kanten genauso wie die flache Seite. Knautsche ihn in der Hand zusammen oder forme ihn zu einer Spitze.

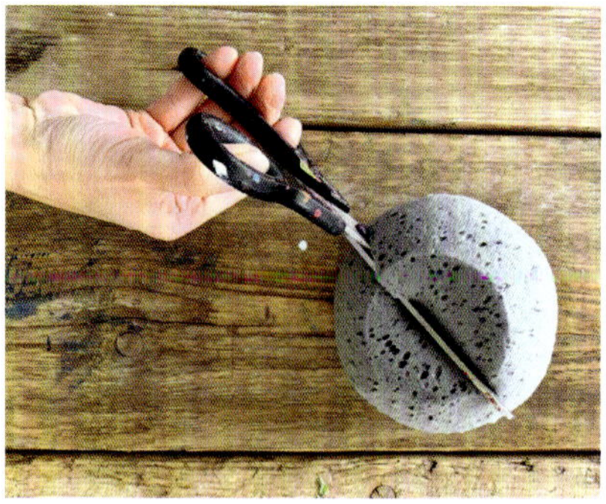

***Du kannst dir deinen Schwamm auch auf beliebige Größe zurechtschneiden.***

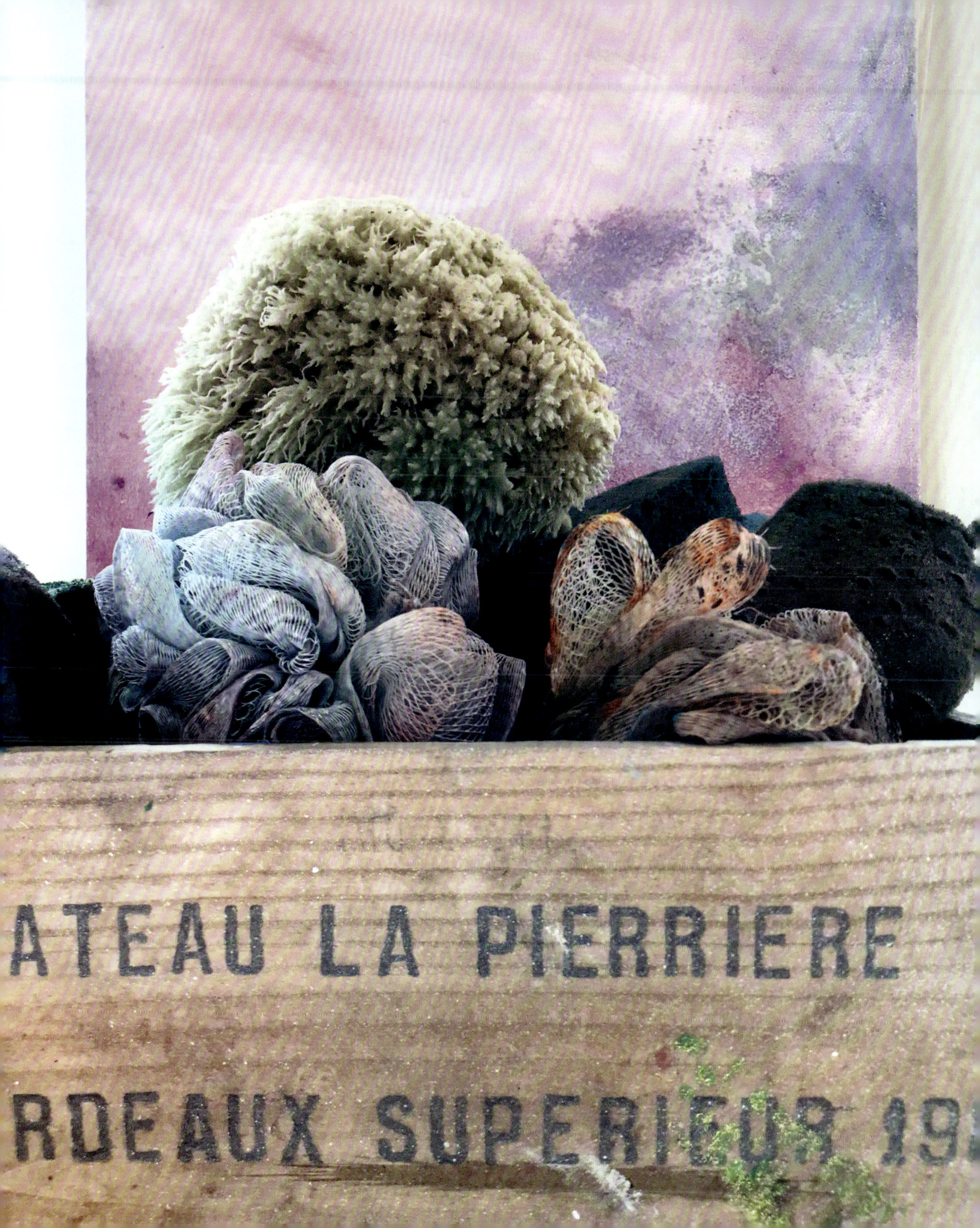
ATEAU LA PIERRIERE
RDEAUX SUPERIEUR 19

# Stifte

Die abstrakte Malerei hat in vielerlei Hinsicht für Veränderung gesorgt. So ermöglicht sie uns den Einsatz verschiedener Werkzeuge und Hilfsmittel. Du darfst deine Techniken genauso vermischen wie die Materialien und Werkzeuge. Es wird dir nicht vorgeschrieben, wie du zu arbeiten hast, sondern du wirst dazu aufgefordert, dich von Vorgegebenem zu lösen. Die Stifte bieten hier den Vorteil, präzise Farbe auf dein Bild zu bringen sowie den Ausdruck zu verändern.

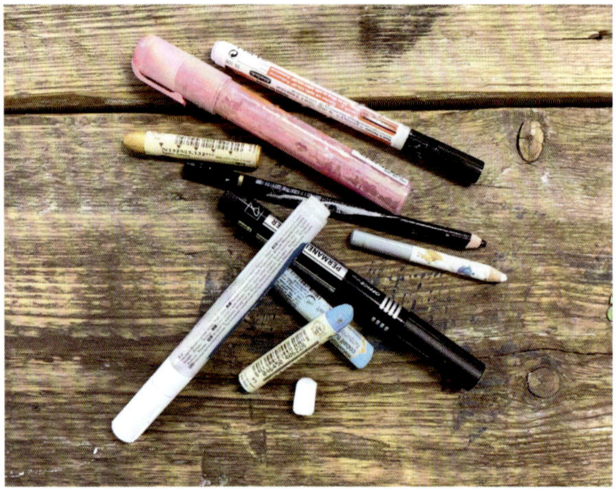

## PAINT MARKER

Ein Paint Marker ist ein Stift, der hochpigmentierte Acrylfarbe beinhaltet. Er ist mit verschiedenen Spitzen bzw. -größen erhältlich: feine, breite, flache Präzisionsspitzen. Zudem gibt es ihn in glänzenden, flüssigen und deckenden Farben. Die Farbe wird durch ein Pumpsystem zum Fließen gebracht und haftet auf vielen Untergründen. Ich verwende ihn meist, um ein Finish im Bild zu erzeugen.

## PASTELLKREIDE

Pastellkreide gehört absolut in mein Repertoire. Die Pastellkreide ist als Stift, als Stück (Softpastell) oder auch flüssig (Stift) erhältlich. Sie ist pigmentstark und von hoher Deckkraft, setzt sich auch auf dunklen Untergründen ab. Sie haftet nicht auf Acryl. Diesen Vorteil nutze ich, um eine Zeichnung auf meinem Bild anzufertigen. Gelingt mir meine Zeichnung nicht auf Anhieb, so kann ich sie entfernen und korrigieren. Ich nutze den Stift gerne für Highlights in feinen Acrylbildern. Anschließend fixiere ich meine Zeichnung, indem ich mit Acrylbinder die Linie nachmale. Die Spitze sollte mit einem speziellen Anspitzer gespitzt werden; frage nach diesem in deinem Fachgeschäft.

## ÖLPASTELL

Wenn du die Möglichkeit hast, in ein Fachgeschäft zu gehen, dann tu das. Stell dich vor ein Regal, welches mit Ölpastellen gefüllt ist. Jede Farbnuance liegt leuchtstark vor dir. Sortiert von hell nach dunkel. Ein Erlebnis. Ölpastell haftet auf Acryl wie auch auf vielen anderen Untergründen. Du kannst sie erhitzen und weitere Strukturen beimischen oder direkt so verwenden. Sie wurden aus den reinen Pigmenten mit Wachs und Bindemittel zu einem Stift geformt. Du kannst sie mit dem Finger, Pinsel oder mit dem Stift selbst auf dein Bild bringen. Der Auftrag mit dem Stift hat einen besonderen Charakter; daher benutze ich ihn, um Highlights ins Bild zu bringen.

## FINELINER UND LEERSTIFT

Mit einem Pinsel feine Linien zu malen ist sehr schwierig, dafür benutze ich einen Fineliner. Er muss auf Acrylfarbe haften und darf nicht so schnell eintrocknen. Der Schreibfluss sollte für lange Linien reichen. Ich benutze oft einen Leerstift, aus mehreren Gründen. Den Leerstift kann ich in beliebigen Farbtönen füllen; auf den Leerstift lassen sich unterschiedliche Aufsätze bzw. Spitzen setzen, so kann ich meinen Aufsatz entsprechend meiner Anforderung ändern.

# Vergolden

In der abstrakten Malerei kannst du mit besonderen Farbtönen Highlights setzen. Dein Motiv, in deinem Bild, wird durch einen Farbton bestimmt. Das kann eine farbige Linie, ein Farbklecks, eine farbige, geometrische oder irreale Figur sein oder was auch immer dir an Formen und Motiven einfällt. Hauptsache es setzt den besonderen Akzent in deinem Bild. Wenn du dies mit Gold als Farbe umsetzen möchtest, könntest du, je nach Hersteller deiner Farbe, enttäuscht werden. Denn vermalst du die Farbe und hältst dein Bild anschließend senkrecht, verliert das Gold und sieht dunkelbraun aus. Hier ist also vorheriges Testen der Farbe gefragt. Manchmal ist es auch so, dass es schwieriger ist, eine Farbe zu vermalen, als mit einem Blatt aufzulegen, welches nicht verschmiert und immer gleich in der Deckkraft, wie der Stärke des Auftrags, ist. Das Blattgold ist hier dein Partner. Blattmetalle sind ebenso in Kupfer und Silber erhältlich. Was viele nicht wissen, es gibt den Kleber zum Anlegen des Blattmetalls auch als Stift. Mit diesem kannst du präzise Linien ziehen und anschließend dein Blattgold drauflegen. So kannst du auch deinen Lieblingsspruch auf dein Bild bringen und mit Gold veredeln. Lies dir immer die Packungsbeilage durch. Nicht jeder Hersteller hat die gleichen Anleitungen. So kann es sein, dass du auch mal 15 Minuten warten musst, ehe du dein Blattgold auf deine vorbereitete Klebefläche legen kannst.

## ANLEGEN

Das Blattgold wird mit einer sogenannten Anlegemilch auf deinen Untergrund geklebt. Dies ist ein Spezialkleber, der meist dickflüssig ist. Er klebt auf vielen Untergründen. In der Praxis klebst du dein Blattgold wie folgt auf: Du bringst deinen Kleber auf deinen Untergrund. Hierfür kannst du zum Beispiel bei präzisen Formen einen feinen Rundpinsel verwenden. Der Kleber lässt sich leicht aus dem Pinsel auswaschen, da er auf Wasserbasis ist. Je nach Her-

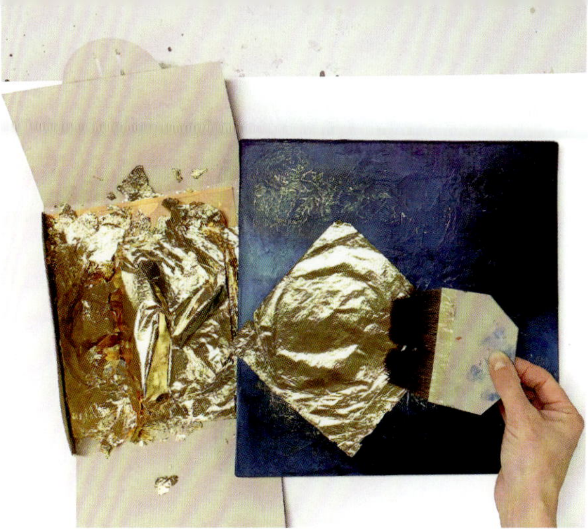

stellerangaben wartest du oder kannst sofort dein Blattgold aufbringen. Für das Auflegen verwendest du einen Vergolderpinsel oder einen anderen Pinsel mit besonders weichen Haaren. Du legst langsam dein viereckiges Blatt Gold auf die vorbereitete Fläche und drückst es vorsichtig, mit einem weichen Pinsel, an. Das heißt, auch wenn du nur eine Linie Blattgold kleben möchtest, legst du das ganze Blatt darüber. Hast du überall dein Blattgold aufgelegt, kannst du mit dem Abstreichen beginnen. Dann schiebst du das überflüssige Gold nach außen, also von der Klebefläche weg, ab. Dein Gold klebt nur auf den Klebeflächen. Das übrig gebliebene Gold sammle ich ein und verklebe es in einem anderen Bild mit anderen Akzenten. Diese Anleitung ist eher unkonventionell. Die konventionelle Methode rät, vorab das Blattmetall zurechtzuschneiden und dann direkt auf die Fläche zu kleben. Ich arbeite aber großzügig, da ich feine Linien oder andere Formen nicht aus dem Blatt schneiden kann. Was du hier riskierst, ist, dass dein Blattmetall beim Abstreichen an den Rändern der Klebefläche einreißt. Achte also darauf, dass dein Metall am Rand deiner Fläche besonders gut klebt.

## ÜBERZUGSLACK

Damit das Blattmetall besonders lange seine Leuchtkraft behält, empfehlen die meisten Hersteller einen speziellen Schutzlack. Mit diesem kannst du, nach der Trocknung, dein Blattgold versiegeln. Achte auch hier auf die Angaben des Herstellers.

# Unkonventionelle Untergründe

Acrylfarbe haftet auf vielen verschieden Untergründen und ist daher besonders vielseitig einsetzbar. Somit kannst du mit Acryl auf Glasscheiben, Steinen, Tongefäßen und vielen weiteren Materialien malen. Möchtest du aber dein Leinwandformat beibehalten, so kannst du die Leinwand selbst verändern. Vielleicht kennst du dies schon aus der Collage, wo du Papier oder andere Materialien auf deine Leinwand klebst. Das sorgt schon vor dem Malen für eine Abwechslung, die dich inspiriert. Klebst du zum Beispiel Wellpappe auf deine Leinwand, kannst du mit der Struktur der Pappe arbeiten. Bei Papier aus Zeitschriften oder Tageszeitungen arbeitest du mit den Motiven des Papiers weiter. Malen auf metallischen Untergründen bringt einen lasierten (transparenten) Farbauftrag noch stärker zum Leuchten. So kannst du auf Gold, Silber oder Aluminium mit Acrylfarbe malen, da die Farbe dort haftet, und den besonderen Farbton vom Untergrund dazu als Effekt nutzen. Eine mit Acrylfarben angefertigte Grundierung in Silber oder Gold ist ungeeignet, um Effekte beim Malen herauszuarbeiten. Große Platten aus Aluminium, Silber oder Gold wirst du sicher nicht zur Hand haben. Daher muss hier eine andere Lösung her, die ich dir nun zeige.

## ALUMINIUMFOLIE

Aluminium hat eine silberne Farbigkeit, die sich verändert, malst du mit transparenter Farbe auf ihr. Sie kann schnell matt werden und hat dadurch einen noch härteren Metallcharakter. Aluminium findest du im Küchenbereich auf einer Rolle gerollt. Also ideal, um das Material auf eine Leinwand zu bringen. Du kannst deine Aluminiumfolie, zum Beispiel mit Bastelkleber, Leim, Acrylbinder oder sogar mit Acrylfarbe selbst, auf die Leinwand kleben. Beim Malen nutzt du die Farbveränderung in der Lasurtechnik, die Struktur und den besonderen Effekt des matten oder glänzenden Silbers.

## RETTUNGSSCHUTZDECKE

Durch eine Fügung habe ich die Rettungsschutzdecke aus meinen Verbandskasten entdeckt. Sie ist zweifarbig und sehr robust. Klebst du sie auf deine Leinwand, so kannst du auf Silber oder Gold malen. Tolle Effekte entstehen durch Farbveränderungen, sowie durch Struktur und Glanz. Die Verbandskästen aus den Autos sind in Deutschland mit einem Verfallsdatum gekennzeichnet. Fährst du also ein Auto, schaue doch einmal in den Kasten und entdecke den zusammengefalteten Schatz.

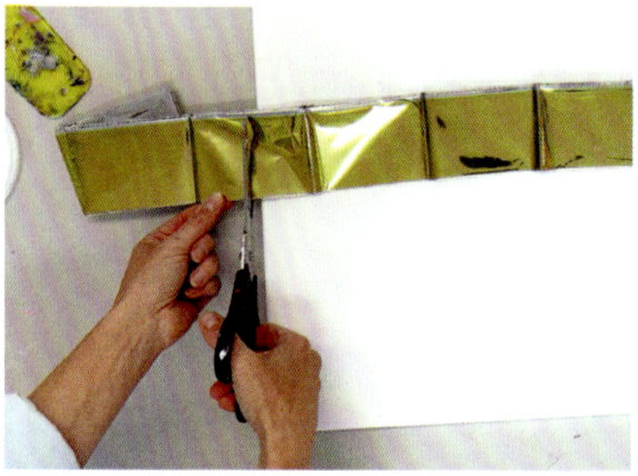

***Folie auf das gewünschte Maß zuschneiden***

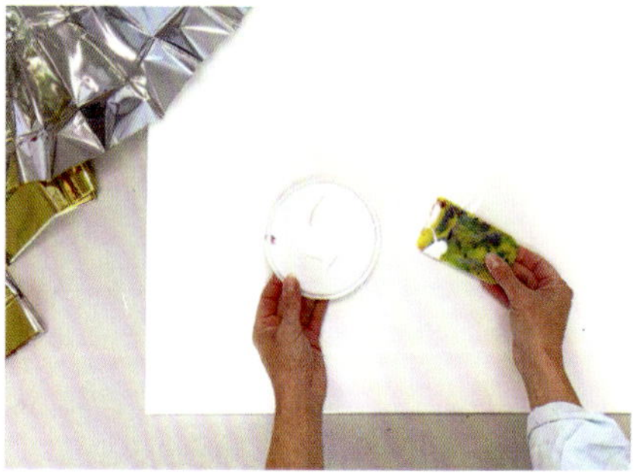

***Kleber auf die Leinwand bringen. Hierfür verwende ich gerne einen Spachtel.***

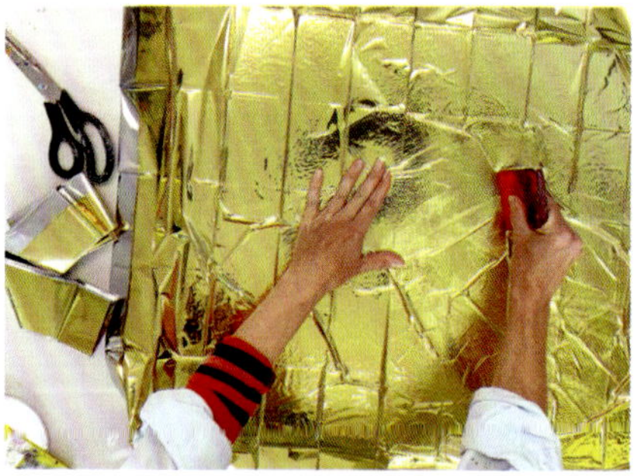

***Beliebige Seite der Folie auf die Klebefläche legen. Folie glatt ziehen. Achte darauf, dass keine Luft unter der Folie bleibt, da sie sonst nicht haftet.***

# Deine Farben

Du hast ein Bild in diesem Buch gefunden, welches dir zwar gut gefällt, aber die Farbtöne, in denen es gemalt ist, nicht? Ich gebe dir hier eine kleine Anleitung, wie du es in deinen Lieblingsfarbtönen nachmalen kannst.

## ANLEITUNG IN DEN EIGENEN FARBTÖNEN MALEN

**1**

Als Erstes siehst du dir deine Lieblingsfarben an. Wenn es geht, stelle sie doch einmal alle zusammen. Lege zum Beispiel Materialien vor dich, in denen deine Lieblingsfarben enthalten sind, wie Kissen, Decke, Kleidungsstück oder Papier.

**2**

Benenne die Farben in helle und dunkle Farbtöne. Schreibe die Farbtöne untereinander auf ein Blatt Papier.

**3**

Schlage das Buch auf und schaue dir das Bild an, welches dir gefällt. Benenne auch hier die hellen und dunklen Farben. Schreibe dir die Farbtöne neben deinen Farben auf deinem Papier auf.

**4**

Tausche gedanklich die Farben aus. Ersetze den dunklen Ton aus der Anleitung mit dem deiner neuen Farbwahl. Gehe genauso mit den hellen Farben vor. Benenne dabei auch gleich mittlere Farbtöne oder die Farbe, die einen Akzent im Bild setzt, falls vorhanden. Sortiere auf deinem Papier die Farbtöne bzw. tausche den hellen Farbton aus dem Buch mit dem hellen Farbton deiner Wahl.

**5**

Farben anmischen. Farbmuster erstellen. Nimm deine Farbpalette und mische dir die Farbtöne an. Erstelle ruhig Farbmuster auf dem Papier und spiele mit ihnen. Tausche und probiere aus, was es für ein Bild ergeben könnte. Du kannst auch gerne eine Skizze erstellen und diese schon mit deinen neuen Farben kolorieren. Das anschließende Umsetzen wird dadurch auch gleich vereinfacht.

**6**

Gehe vor, wie in der Bildanleitung beschrieben, und benutze nun die Farben nach deinem Farbmuster.

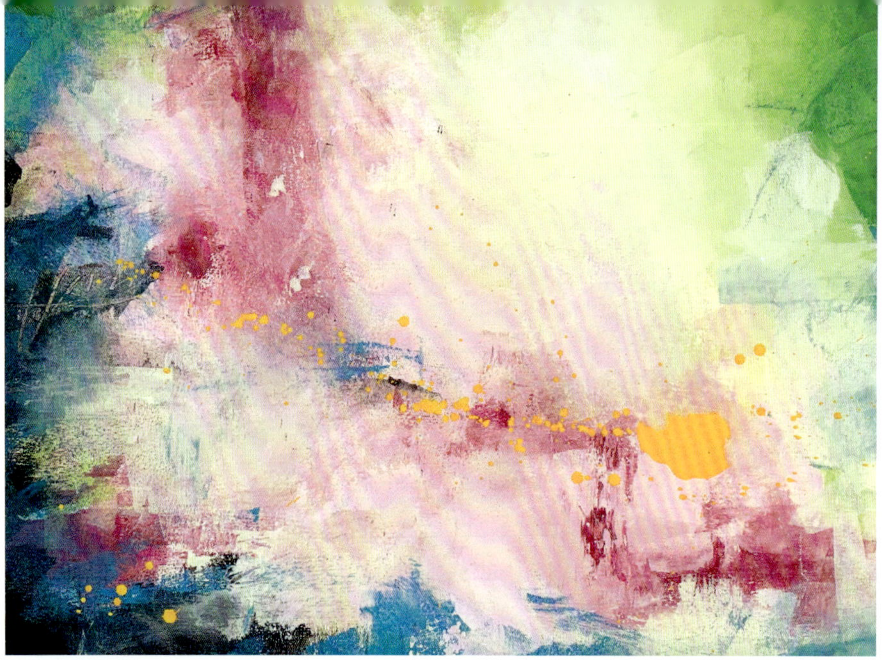

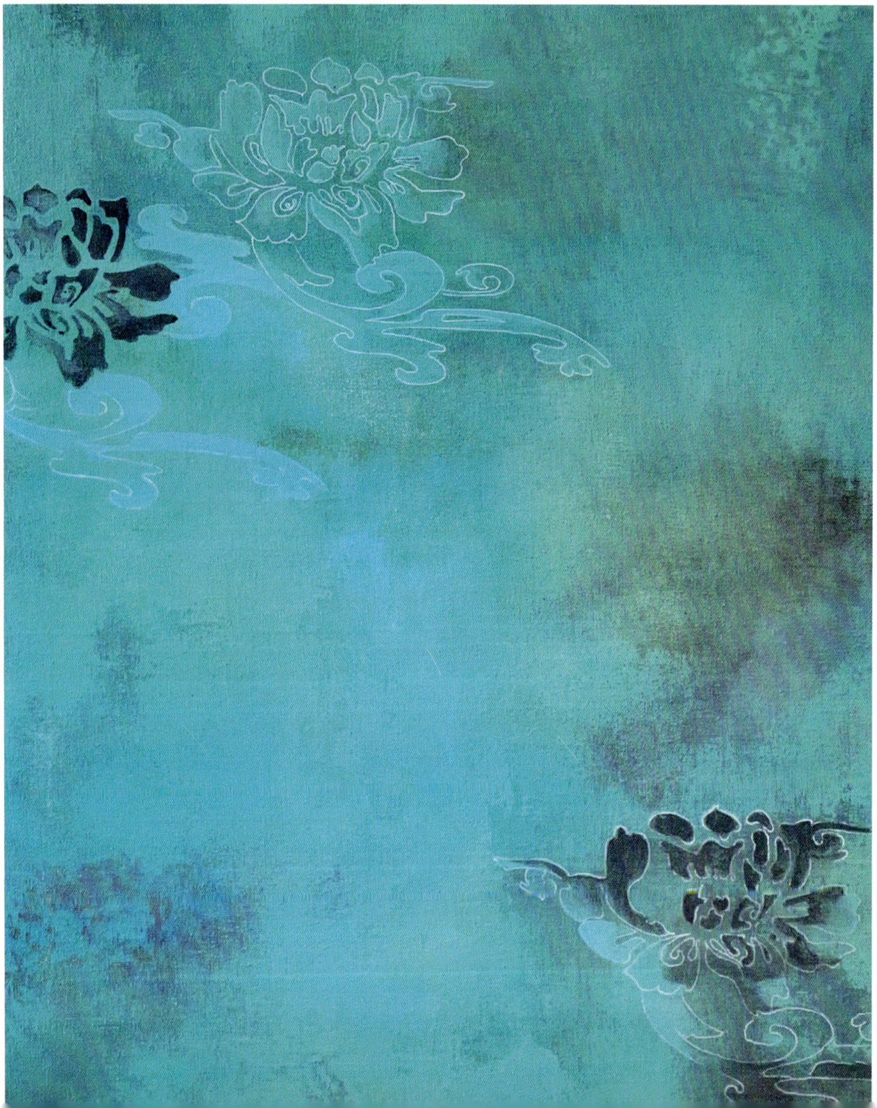

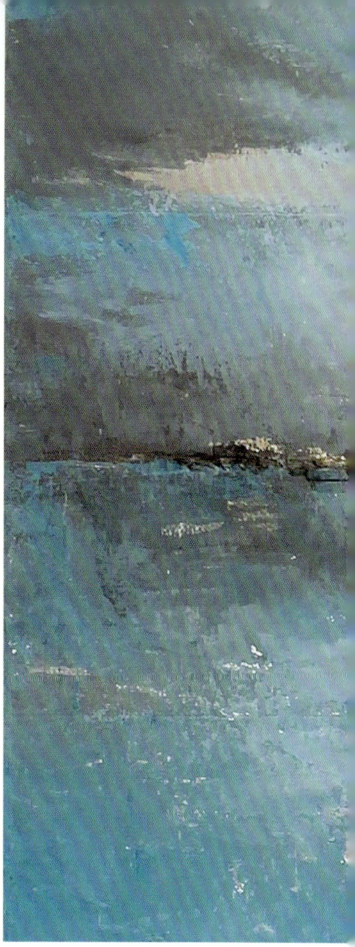

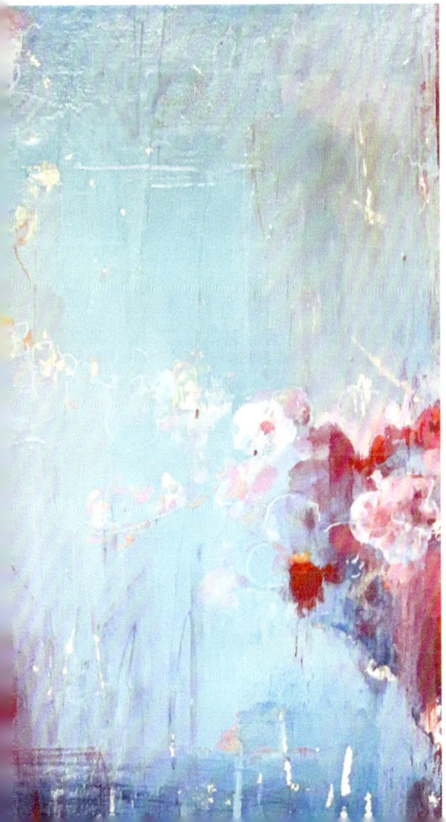

# Projekte

In der Malerei ist nicht nur das Wissen um Techniken und Materialien wichtig. Die Praxis, das Tun, das Malen selbst ist das, was ein Kunstwerk entstehen lässt. Ob um Erfahrungen zu sammeln oder um der eigenen Inspiration zu folgen: Wähle gerne nach Lust und Laune ein Projekt aus. Male das, was dir am Besten gefällt. Höre dabei auf deine innere Stimme, wenn du ein Werk betrachtest, wenn es dich anlacht. Bleib bei diesem positiven Gefühl, während du malst – das ist eine gute Voraussetzung, die zum Gelingen beiträgt. Der erste Schritt ist hier also das Suchen und Finden. Dann mach dich an dein Werk, die Essenz beim Malen bist du!

# Meine japanischen Seerosen

**Palette**

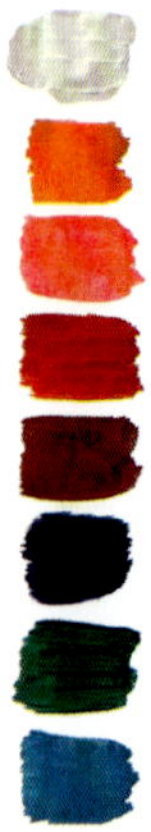

Japanische Alltags- und Kunstgegenstände eroberten in den 1860er-Jahren die westliche Welt. Gerade Frankreich begeisterte sich für das feine Porzellan, die eleganten Stoffe und Textilien. Diese nicht-westlichen Themen, Motive und fremdartigen Formen sorgten für Inspiration und erzeugten eine Sehnsucht nach dem Unbekannten bei den Künstlern des Impressionismus. Degas, Monet oder Manet griffen als erste Maler diese Formensprache auf. So entstand das bekannte Seerosen-Bild von Monet. Mich faszinieren immer wieder die japanischen Bilder, die zu mir herüberschwappen, wie Fotos von Tuschezeichnungen, kontraststark bemalten Gesichtern oder reich verzierten Gewändern. Gerne lasse auch ich mich in diese fremde Welt entführen und interpretiere diese auf meine Weise.

**Malgrund:**
Leinwand, 40 × 40 cm

**Farbe:**
Weiß, Orange, Neonpink, Kirschrot, Bordeaux, Pariserblau (Dunkelblau), Türkis, Dunkelgrün, *Pigment, viskoses Bindemittel anrühren, Alternativ: viskose bis feste, gebrauchsfertige Acrylfarbe, Fineliner, weiß, schwarz*

**Werkzeug:**
- Kunststoffspachtel, ca. 6 cm breit
- Borstenpinsel, flach, 14 breit, nass
- Borstenpinsel, flach, 50 breit, trocken
- Rundpinsel
- Lappen
- Tuch
- Wassergläser
- Zum Auskratzen Color Shaper oder Blumenstiel
- Kleber oder Acrylbinder
- Goldfolie, Rettungsschutzdecke

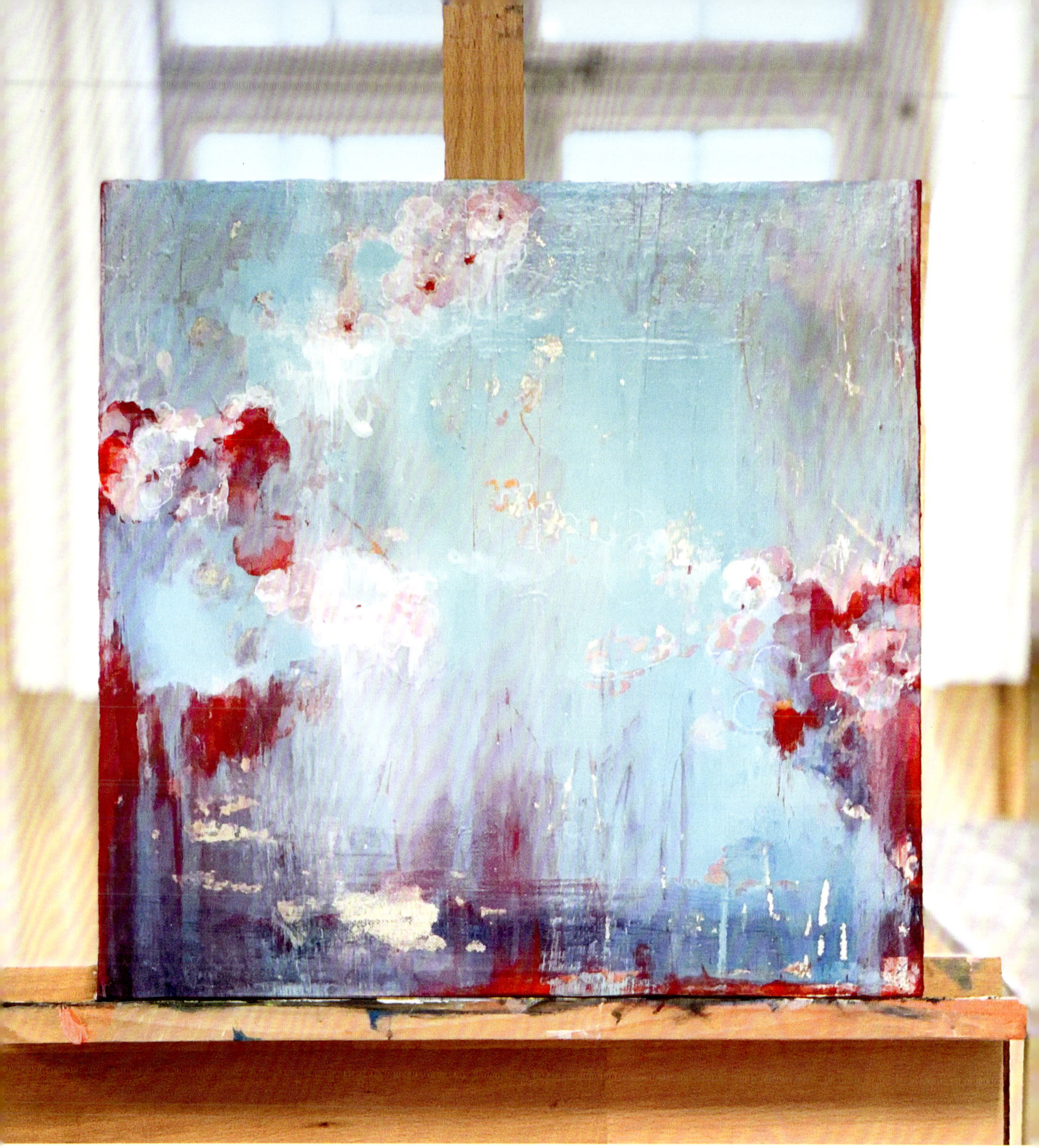

So geht's

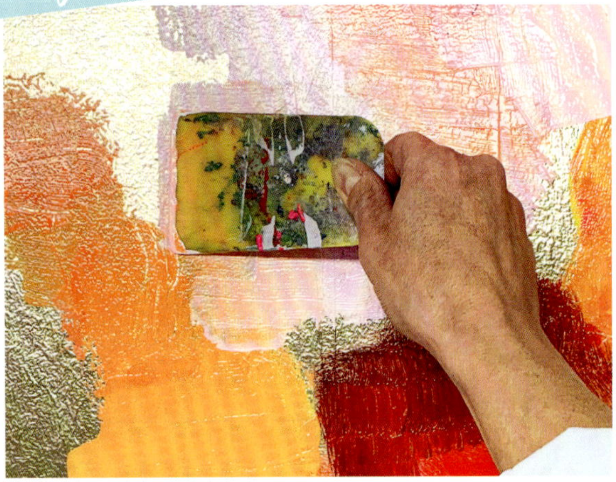

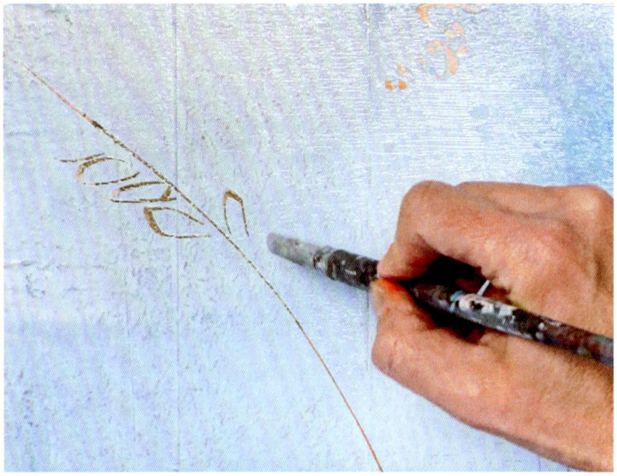

**1** Klebe deine Goldfolie auf die Leinwand. Lass es einmal trocknen. Nun brauchst du deine Farben: Weiß, Orange, Rot, Bordeaux, Neonpink und Neonpink mit Weiß gemischt. Trage deine Farben mit dem Spachtel nebeneinander auf. Im unteren Bereich nimmst du die dunkleren Farben, wie Kirschrot und Bordeaux. Verteile die anderen Farben fleckenartig dazu. Mische auf der Leinwand und erzeuge, mit dem Spachtel, weiche Übergänge. Nimm mit einem Tuch die Farbe stellenweise wieder ab, sodass das Gold wieder sichtbar wird. Verwische einmal leicht mit dem trockenen Borstenpinsel. Diese Farbschicht komplett trocknen lassen.

**TIPP**

**Schau dir ruhig noch einmal das Kapitel „Farben mischen" (Seite 14) an. Dort findest du viele Beispiele zu den Farbtönen und wie du dir diese anmischen kannst.**

**2** Nimm deinen Spachtel zur Hand. Du brauchst in der zweiten Farbschicht dein Dunkelblau, Weiß und etwas Grün (z. B. Grüne Erde von Lukas). Fange unten links an. Nimm das Dunkelblau mit dem Spachtel auf und ziehe es auf die Leinwand. Gib Weiß neben das Dunkelblau und vermische die beiden Farben ein wenig miteinander. Dann etwas Grün, wieder seitlich zufügen. Anschließend fängst du an, die Farben leicht ineinanderzumischen und den entstehenden Misch-Farbton, der auf deinem Spachtel ist, weiter zu verteilen. Die Farben sind durch das Weiß eher hell. Lass das Dunkelblau unten sichtbar. Geh immer weiter nach oben und verteile anschließend die Farbe nach rechts. So erhältst du einen Farbverlauf von dunkel nach hell. Aus dem Grün, etwas Cyan und Weiß mischst du separat ein grünliches Türkis an. Füge dieses rechts auf deiner Leinwand dazu und mische weiter auf der nassen Farbe. Wenn die ganze Fläche bedeckt ist, nimmst du aus deiner nassen Farbe ein Motiv: einen schräg angeschnittenen Blumenstiel. Ein Color Shaper oder Pinselstiel hilft dir dabei. Wie eine Zeichnung malst du mit dem Werkzeug Äste und Blüten auf die nasse Farbe und nimmst sie dabei ab. So kommen das Gold und die bunten Farben aus dem Untergrund wieder zum Vorschein. Trocknen lassen.

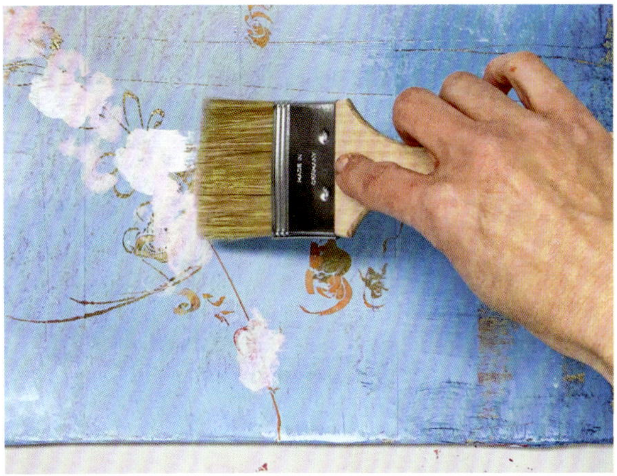

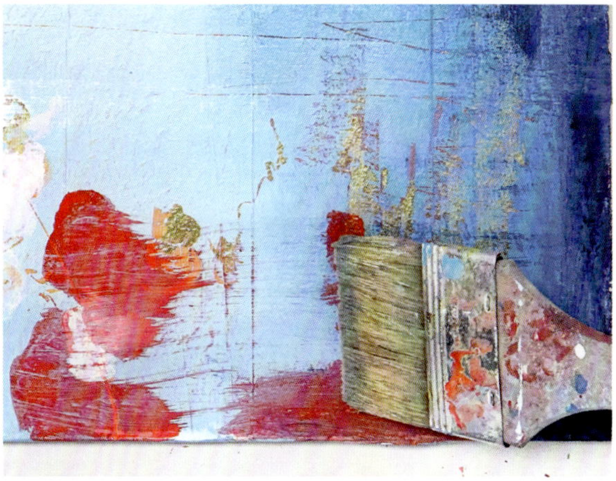

**3** Mit einem Rundpinsel malst du mit Weiß Blüten über die ausgekratzten Linien. Gib etwas Rosa dazu. Verwische anschließend die Farben mit dem trockenen Borstenpinsel, sodass die Blüten nicht aufgesetzt wirken. Es reichen rundliche Farbflächen, die abstrakte Blüten andeuten.

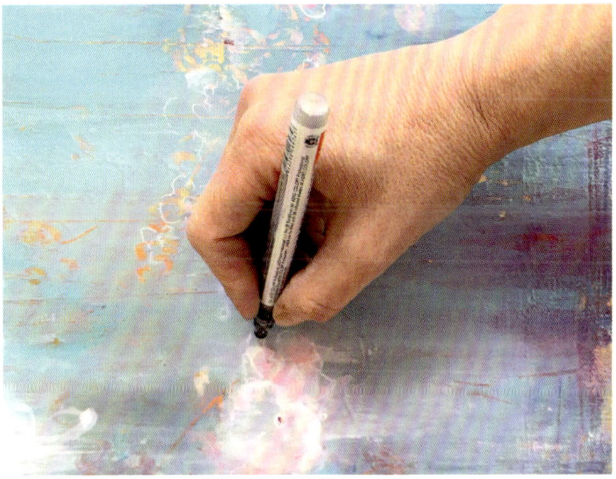

**5** Zum Schluss zeichnest du mit dem weißen Fineliner ein paar Blüten nach. Umrande weitläufig deine abstrakten Formen und zeichne auch Blüten auf die reine Farbfläche. Damit lockerst du die Fläche auf. Am besten, du übst vorher ein paar Blütenblätter auf Papier.

**4** Trage Farbfelder in Türkis und Rot auf und verwische sie leicht mit dem trockenen Borstenpinsel. Tauche einen sauberen Pinsel in Wasser und löse die Farbe danach etwas mit dem nassen Pinsel an. Lass sie dann nach unten fließen, indem du die Leinwand anhebst. Tupfe mit dem Lappen zu lange Fließspuren wieder ab. Male rote und orangene Punkte in die angedeuteten Blüten. Verstreiche mit dem trocknen Pinsel. Tupfe die Streifen vom Verwischen mit einem Tuch ab, lass diese aber an einigen Stellen stehen, sodass es nicht gleichmäßig aussieht. Trocknen lassen.

**youtu.be/ 3gABe1lWQio**

# Golden City

**Palette**

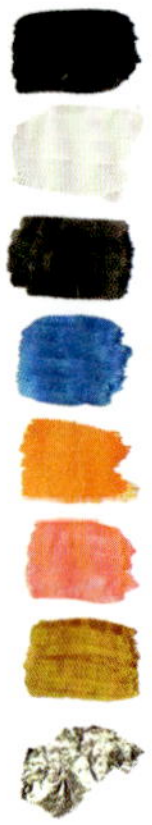

Als „Traum auf dem Wasser", wie Charles Dickens in seinem Reisebericht festhielt, begeistert seit jeher Venedig seine Besucher. William Turner brachte das Licht dieser Stadt auf die Leinwand. Der Impressionist, den ich für seine leuchtenden und ausdrucksstarken Bilder schon immer sehr verehre, inspirierte mich zu diesem abstrakten Bild. Das Bild auf einer Rettungsschutzdecke zu malen, war ein Zufall, der über ein kleines Ärgernis zuvor entstanden war: Der TÜV stellte einen Mangel an meinem Auto fest, der auf meinen abgelaufenen Verbandskasten hindeutete. Im Atelier nahm ich diesen kleinen Verursacher unter die Lupe und entdeckte so die Rettungsschutzdecke. Zur gleichen Zeit wurde ich auf eine kommende William-Turner-Ausstellung aufmerksam. Beides vereint, erzeugte mein erstes Bild auf dieser Folie: "Golden City".

## Malgrund:

Leinwand, 40 × 40 cm

## Farbe:

Schwarz, Weiß, Grau, Echtblau, Orange Pink, Havanna (französischer Ocker) oder Goldocker mit etwas Siena mischen, *Pigment, viskoses Bindemittel, Alternativ: viskose bis feste, gebrauchsfertige Acrylfarbe*

## Werkzeug:

- Kunststoffspachtel, ca. 6 cm breit
- Borstenpinsel, flach, 14 breit, nass
- Borstenpinsel, flach, 50 breit, trocken (und nass)
- Flächenstreicher, flach, 40 breit, nass
- Rundpinsel
- Lappen
- Tuch
- Wassergläser
- Zum Auskratzen Color Shaper, Blumenstiel oder Stiel deines Pinsel
- Bastelkleber
- Goldfolie, Rettungsschutzdecke

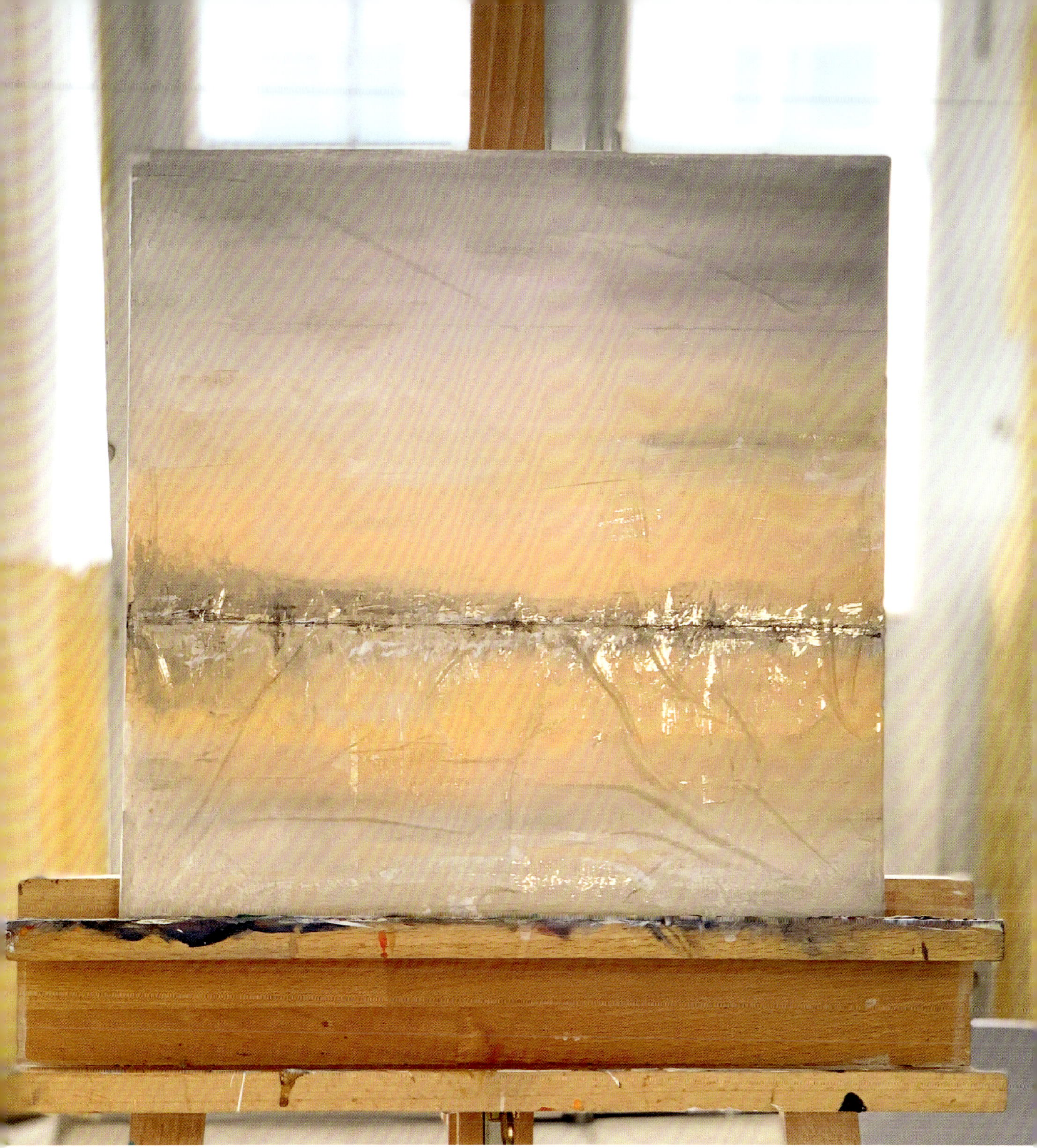

So geht's

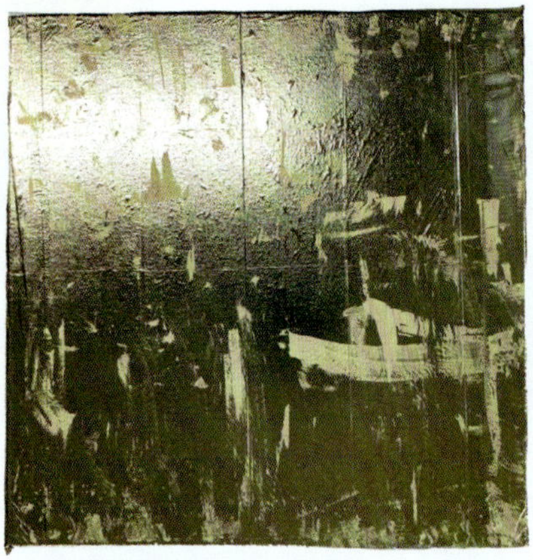

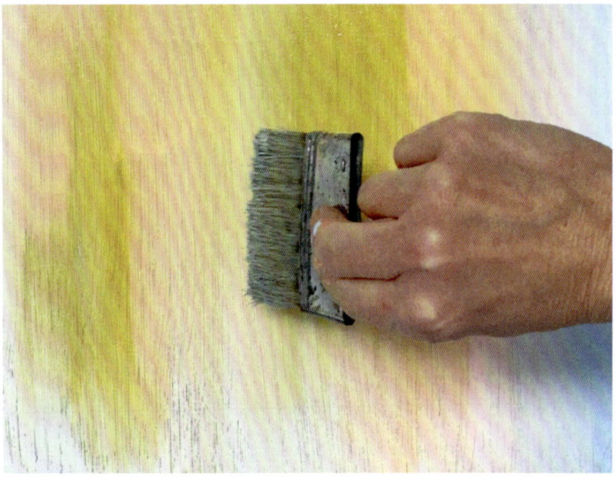

**1** Klebe deine Goldfolie auf die Leinwand. Lass es einmal trocknen. Trage als Erstes Weiß auf. Nimm dazu den breiten Borstenpinsel oder Flächenstreicher (Synthetik), diesmal nass, und verstreiche die Farbe erst einmal nur um den Rand deiner Leinwand. Dann streiche weiter, über den Rand hinweg, ca. 3–4 cm zur Mitte der Leinwand.

**2** Gib Orange mittig auf die Leinwand. Du kannst die Farbe grob mit dem Pinsel auftragen, also einfach aufstreichen und dann leicht mit dem Weiß vermischen. Bleibe aber vorerst nur mittig. Auf der Folie gleitet die Farbe sehr leicht, daher kannst du dir Zeit lassen und kannst immer sehr leicht die Farbe verstreichen. Gib Neonpink dazu. Trage oberhalb und unterhalb des Farbauftrags Blau dazu, wie auf dem Foto zu sehen ist. Wenn du die Farbe aufträgst, denke an Himmel und Meer. Ziehe, im Goldenen Schnitt, einmal das Blau in das Orange. Es entsteht ein grünlicher Farbton. Verwische deinen kompletten Farbauftrag mit dem trockenen Borstenpinsel. Das Verwischen der Farbe ist wichtig. Ziehe den Pinsel immer in eine Richtung über die Leinwand. Die Richtung ist von links nach rechts oder umgekehrt. Dadurch entsteht ein Bild von Himmel und Meer.

**TIPP**

**Dadurch, dass deine untere Farbschicht trocken ist, löst du nicht so leicht die erste Farbschicht an. Je länger du auf der Farbe arbeitest, um so eher löst du deine getrocknete, untere Farbschicht. Dies versuche zu vermeiden.**

**youtu.be/ LZuLjprslaY**

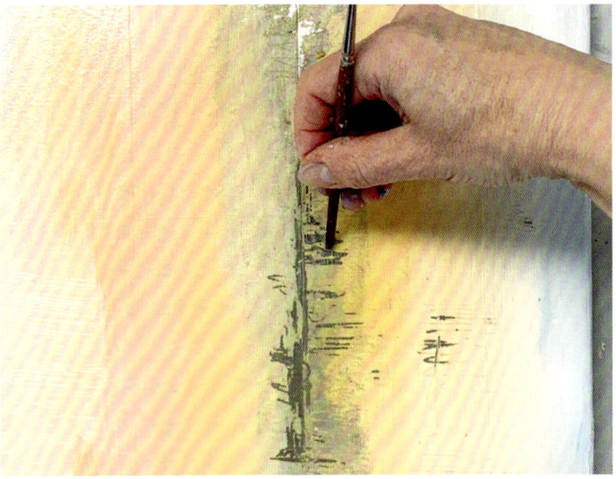

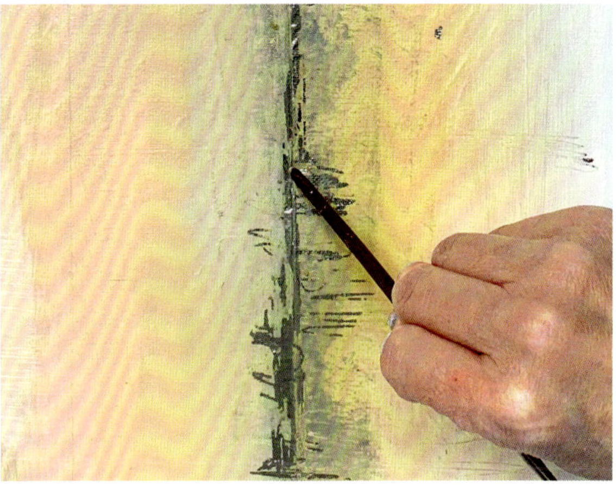

**3** Mit dem Pinselstiel ziehst du eine horizontale Linie aus der Farbe und malst die Skyline. Vergiss nicht die Spiegelung nach unten. Verstreiche leicht mit dem Spachtel, sodass Linien stehen bleiben, andere verschwinden. Trage auf den mittleren Bereich Kadmiumgelb und Neonpink.

**4** Verstreiche die Farbe mit dem Spachtel. Zieh wieder eine Skyline aus der nassen Farbe heraus. Gehe mit Grau über deine Skyline, verstreiche sie mit dem Flächenstreicher vorsichtig nach unten. Gib etwas Blau und Grau auf den Himmel, verstreiche mit dem Spachtel die Farbe.

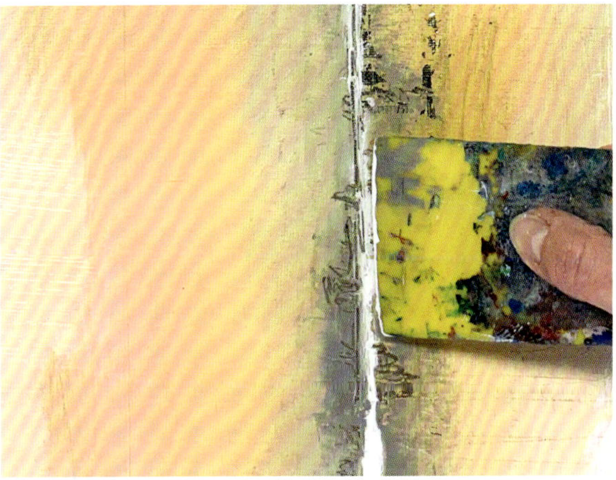

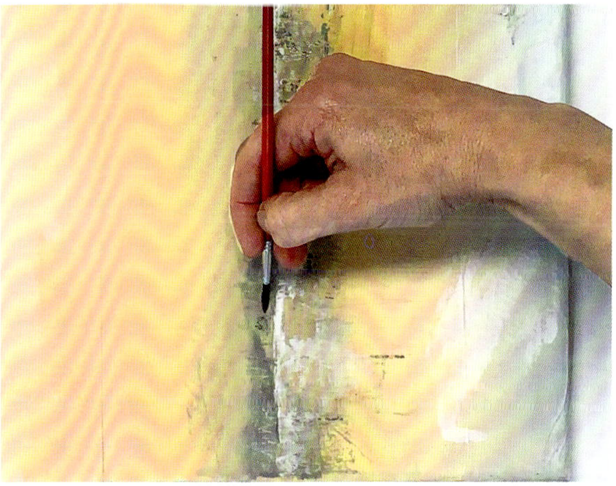

**5** Gib mit dem Spachtel Weiß auf die Kante. Gehe über deine Horizontale und streiche die Farbe nach unten weg. Zieh die Linien der Skyline wieder mit dem Pinselstiel frei. Gib Grau auf den Spachtel und verziehe die Farbe auf der Skyline. Jetzt wieder Linien rausnehmen.

**6** Zum Schluss kommen noch ganz feine schwarze Schattierungen auf die Skyline. Diese deuten Häuser an. Nimm dazu einen feinen Pinsel. Die Farbe sollte nicht laufen, also eher trocken sein.

# Patina Charme

**Palette**

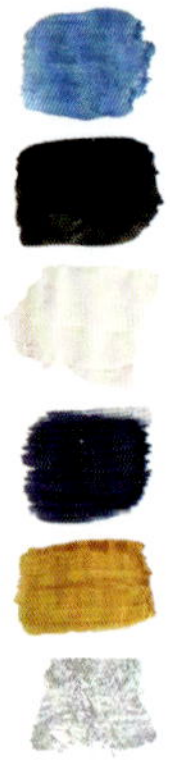

Die gegenstandslose Malerei lässt dir Freiräume, die dem einen oder anderen haltlos erscheinen. Doch die Aufteilung durch den Goldenen Schnitt lässt dein Bild harmonisch erscheinen und gibt dir einen Rahmen, in den du deine Träume legen kannst. Begib dich beim Malen auf eine Reise. Denn Träumen belebt dein Bild und spiegelt sich in dessen Ausdruck wider: Denk dir eine Geschichte aus oder erinnere dich. Ich dachte an mein Erlebnis in Thailand. Die Gerüche feiner Gewürze, die die schon schwere Luft durchtränken. Lärmende Motorengeräusche tauchen auf und entlassen mich von den großen Straßen in die Gassen. Meine Neugierde lockt mich weiterzugehen. Vorbei an Holztüren, an denen die Farbe abblättert. Was erwartet mich? All das schwingt in diesem Bild mit. Überzogen von der Patina einer anderen Zeit.

## Malgrund:

Leinwand, 40 × 80 cm

## Farbe:

Echtblau, Schwarz, Weiß, Pariserblau (dunkelblau), Havanna (dunkler gold Ocker), *Alufolie*

## Werkzeug:

- Kunststoffspachtel, ca. 6 cm breit
- Borstenpinsel, flach, 14 breit, nass
- Borstenpinsel, flach, 50 breit, trocken
- Flächenstreicher, flach, 40 breit, nass
- Bastelkleber zum Aufkleben der Alufolie
- Lappen zum abtupfen der Farbe von der Leinwand
- Tuch zum schnellen Reinigen der Werkzeuge und Abtupfen der nassen Pinsel
- Wassergläser
- Zerstäuber mit Wasser

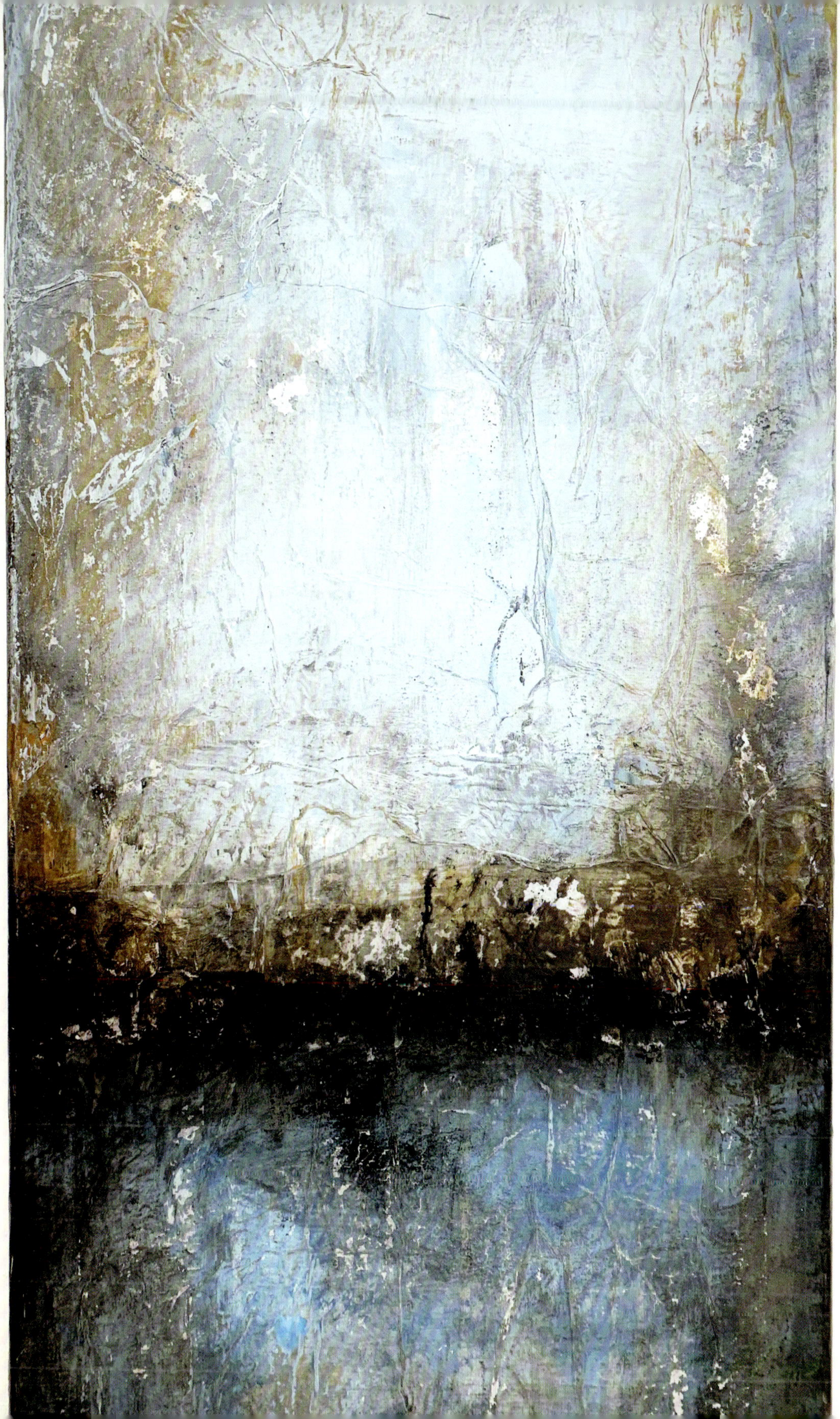

## So geht's

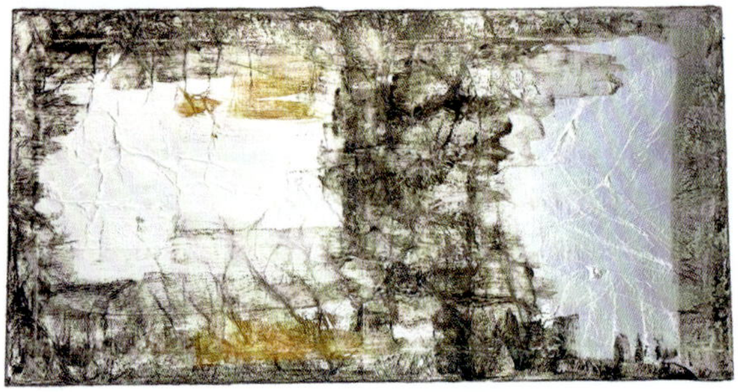

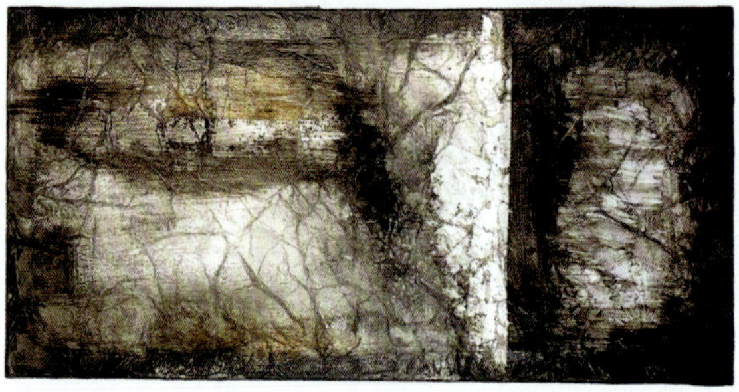

**1** Klebe die Alufolie auf die Leinwand. Sie schlägt Falten, deine Struktur. Nach dem Trocknen gibst du mit dem nassen Flächenstreicher Schwarz auf die Kante der Leinwand. Ziehe die Farbe etwa 5 cm weiter zur Leinwandmitte. Gib mit dem Spachtel Ocker dazu und zieh die Farben ineinander.

**2** Arbeite dich vom Rand nach Innen. Durch die Handhabung des Spachtels lässt du mal den Untergrund aufblitzen, mal deckst du die Folie ab. Ziehe mit einem nassen Tuch die Linie des Goldenen Schnitts frei. Wische etwas über die Farbfläche, sodass noch mehr Silber durchscheint.

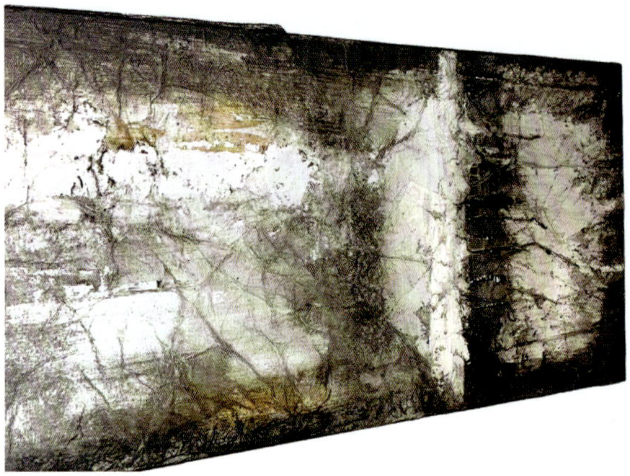

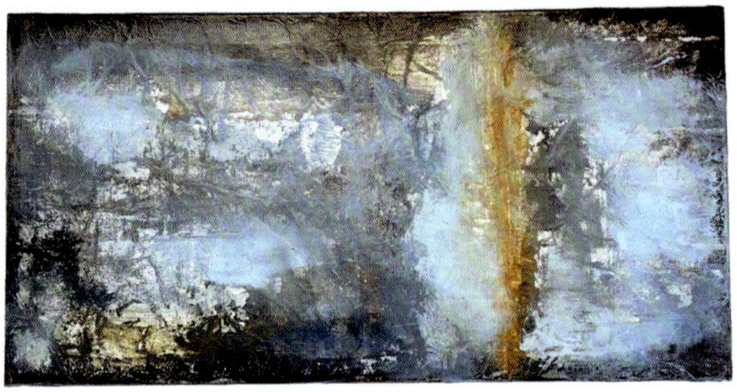

**3** Tränke den kleinen Borstenpinsel mit Wasser. Hebe die Leinwand an und geh mit dem Pinsel über die abgeteilte, horizontale Linie (Goldener Schnitt). Lass die Farbe nach unten laufen. Löse leicht die Farbe nach oben an und lass sie ebenfalls über das Bild laufen. Lass alles einmal trocknen.

**4** Trage Echtblau (dünnflüssig) mit dem Flächenstreicher auf, auch auf die horizontale Abteilung. Mit dem Spachtel trägst du stellenweise Weiß und Ocker dazu auf. Mische die Farben auch und gib sie an anderer Stelle wieder ab. So erhältst du viele Farben. Lass es wieder trocknen.

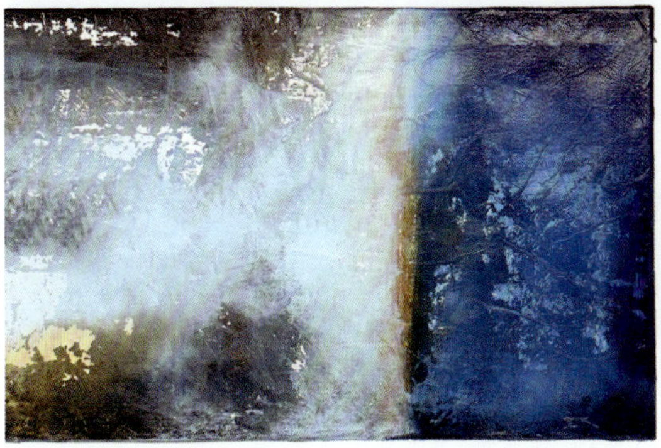

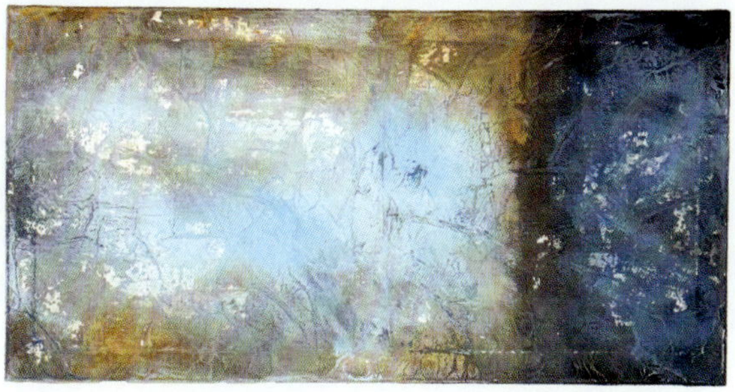

**5** Gib eine weitere Farbschicht auf das Bild. Fang dabei im oberen Zweidrittel an. Nimm einen hellen Blauton, d.h. du hast dein Echtblau mit Weiß vorher angemischt. Rühre die Farbe etwas dünner an, damit die Farbe nicht komplett deckt. So kannst du deine Farbe auch leichter über die Leinwand geben. Verwende jetzt wieder deinen Borstenpinsel. Streiche die Fläche komplett damit ein. Dann nimmst du den anderen Borstenpinsel, dieser ist trocken (und sollte auch die ganze Zeit trocken sein), und streiche damit über die Fläche. So nimmst du evtl. entstandene Pinselspuren wieder weg und erhältst eine homogene Farbfläche (siehe Lasurtechnik). Nimm jetzt ein trockenes Tuch und tupfe damit etwas Farbe weg. Mit einem nassen Tuch, es sollte nicht tropfen, wischt du stellenweise Farbe wieder ganz weg. Mit einem dunklen Blau (Pariserblau) streichst du über die untere Fläche. Geh dabei genauso vor wie zuvor oberhalb. Wische hier und da Farbe wieder weg, sodass die Alufolie ganz durchscheint. Arbeite dann das Dunkelblau am Rand auch auf die obere Fläche ein. So verbindest du die zwei Farbflächen miteinander. Lass dein Bild wieder einmal durchtrocknen.

**6** Betrachte dein Bild mit Abstand und schau, ob es dir schon gefällt. Ich wollte jetzt noch eine Art Patina über das Bild geben, damit es nicht so frisch erscheint. So kannst du, wie ich, dein Ocker nehmen und es stellenweise auftragen. Trage wieder mit dem Pinsel auf und verwische die Farbe mit dem trockenen Flächenpinsel. Nimm den Spachtel und betone hier und da die Falten der Folie, indem du ihn wieder flach über die Höhen streichst. Nimm Schwarz und trage es dünn auf die untere Fläche auf. Auch hier wischst du deine Farbe wieder teilweise mit dem Tuch ab. So entstehen helle und dunkle Stellen. Lass es trocknen. Stelle dein Bild doch mal an die Stelle, wo es einmal hängen soll. Nimm dir Zeit und betrachte es. Entscheide, ob du noch einmal über die Fläche gehen möchtest. Du kannst die Arbeitsschritte beliebig wiederholen und dabei heller wie auch dunkler werden.

**TIPP**

**Du ziehst den Spachtel mal flach über die Leinwand und mal senkrecht. So arbeitest du auch gleichzeitig die Struktur der Alufolie heraus, schiebst Farbe in die Tiefen, betonst Höhen, indem du Farbe wieder wegziehst.**

**youtu.be/RoCrsMbwVWE**

# Das goldene Rechteck

**Palette**

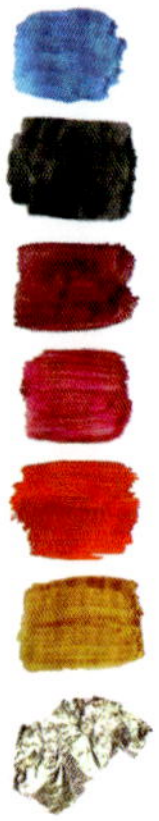

Auf der Suche nach einer nüchternen Form kam mir das Rechteck in den Sinn. In Gold gesetzt, enthält es etwas Erhabenes, ohne dabei laut zu erscheinen. Das goldene Rechteck ist auch eine Bezeichnung für ein Rechteck, dessen Seitenverhältnis dem Goldenen Schnitt entspricht. Mich interessiert hier, ehrlich gesagt, nicht wirklich die mathematische Berechnung dieser Verhältnisse, obgleich mich die Vorstellung einer Formel fasziniert, die in der Natur auftaucht und für eine Anordnung sorgt. Die Menschen suchen nach ihr, denn sie kann in der Kunst, wie in den Menschen selbst, gefunden werden. Ich nehme hier allerdings nur einfach meine Inspiration und setze diese in Szene. Mit Lineal und Geodreieck, jedoch ohne weitere Berechnungen, kannst du ans Werk gehen.

## Malgrund:

Leinwand, 60 × 80 cm

## Farbe:

Weiß, Hellblau (Echtblau), Grau, Bordeaux, Magenta, Zinnober, Französisch- oder Goldocker, *weiße Pastellkreide, Stift, Blattmetall, Gold, mit Anlegemilch und Versiegelung, Pigment mit flüssigem Bindemittel anrühren, alternativ: viskose, gebrauchsfertige Acrylfarbe mit etwas Wasser verdünnen. Die Farbe kann hier leicht wässrig sein.*

## Werkzeug:

- Borstenpinsel, flach, 14 breit, nass
- Borstenpinsel, flach, 50 breit, trocken
- Flächenstreicher, flach, 40 breit, nass
- Lappen
- Tuch
- Wassergläser
- Zerstäuber mit Wasser
- Lineal, Geodreieck
- Weicher Langhaarpinsel, z. B. Ziegenhaar

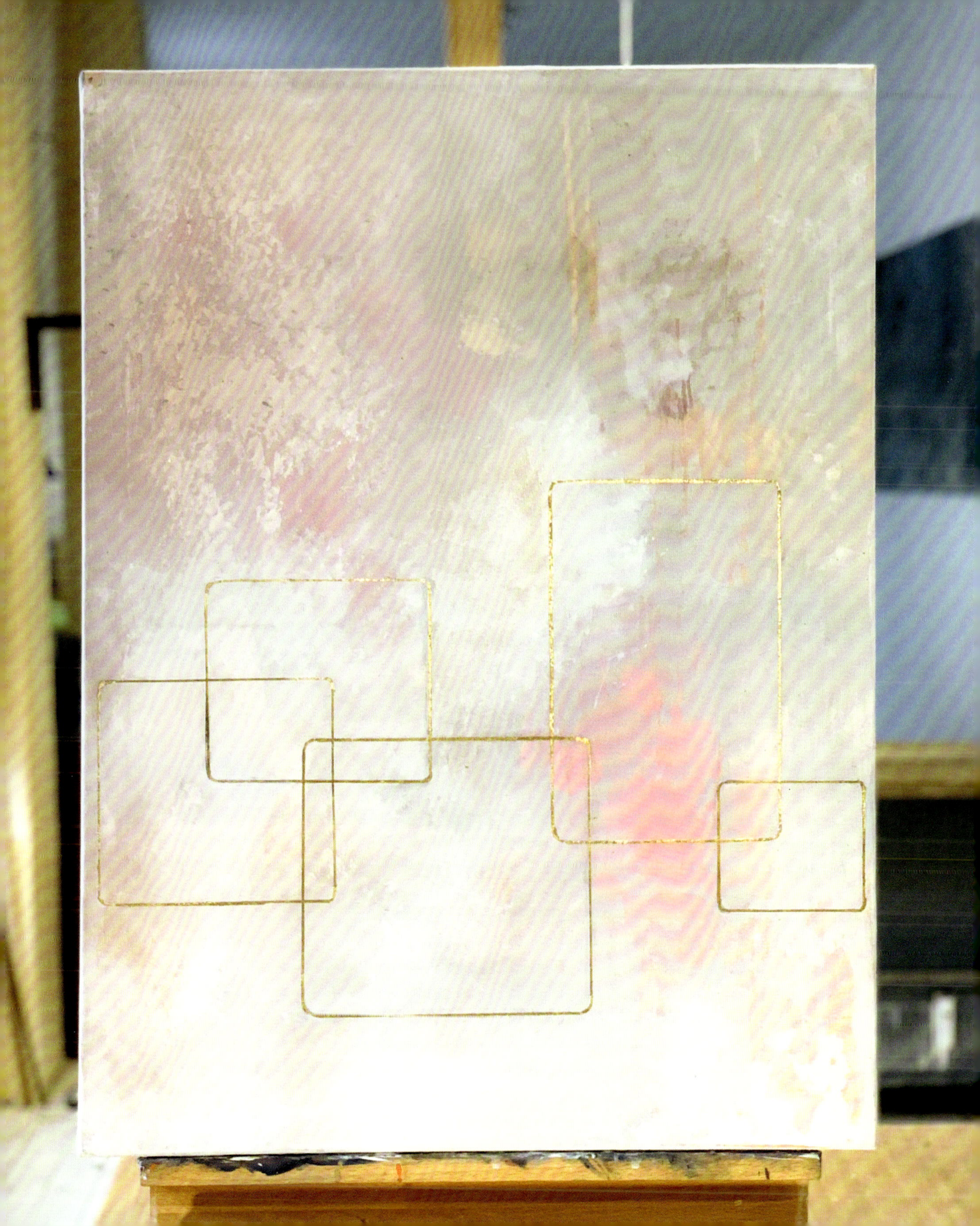

So geht's

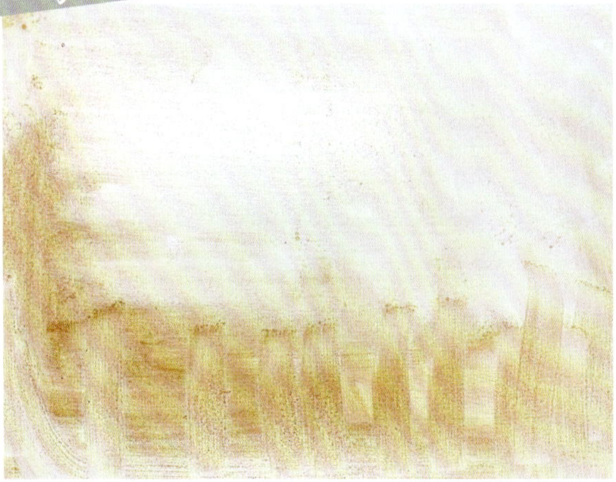

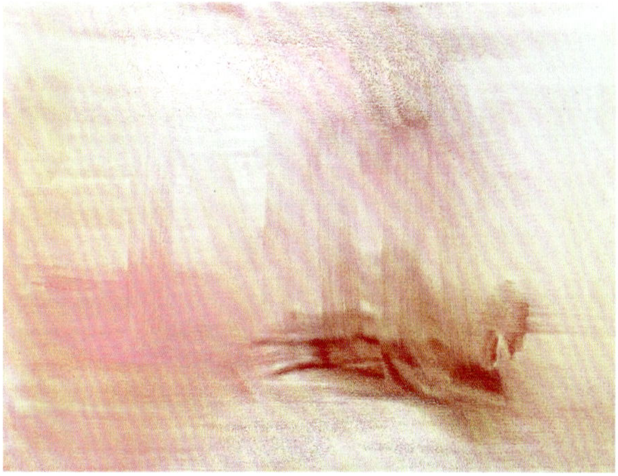

**1** Farbtöne der ersten Schicht: Goldocker oder Französisch Ocker. Nimm mit dem feuchten Flächenstreicher die Farbe auf. Trage zügig deine Farbe auf die Leinwand. Verstreiche sie mit dem trockenen, großen Borstenpinsel, sodass keine Pinselspuren sichtbar bleiben. Auf Seite 26 findest du hilfreiche Hinweise für die Lasurtechnik, die wir hier anwenden – lies auch dort gerne nochmals nach. Wenn der Farbauftrag scheckig wird, macht das nichts. Sorge nur dafür, dass möglichst wenig Pinselspuren zu sehen sind oder möglichst keine Ränder entstehen. Tupfe mit einem sauberen, trockenen Tuch kleine Wölkchen heraus. Versteiche wieder mit dem trockenen Borstenpinsel. Jetzt gut trocknen lassen. Wenn deine Fläche nach dem Trocknen matt erscheint, lackiere einmal deine Fläche mit dem flüssigen Binder. Verdünne den Binder mit Wasser, damit die Fläche saugfähig bleibt. Wieder alles trocknen lassen, bevor du weiterarbeitest.

**2** Farbtöne der zweiten Schicht: Magenta mit Weiß und einem Spritzer Zinnober mischen. Bordeaux mit einem Hauch Zinnober mischen. Trage zügig und großflächig deine Farben mit dem Flächenstreicher auf. Verstreiche die Farben so, dass sie mal transparenter, mal deckender auf der Fläche bleiben. Verstreiche sie teilweise ineinander. Die Farbe über den Rand deiner Leinwand hinweg streichen. Nimm jetzt wieder den trockenen Borstenpinsel und verwische damit die Spuren des Auftrags. Farbübergänge sind damit weicher. Es entstehen weitere Mischtöne durch die aufeinandergelegten Farben. Nimm ein Tuch und tupfe stellenweise Muster heraus, sodass der reine Farbton aus dem Untergrund zum Vorschein kommt. Wie du auf dem Foto sehen kannst, muss die Farbe nicht hundertprozentig sauber aufgetragen sein. Verstreiche alles wieder leicht und lass die Fläche gut durchtrocknen.

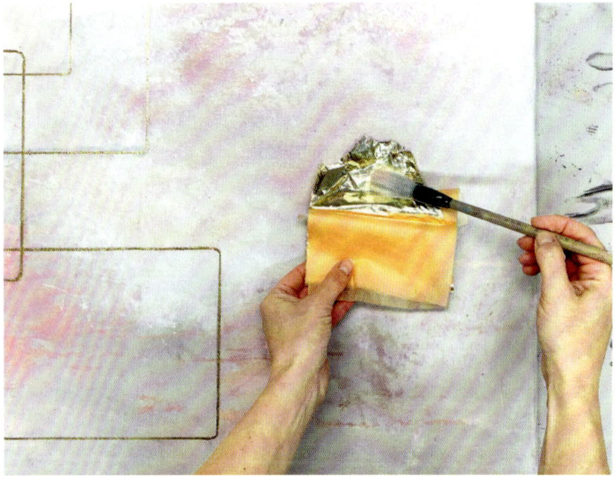

**3** Mische etwas Hellblau ins Grau. Gib etwas Weiß dazu, da die Farbe dunkel abtrocknen kann. Trage wieder zügig deine gemischte Farbe über die gesamte Leinwand auf. Achte darauf, dass die Farbe nicht zu trocken ist, und verteile sie bis über den Rand. Nimm den trockenen Borstenpinsel und verstreiche deine Pinselspuren. Nimm den Zerstäuber und sprühe Wasser stellenweise auf die Fläche. Lass das Wasser einen Moment stehen. Kipp die Leinwand an und lass das Wasser laufen. Leg flach ein Tuch auf die nassen Stellen. Achte wieder darauf, dass das Tuch dabei nicht angedrückt wird. Das Tuch nimmt die Flüssigkeit auf. Du nimmst es vorsichtig wieder runter. Jetzt ist der Untergrund sichtbar. Du kannst auch noch Muster tupfen und damit die homogene Farbfläche unterbrechen. Auch Sprühnebel bringt Lebendigkeit in die Fläche. Arbeite in dieser Schicht lieber dünn und nimm mehr heraus und wiederhole den Vorgang nach dem Trocknen. So schaffst du noch mehr Tiefe auf deiner Fläche.

**4** Jetzt kommt dein Finish, dein Highlight. Das erfordert etwas Geduld, daher sollte dir deine Leinwand jetzt schon richtig gefallen, denn anschließend kannst du nichts mehr ändern. Du zeichnest mit einem Lineal und Pastellkreide Linien auf die Fläche. Ordne Rechtecke, die leicht unterschiedliche Größen haben, auf das obere Zweidrittel deiner Leinwand. Einige Linien gehen über diese Abteilung des Goldenen Schnitts hinaus. Runde die Ecken der Rechtecke leicht ab. Male die Linien mit der Anlegemilch nach. Gehe nach der Anleitung des Produktes vor und warte gegebenenfalls, bis die Anlegemilch angetrocknet ist. Lege das Blattmetall auf die Linie. Drücke das Blattmetall mit einem weichen Pinsel an und streiche dabei vorsichtig das Blatt von der Linie weg. So reißt das Blatt genau an der Klebekante und nur deine Linie bleibt golden.

**TIPP**

Blattmetall klebt nur auf Anlegemilch. So kannst du großzügig Blattmetall auf die Linie legen. Außerdem ist es ratsam, langsam und nacheinander die Linien zu vergolden, die sich überschneiden.

# Kreative Tafel

**Palette**

Ein Bild, das du jeden Morgen nach deiner Fasson verändern kannst. Das ist hier möglich und dazu noch ganz leicht.Mit hilfe der Lasurtechnik kannst du in zwei Schichten ein interessantes Kunstwerk schaffen. Anschließend versiegle es und schreibe, mit Kreide, deinen Lieblingsspruch darauf. Ist er am nächsten Tag nicht mehr passend, wischst du ihn einfach wieder weg und schreibst das nächste, passende Zitat auf dein Werk. Also, welcher Spruch soll dich heute begleiten? Oder fällt dir ein Wort ein? Mache dich gleich ans Werk.

## Malgrund:

Leinwand, 60 × 80 cm

## Farbe:

Echtblau, Weiß, Bordeaux, Neonpink, Französisch- oder Goldocker, Schwarz, *Pigment mit flüssigem Bindemittel anrühren, alternativ: viskose, gebrauchsfertige Acrylfarbe mit etwas Wasser verdünnen. Die Farbe kann hier leicht wässrig sein. Weiße Pastellkreide, Stück, Stift mit flüssiger Kreide*

## Werkzeug:

- Borstenpinsel, flach, 14 breit, nass
- Borstenpinsel, flach, 50 breit, trocken
- Flächenstreicher, flach, 40 breit, nass
- Lappen
- Tuch
- Wassergläser
- Zerstäuber mit Wasser
- Lineal
- Weicher Langhaarpinsel, z. B. Ziegenhaar

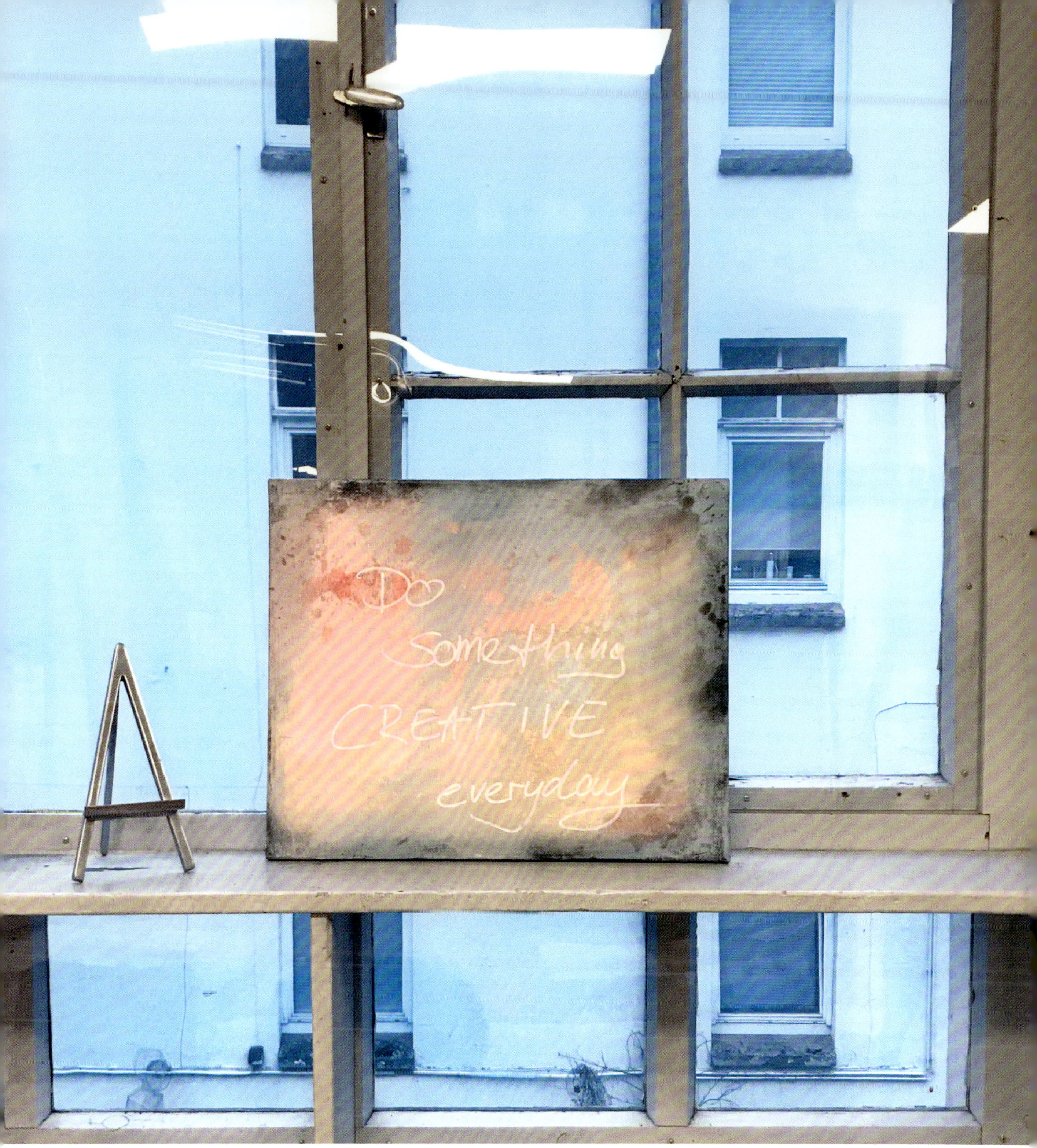
Do
something
CREATIVE
everyday

So geht's

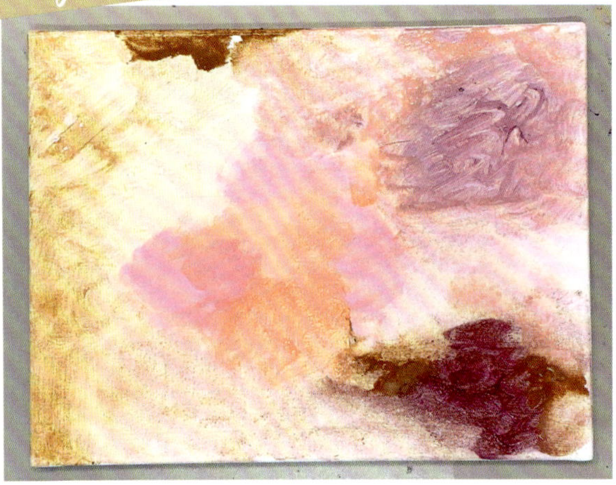

**1** Farbtöne der ersten Schicht: Neonpink, Bordeaux, Echtblau und Ocker. Mach deinen Borstenpinsel nass. Tupfe ihn kurz am Tuch ab und nimm damit die Farbe auf. Trage zügig, nacheinander alle Farbtöne auf die Leinwand. Sie sollten dabei mal transparent (mit mehr Wasser) mal leicht deckend (wenig Wasser) sein. Verstreiche die Farbe über den Rand deiner Leinwand hinweg. Nimm jetzt den trockenen Borstenpinsel. Streiche damit gegen die Pinselstriche von deinem Auftrag. Diese sollten so verschwinden. Farbübergänge werden weicher. Es entstehen zudem weitere Mischtöne. Wenn du möchtest, kannst du vor dem Step 2 den Rand etwas mit transparenten Schwarz einfärben. So erhält das Bild einen leichten Shabby Look. Du kannst die Farbe auch mit einem Haarfön föhnen. Achte beim weiterarbeiten darauf, dass die Fläche trocken und kalt ist. Auf einer warmen Leinwand trocknet die Farbe schneller.

**2** Mische Echtblau mit Weiß. Falls die Farbe zu frisch wirkt, gib einen Tropfen Schwarz hinzu und trage die Farbe zügig über die gesamte Leinwand bis über den Rand auf. Verstreiche Pinselspuren mit dem trockenen Borstenpinsel.

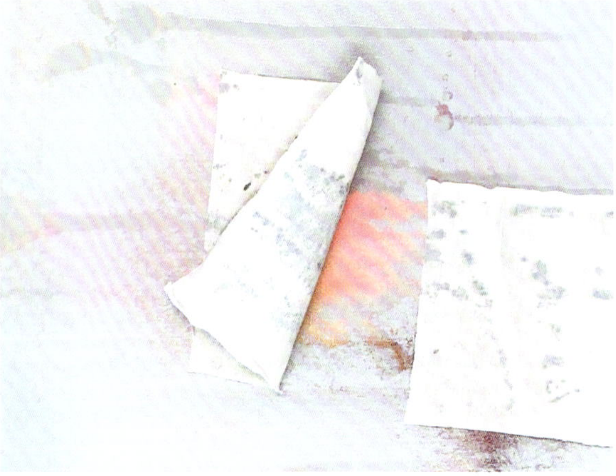

**3** Sprühe mit dem Zerstäuber stellenweise Wasser auf die Fläche. Lass das Wasser einen Moment stehen. Kippe die Leinwand an, so dass das Wasser die Farbe weiter ausspült. Lege vorsichtig ein Tuch auf die nassen Stellen. Das Tuch saugt sich voll und nimmt die Farbe wieder ab.

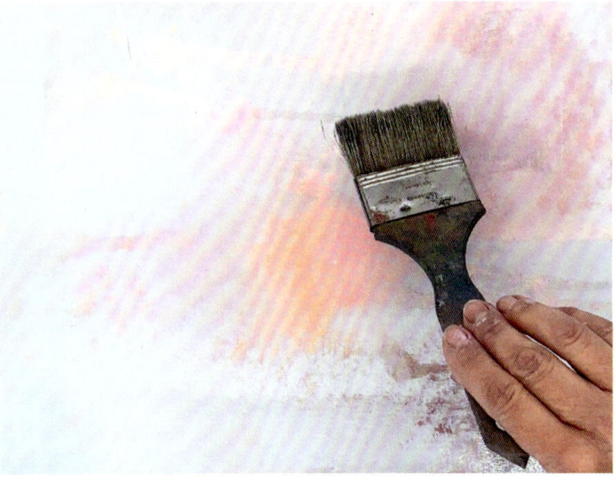

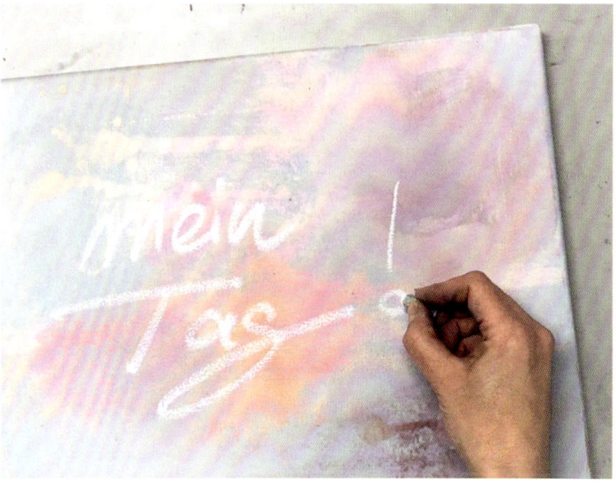


**4** Lass die Fläche gut durchtrocknen und versiegle sie mit flüssigem Binder oder Überzugslack. Du kannst den Lack auch trocken föhnen. Lass die Fläche auskühlen bevor du mit Kreide darauf schreibst. Ist der Lack noch nicht trocken, fixierst du gleichzeitig deinen Spruch und kannst ihn nicht mehr abwischen.

**5** Jetzt kommt dein neues Finish. Nimm dazu deine Pastellkreide. Du kannst sie als Stück oder Pastellstift benutzen. Nimmst du flüssige Pastellkreide, so probiere an einer unauffälligen Stelle aus, wie gut sie sich vom Untergrund lösen lässt. Denn die flüssige Kreide haftet besser als deine trockenen Kreiden. Überlege dir deinen Spruch und schreibe ihn auf. Du kannst ihn morgen wieder ab wischen und einen neuen schreiben. Es kann auch ein Küchenbild werden und du schreibst dein Lieblingsrezept auf dein schönes Kunstwerk. Falls sich die Farbe löst, lackiere die Fläche noch einmal ab und lass den Lack gut trocknen.

**TIPP**

Wenn du merkst, dass sich deine Farbe nach dem abwischen der Kreide ablöst, versiegele deine Fläche wieder mit Lack ab. So bleibt sie lange, für täglich wechselnde Sprüche, leuchtend.

# Was kann ich heute Gutes für mich tun?

**Palette**

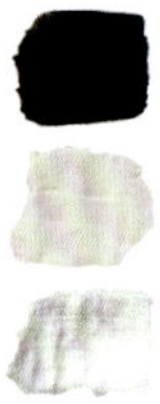

So, wie du deine Bilder unterschiedlich aufbauen kannst, kannst du ihnen auch unterschiedliche Inhalte geben. Der Inhalt deines Bildes bleibt, egal, ob er für andere sichtbar ist oder nicht. Das ist das Wunderbare an der Malerei. Du kannst immer das malen, wozu du Lust hast. Du kannst dabei lernen, deine Grenzen zu erweitern oder dich gar über sie hinwegzusetzen. Wie wäre es, wenn du heute mal etwas für dich tust! Da es dir vielleicht gerade niemand sagt, sage ich es dir: Was kann es sein, was du heute für dich tun kannst? Schreibe es dir auf den Spiegel oder besser male ein Bild dazu. Gesagt, getan, fang einfach mal an!

## Malgrund:

Leinwand, 60 × 80 cm

## Farbe:

Weiß, Schwarz, *weiße Pastellkreide, Stift Silber, Pigment mit flüssigem Bindemittel anrühren, alternativ: viskose, gebrauchsfertige Acrylfarbe mit etwas Wasser verdünnen. Die Farbe kann hier leicht wässrig sein.*

## Werkzeug:

- Borstenpinsel, flach, 14 breit, nass
- Borstenpinsel, flach, 50 breit, trocken
- Flächenstreicher, flach, 40 breit, nass
- Katzenzungen-Pinsel
- Lappen
- Tuch
- Wassergläser
- Zerstäuber mit Wasser
- Lineal

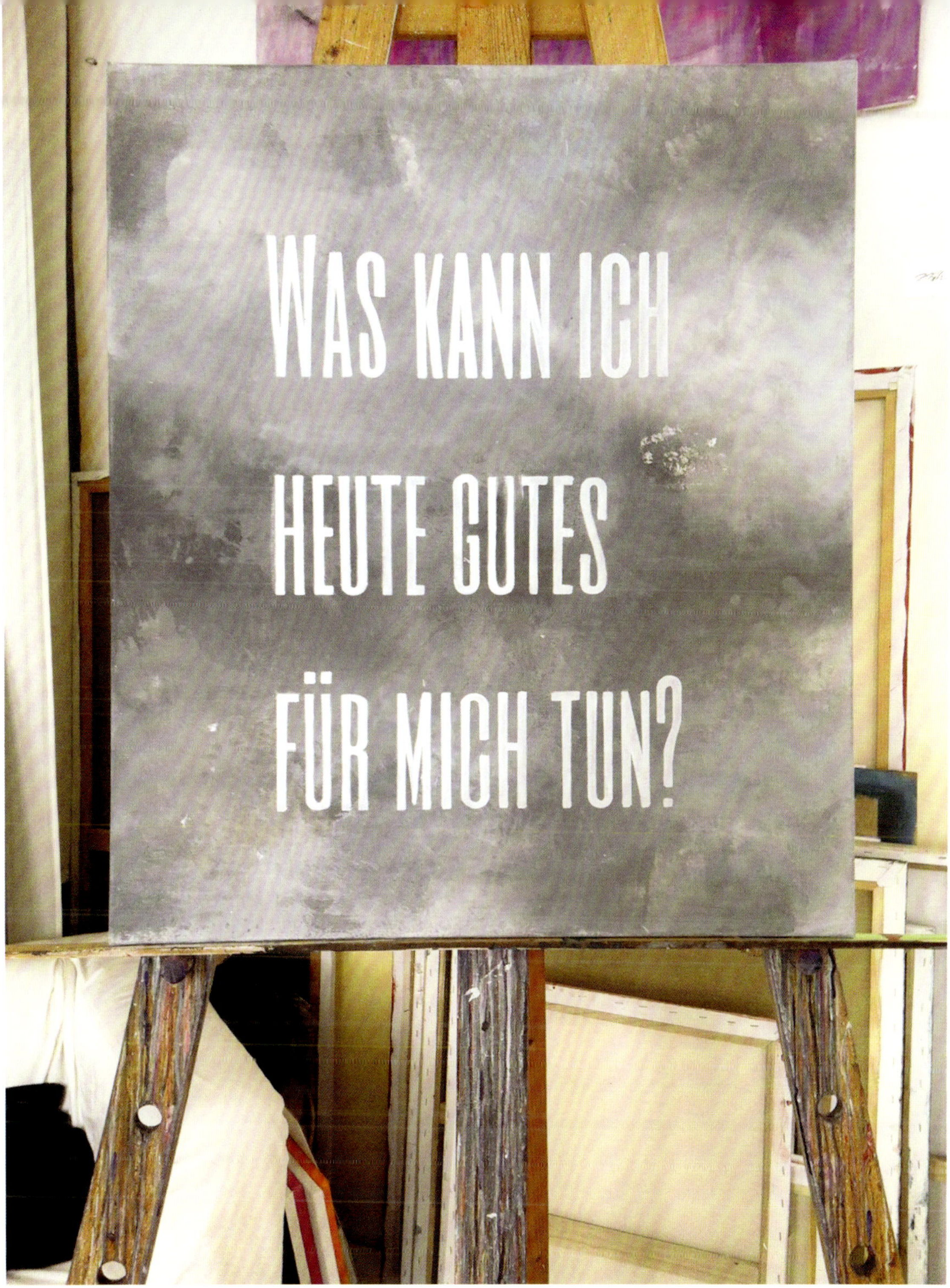


WAS KANN ICH HEUTEGUTES FÜR MICH TUN?

So geht's

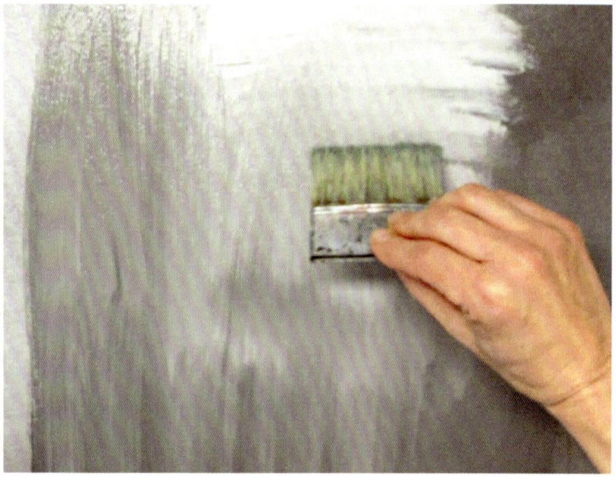

**1** Nimm mit dem feuchten Flächenstreicher die Farben auf. Trage zügig deine Farbe auf die Leinwand. Mische dabei die Farben ineinander, sodass verschiedene Graunuancen entstehen. Verstreiche sie anschließend mit dem trockenen breiten Borstenpinsel. Es sollen keine Pinselspuren sichtbar bleiben. Sieh dir gerne vorher noch einmal die Hinweise zur Lasurtechnik (Seite 26) an. Der Farbauftrag darf scheckig werden. Sorge nur dafür, dass möglichst wenig Pinselspuren zu sehen sind oder möglichst keine Ränder entstehen. Jetzt gut trocknen lassen. Wenn deine Fläche nach dem Trocknen matt erscheint, lackiere deine Fläche mit dem flüssigen Binder. Verdünne den Binder mit Wasser, damit die Fläche saugfähig bleibt. Wieder alles trocknen lassen, bevor du weiterarbeitest.

**2** In der zweiten Farbschicht verwendest du dieselben Farben. Auch der Arbeitsschritt ist vorerst ähnlich. Trage zügig und großflächig deine Farben auf. Verstreiche die Farben ineinander. Trage die Farbe mal transparent, mal deckend auf. Nimm jetzt den trockenen Borstenpinsel und verwische damit die Spuren des Auftrags. Farbübergänge sind damit weicher. Nimm ein Tuch und tupfe stellenweise Muster heraus, sodass der reine Farbton aus dem Untergrund zum Vorschein kommt. Daher ist es ratsam, helle über dunkle und dunkle über helle Stellen zu malen. Wie du auf dem Foto sehen kannst, muss die Farbe nicht hundertprozentig sauber aufgetragen sein. Gleich zum nächsten Step!

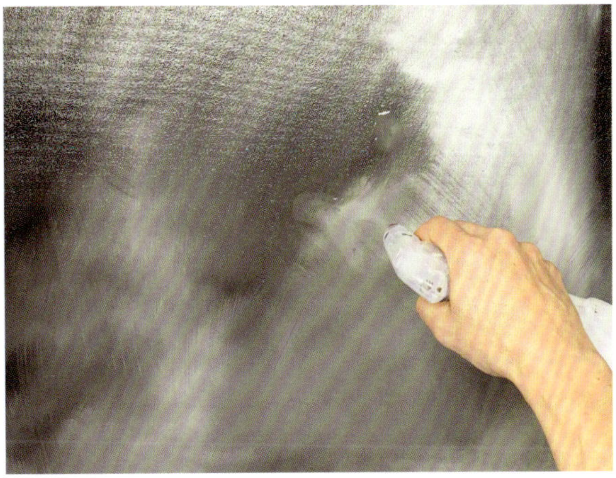

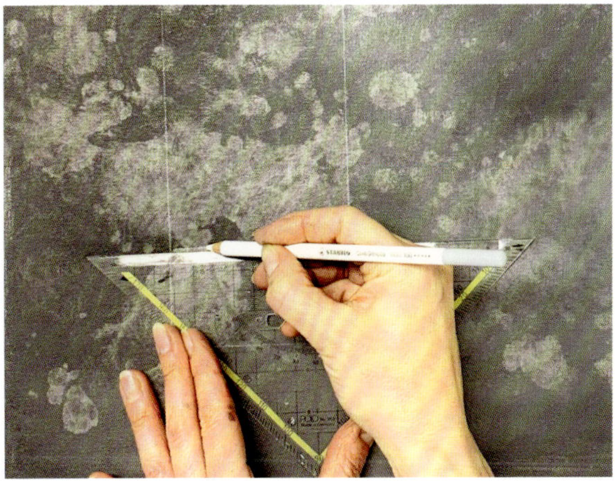

**3** Sprühe Wasser auf die nasse Farbe. Du kannst auch einfach den Pinsel mit Wasser nass machen und das Wasser über die Farbfläche tropfen lassen. Es können auch größere Pfützen entstehen. Das Wasser löst jetzt die noch frisch aufgetragene Farbe. Lege ein sauberes Tuch darüber oder tupfe das Wasser vorsichtig mit einem Tuch wieder ab. Das Tuch saugt die nasse Farbe auf und die untere Farbe kommt zum Vorschein. Verstreiche vorsichtig mit dem trockenen, flachen Borstenpinsel. Du kannst auch noch Muster tupfen und damit die homogene Farbfläche unterbrechen. Auch Sprühnebel bringt Lebendigkeit in die Fläche. Arbeite in dieser Schicht lieber dünn und nimm mehr heraus und wiederhole den Vorgang nach dem Trocknen. So schaffst du noch mehr Tiefe auf deiner Fläche. Lass die Fläche zum Schluss gut durchtrocknen.

**4** Jetzt kommt dein Finish. Dein Highlight. Daher sollte dir deine Leinwand jetzt richtig gut gefallen, denn anschließend kannst du nichts mehr ändern. Zeichne mit deinem Lineal und der Pastellkreide Linien auf die Fläche, an denen du deine Buchstaben ordnen kannst. Übertrage die Buchstaben oder zeichne sie frei auf die Linien. Jetzt nimmst du deinen Katzenzungen-Pinsel oder einen anderen, feineren Pinsel, mit dem du genau malen kannst, und malst deine Buchstaben mit Silber aus. Ist die Farbe getrocknet, kannst du die Kreidestriche wieder abwischen. Probiere vorher am Rand aus, ob sich deine Kreide abwischen lässt. Falls nicht, lackiere deine Fläche einmal ab, lass sie trocknen und versuche es erneut.

**youtu.be/**
**7VBT3XgFxNI**

# Gib Farbe einen Raum

**Palette**

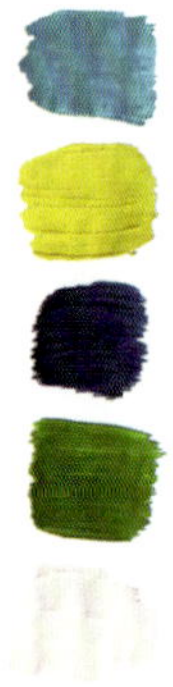

Als ich dieses Bild gemalt habe, dachte ich an einen beschwingten Sommertag, der langsam zu Ende geht. Mein Weg führte mich gedanklich zu einer herrschaftlichen Bibliothek, die durch eine angenehme Stille zum Verweilen einlud. Die schweren alten Bücher verströmten einen Geruch, der von unzähligen Geschichten erfüllt war und den Tag in eine geheimnisvolle Zeit versetzen lies. Grün gibt dir Ruhe und Entspannung. Daher sind Räume, in denen Grün den Ton angibt, beruhigend. Möchtest du nicht deine ganze Wand grün streichen, so kannst du eine größere Leinwand dafür nutzen. Beim Blick auf dieses Werk tritt sofortige Wirkung ein, denn Grün ist erholsam für deine Augen. Das Bild ist mit einem Schwamm gemalt. Das weiche Werkzeug lässt einen Farbauftrag zu, der von Anfang an für Entspannung sorgt.

## Malgrund:

Leinwand, 80 × 80 cm

## Farbe:

Weiß, Olivgrün, Pariserblau, Gelb, Türkis, *Pigment mit viskosem Bindemittel anrühren, alternativ: viskose bis feste, gebrauchsfertige Acrylfarbe*

## Werkzeug:

- Schwamm
- Borstenpinsel, flach, 14 breit, nass
- Borstenpinsel, flach 40, trocken
- Lappen
- Tuch
- Wassergläser
- Zerstäuber mit Wasser

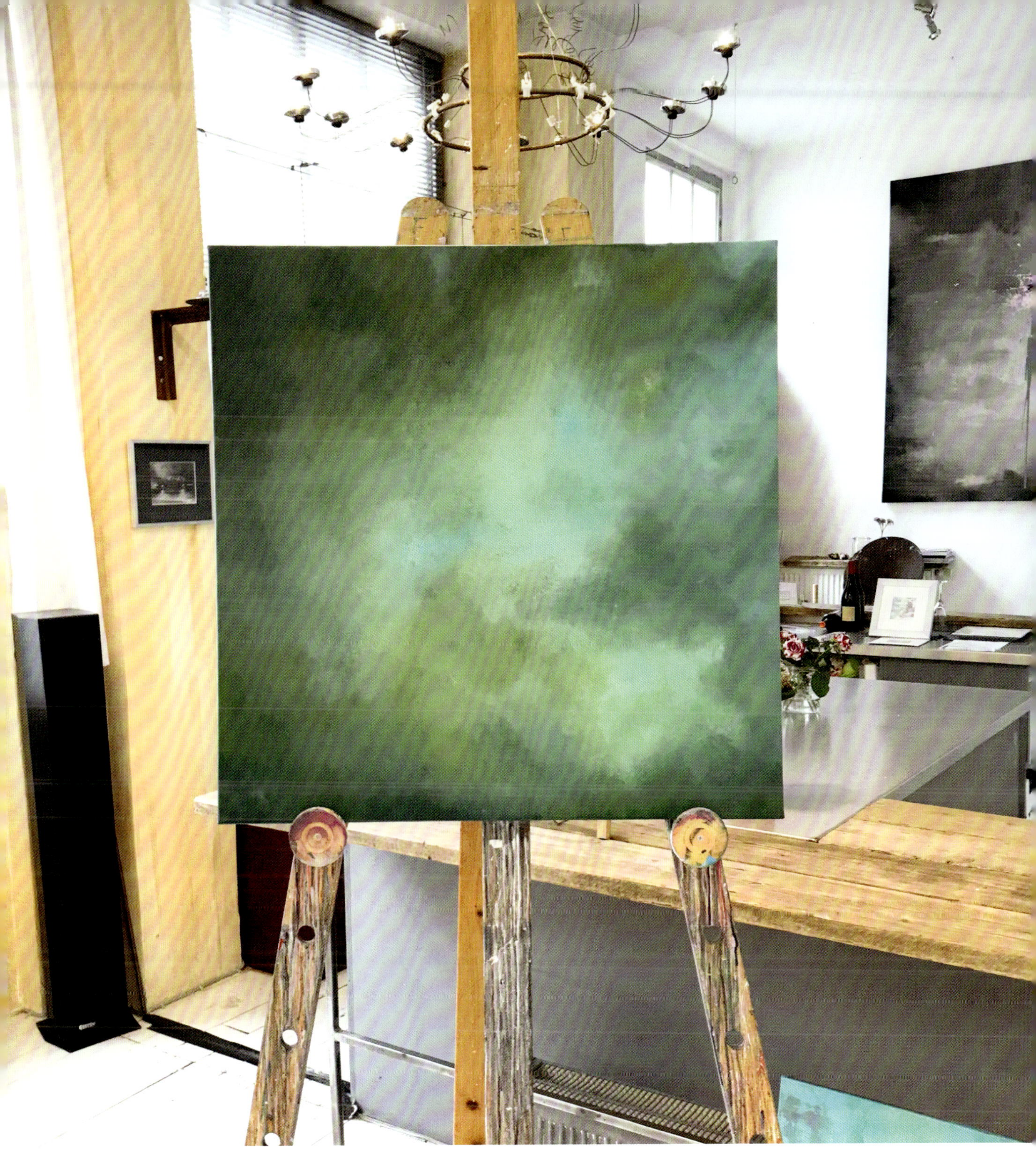

So geht's

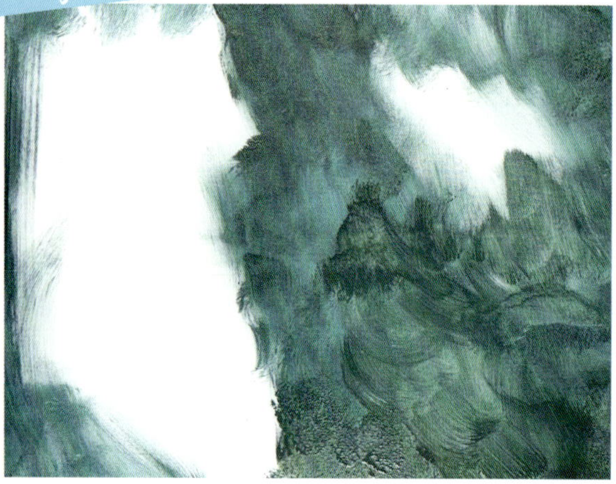

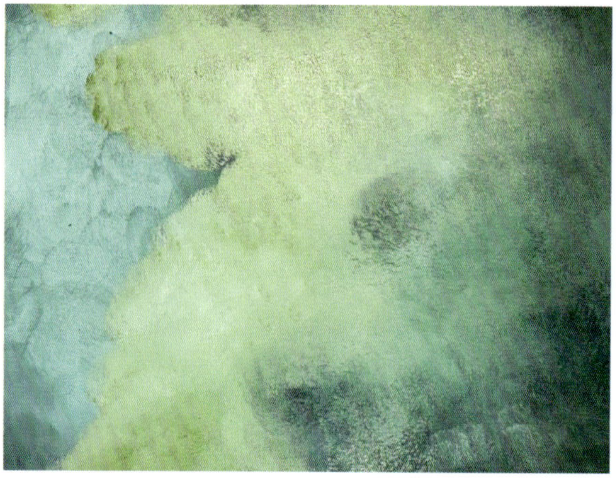

**1** Befeuchte deine Schwämme, sie sollten aber nicht tropfen. Mische Nuancen aus den Farben: z. B. Olivgrün mit viel Pariserblau, Olivgrün mit wenig Pariserblau. Einen helleren, wärmeren Farbton erreichst du, indem du Olivgrün mit Gelb mischst. Beim Farbauftrag geht es darum, dass die Farben am Rand und im Untergrund dunkler sind, zur oberen Farbschicht hin heller. Um nach oben heller werden zu können, ohne die Leuchtkraft der Farben zu verlieren, arbeite mal transparent, mal deckend. Trage zunächst Dunkelgrün ringsum auf die Ränder der Leinwand auf: Du kannst mit dem Schwamm tupfen, wischen, kreisen. Teile die Leinwand mittig mit der Farbe ab, dann oberhalb dieser Mitte nochmals. So hast du in etwa eine $^2/_3$-Aufteilung. Im unteren Teil füllst du die Fläche mit Farbe. Lass sie ruhig scheckig. Im oberen lässt du die Mitte frei. Nimm denselben Schwamm, tupfe Weiß auf die Farbe im unteren Teil, spare die Ränder aus, sie bleiben dunkel. Vermische die Farben ineinander: Drück den Schwamm aus, damit das Wasser auf die Leinwand tropft. So löst du die Farbe und sie vermischt sich besser mit der unteren Farbe. Trage den gemischten Farbton vom Schwamm auf die freie Fläche des oberen Bereichs. Tupfe im unteren Bereich Olivgrün und Hellgrün über die noch leicht nasse Farbe. Wische die Farben ineinander und vermische sie auch mit der unteren Farbe.

**2** Zweite Schicht: Warte einen kleinen Moment. Wiederhole dann den Auftrag. Das helle Grün tupfe etwas schräg über die horizontale Aufteilung. Später kannst du die Flächen miteinander verbinden. Dann hast du weniger Kontraste und die Fläche wird ruhiger.

**TIPP**

**Wenn du die Farbe nicht weiter auftragen kannst, warte einen Moment und gehe dann weiter mit deinem Farbauftrag. Auf nasser Farbe haftet die Farbe nicht und du kannst somit keine Farbe auftragen.**

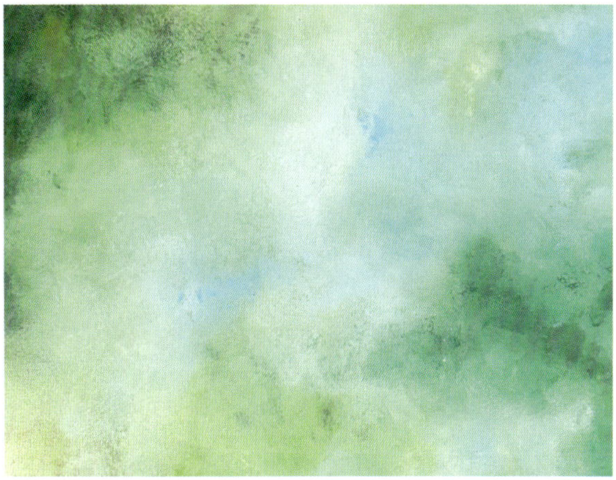

**3** Du wirst jetzt Schicht für Schicht immer heller. Dazu gehst du weiter auf die Farbschicht nass-auf-nass, um weiche Übergänge zu erhalten. So verbinden sich die Farben miteinander. Das machst du, damit die Farbe nicht einfach plakativ auf der unteren Farbe steht. Du mischst also stellenweise die Farben ineinander und erhältst so weiche Übergänge und weitere Mischfarben. Insgesamt soll der Auftrag bunt sein. Dadurch, dass bunt nur in den Grünnuancen gemalt wird, ist es weniger aufregend. Das soll hier auch so sein. Um die Fläche trotzdem spannend zu gestalten, lebt das Bild von kleinen Kontrasten und lebendigem, unaufdringlichem Farbauftrag. Letzteren erreichst du, indem du mit einem sauberen, feuchten Schwamm die Farbe wieder abnimmst: Du tupfst den Schwamm auf die nasse Farbe und nimmst sie mit dem Schwamm wieder ab. Es entsteht ein Muster, das die Farbe vom unteren Auftrag hervorholt. Das Wasser löst die Farbe und legt die Untergrundfarbe frei. Du tupfst jetzt über die gesamte Fläche. Dabei löst du die strenge Aufteilung der vorherigen Abteilungen auf. Behalte aber die ursprüngliche Aufteilung im Hinterkopf, da du mit diesen Gedanken nicht komplett alles ineinandertupfen wirst. Das kann schnell passieren. Verwende auch das Türkis, achte darauf, dass es sich vermischt. Denn es soll auftauchen, aber nicht im Vordergrund stehen.

**4** Ein Höhepunkt ist in deinem Bild ein Tupfer Türkis am Schluss. Nimm dein Türkis auf deinen Schwamm. Arbeite hier lieber trocken, da du einen Akzent setzt, der nicht weiter bearbeitet wird. Du trägst die Farbe dorthin, wo es heller ist. Ich habe etwas links, unterhalb der Mitte angesetzt und leicht schräg über die Mitte nach rechts getupft. Tupfe nicht zu dicht hintereinander, sodass keine Linie entsteht. Wenn der Untergrund trocken ist, kannst du deine frisch aufgetragene Farbe auch wieder abwischen. Falls dir also dein Finish beim ersten Auftrag nicht gefällt, nimm ein weiches Tuch, feuchte es leicht an, und wische die Farbe wieder vorsichtig ab. Warte dann bis die Fläche wieder trocken ist und setze deinen Akzent ein zweites Mal. Achte dabei darauf, dass du dich sicher und gut fühlst. Sei einfach mutig. Zögerliches oder unsicheres Auftragen der Farbe verursacht meist einen Auftrag der einem nicht gefällt. Trau dich!

# Inspirierende Farbfeldmalerei

**Palette**

Mitte der 1950er entwickelte sich aus dem Abstrakten Expressionismus eine Farbflächenmalerei, genannt *color field painting*. Zu den Wegbereitern dieser Malerei gehörten unter anderem Rothko und Helen Frankenthaler, die immer wieder einige meiner Teilnehmerinnen in den Atelier-Malkursen inspiriert. So habe ich dieses Thema aufgegriffen, um dir einen Einstieg in eine leichte Malerei zu geben, die zugleich eine bezaubernde Wirkung hat. Der Schwamm bietet dir hier den direkten Kontakt mit den Materialien. Ein paar einfache, aber gezielte Aufträge reichen für eine Abwechslung in deiner Malerei, wie für deinen Alltag.

## Malgrund:

Leinwand, 60 × 80 cm

## Farbe:

Weiß, Neonpink, Zinnoberrot, Bordeaux, *Pigment mit viskosem Bindemittel anrühren, alternativ: viskose, gebrauchsfertige Acrylfarbe*

## Werkzeug:

- Schwamm
- Borstenpinsel, flach, 14 breit, nass
- Lappen
- Tuch
- Wassergläser
- Zerstäuber mit Wasser

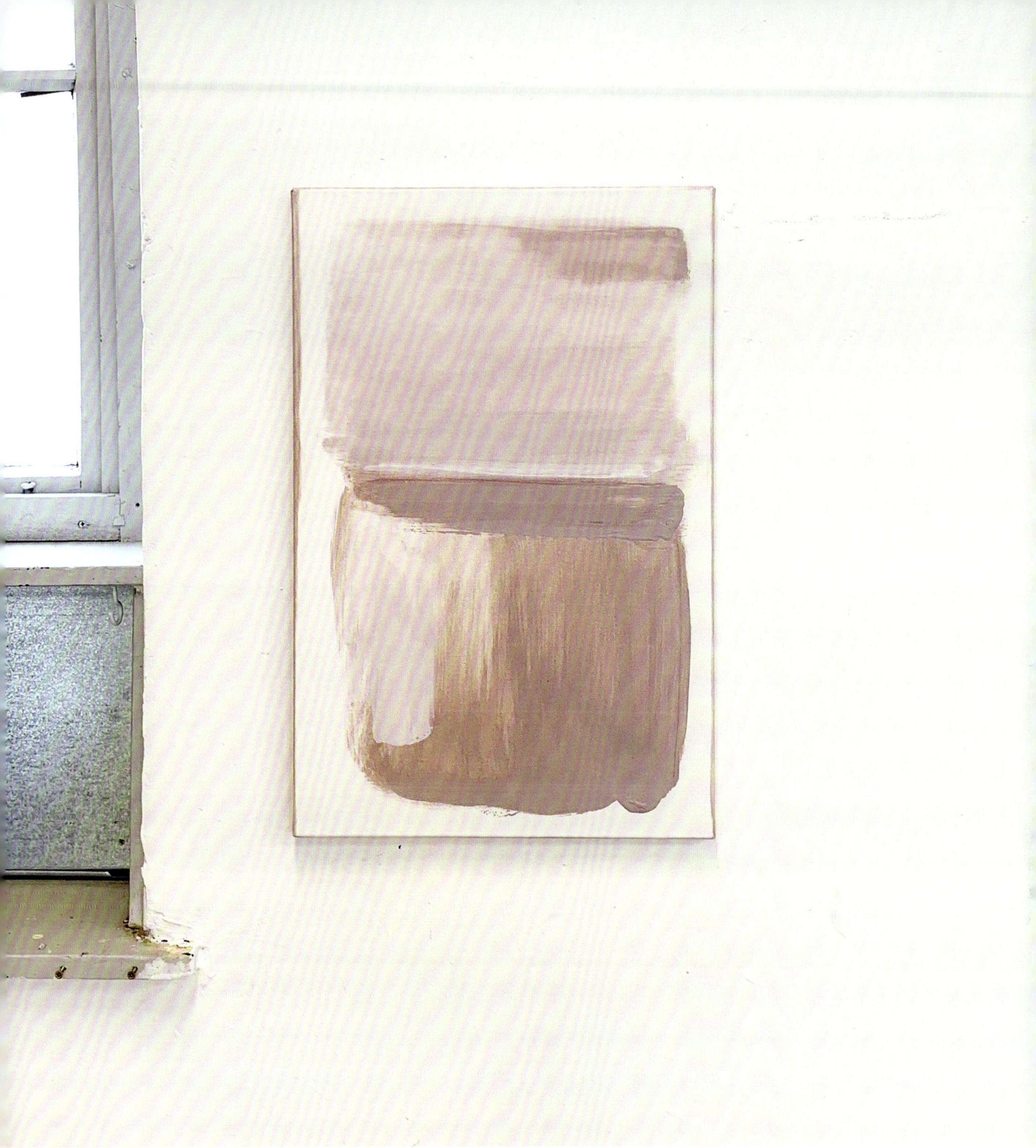

## So geht's

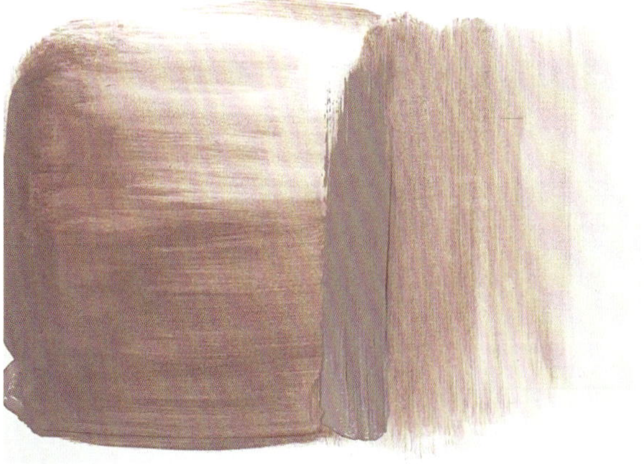

**1** Du beginnst zum Einstieg mit dem Rand deiner Leinwand. Wische einfach mit dem in Farbe getauchten, nassen Schwamm am Rand entlang. Teile die Leinwand gedanklich mittig quer ab. Setze etwas unterhalb dieser Abteilung einen Strich mit dem Schwamm. Lass dabei rechts und links etwas Fläche frei. Du behältst den Farbton bei, wischst mit diesem in den oberen Bereich ein Farbfeld. Dazu tauchst du den Schwamm in die Farbe und setzt zielgerichtet selbstbewusst deinen ersten Strich auf die Leinwand: Setze links oben an, drücke den Schwamm etwas auf die Leinwand und wische die Farbe nach unten weg. Die Farbe verteilt sich und wird dünner. Geh nur bis zur mittleren Abgrenzung. Setze erneut neben dem ersten Farbauftrag an und trage die Farbe genauso auf. Du färbst so ein Farbfeld in das Gewebe deines Keilrahmens. Das Farbfeld sollte links und oben geschlossen sein, nach rechts und unten offen, transparenter auslaufend. Nimm also nicht jedes Mal neue Farbe auf, sondern verstreiche die restliche Farbe aus dem Schwamm. Anschließend gehst du an das untere Feld. Von der Mitte nach unten ziehst du die Farbe mit dem Schwamm jetzt nicht mehr längs, sondern quer. Oben etwas dunkler, nach unten transparent auslaufend. Stoppe auch hier vor dem Ende der Leinwand und lass einen hellen Rand. Dann etwas trocknen lassen.

**2** Jetzt setzt du nur einen Strich über deine optische Abteilung. Dorthin, wo die Längs- und Querlinien sich treffen. Also recht mittig. Der Strich sollte in einem durchgezogen sein. Du setzt also wieder deinen Schwamm mit leichtem Druck an und verziehst ihn dann seitlich. Ich habe links angesetzt und nach rechts gezogen. Du kannst die Leinwand auch drehen und z. B. dann von oben nach unten ziehen. Wenn man eine Linie von oben nach unten zieht, wird sie meist gerader. Stoppe wieder vor dem Ende deiner Leinwand.

### TIPP

**Zum Mischen des pudrigen Rots siehe Seite 15. Lass die Farbe auch mal trocknen. Das Bild lebt vom gezielten Auftrag sowie von den Farbtönen selbst, deren Wirkung du erst im trockenen Zustand tatsächlich erkennen kannst.**

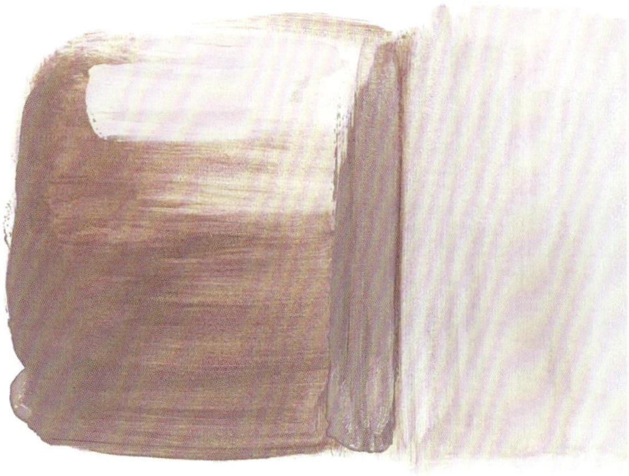 

**3** Jetzt nimmst du eine dunkle Nuance deines Farbtons und ziehst einen weiteren Strich unterhalb des großen. Drehe den Schwamm anschließend und verstreiche den Strich mit der sauberen, nassen Seite deines Schwamms. So läuft der Strich leicht in die andere, noch nasse Farbe und sieht nicht mehr so aufgesetzt aus. Er taucht auf und verschwindet. Jetzt färbst du noch einmal die untere Fläche mit einer hellen Nuance nach. So, dass wenig Spuren vom Auftrag sichtbar bleiben. Der Auftrag kann dabei den unteren Farbton etwas abdecken. Nimm denselben Farbton und setze einen Akzent damit auf das obere Farbfeld. Du ziehst dafür einen Strich, ganz selbstbewusst, d.h. tauche den Schwamm in die helle Farbe, setze oben an der rechten Seite an und zieh den Schwamm runter. Lass den Strich einfach so stehen. Nicht nacharbeiten. Einmal abtrocknen lassen.

**4** Einen kleinen Akzent setzt du unterhalb deiner mittig gesetzten Linie. Hier nimmst du den hellsten Farbton und ziehst einen schmalen, kurzen Strich. Arbeite dementsprechend mit der schmalen Kante vom Schwamm. Lass alles trocknen und lackiere ggf. einmal über die gesamte Fläche. Der Farbton wird dadurch etwas satter. Das Bild habe ich beim Aufhängen an der Wand um 180 Grad gedreht, also auf den Kopf gestellt.

**TIPP**

**Wenn du über den Rand deines Farbfelds kommen solltest, nimm einfach gleich ein sauberes, feuchtes Tuch und wische die Farbe wieder ab.**

# *Tage* wie dieser

**Palette**

Es gibt Tage, da hast du Lust zu malen, weißt aber nicht, was. Für solche Tage möchte ich dir eine Anleitung geben. Sie beinhaltet drei Punkte: eine Geschichte, eine Farbe, ein Motiv. Tausche meine Geschichte gegen deine eigene: Denke an einen Ort, der dir besonders gefallen hat, und beschreibe ihn mit deinen Worten. Mein Muster, die Seerose, kannst du mit deinem Muster ersetzen. Welches Motiv befindet sich auf deinem Kissen, dem Teppich oder auf deiner Kleidung? Greife es auf und bringe es auf die Leinwand. Meine Farbe kannst du in deine abändern. Meine Geschichte beginnt so: Wir begeben uns in einen Park, wo klangvoll Farbkontraste mit dem Wasser des Sees spielen. Wo Ruhe spannungsvoll auf dessen Oberfläche gehalten wird, befinden sich weiße Seerosen, die still zum Himmel aufschauen.

## Malgrund:

Leinwand, 30 × 80 cm

## Farbe:

Weiß, Olivgrün, Pariserblau, Gelb, Türkis, Magenta, *Pigment mit viskosen Bindemittel anrühren, alternativ: viskose bis feste, gebrauchsfertige Acrylfarbe, Pastellkreide, weiß, Stift oder Stück, Fineliner, weiß, permanent*

## Werkzeug:

- Schwamm, nass
- Borstenpinsel, flach, 14 breit, nass
- Lappen
- Tuch
- Wassergläser
- Zerstäuber Wasser
- Motiv (Vorlage)

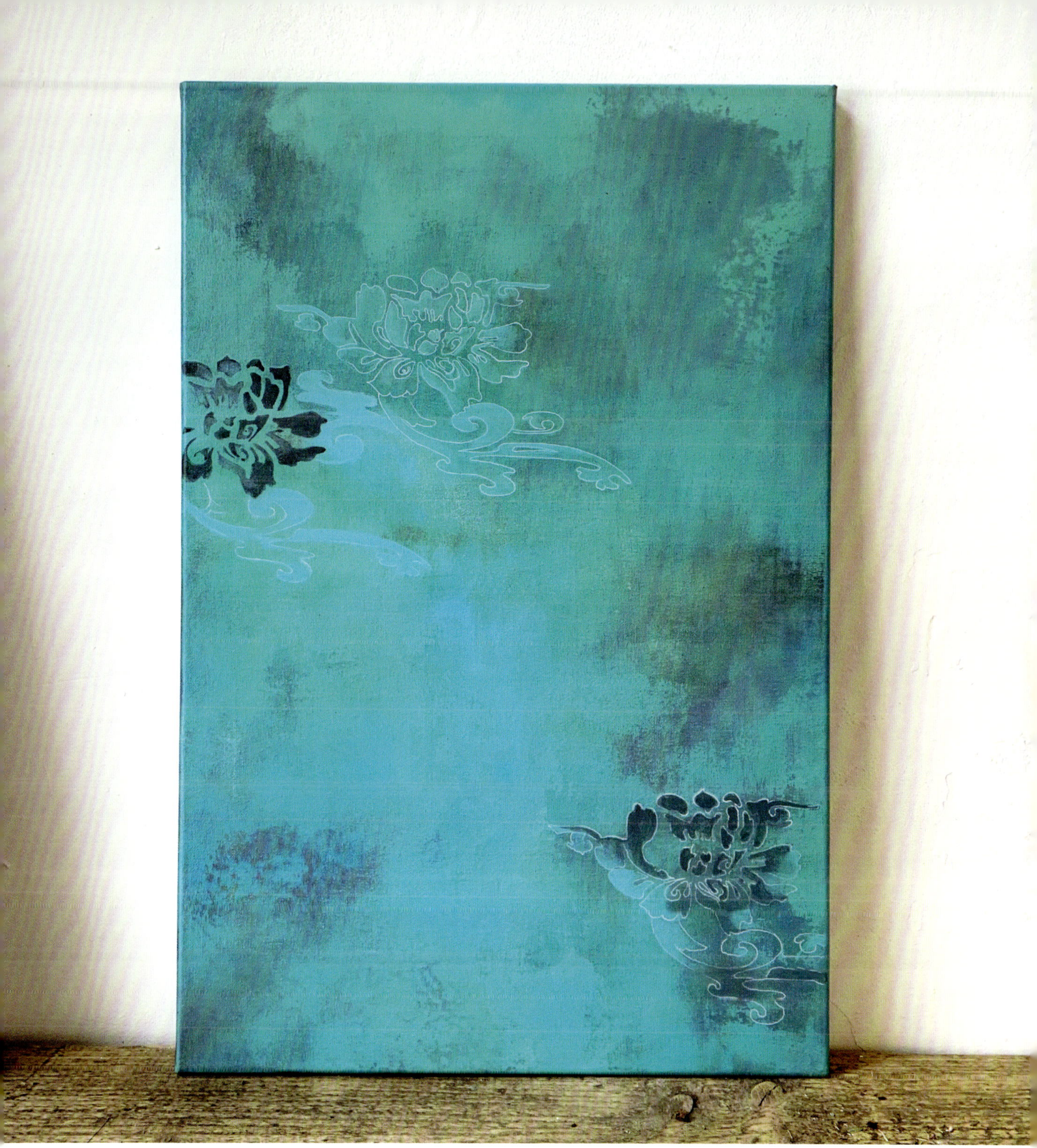

*So geht's*

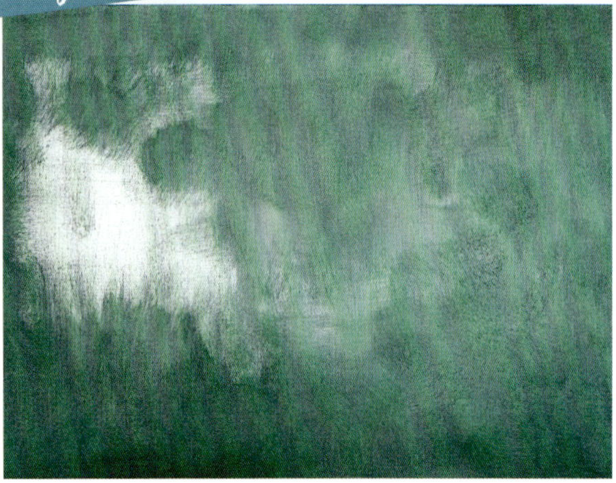

**1** Mische Olivgrün mit Pariserblau. Tauche den nassen Schwamm in die Farbe und tupfe sie auf den Außenrand der Leinwand. Gehe weiter zur Mitte. Lass im oberen Drittel die Farbe transparenter, heller. Wische leicht über die Farbe, sodass weiche Übergänge entstehen. Trocknen lassen.

**2** Im Hauptteil spielt alles mit, was du sehen und hören kannst. Also denke dich weiter in deine Vorstellung hinein. Der Wind weht durch die Baumkronen der großen alten Buchen. Etwas Licht verfärbt den See türkisfarben. Trage dazu als Erstes Türkis stellenweise auf die Leinwand. Auf den hellen Stellen, im oberen Bereich, verwischst du anschließend die Farbe mit dem Schwamm, sodass sie dort weiterhin transparent bleibt. Das Türkis leuchtet auf dem Weiß. Tupfe dann die Farbe weiter auf die dunklen, oliven Farbtöne. Du verdeckst damit ein wenig das dunkle Grün. Benutzt du die Kante vom Schwamm, entstehen Streifen. Drehst du den Schwamm in der Hand und benutzt die glatte Fläche, kannst du damit wischen und tupfen. Arbeite so mal deckend, mal transparent. Wische zu viel aufgetragene Farbe einfach wieder mit dem Schwamm ab. Du kannst auch gerne zwei Schwämme benutzen. In diesem Arbeitsschritt geht es einfach um ein Hell-dunkel-Farbspiel.

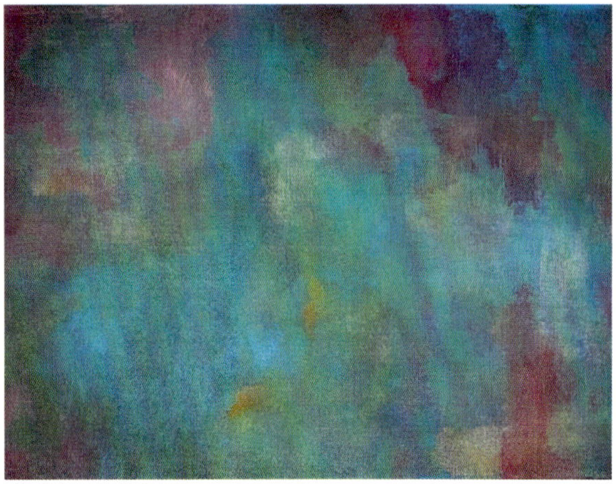

**3** Tupfe Hellgrün neben das Türkis. Vermische das Hellgrün stellenweise mit dem Türkis. Tupfe Ocker zu dem Hellgrün und wische auch diese beiden Farben stellenweise ineinander. Lass Muster ruhig stehen. Tupfe Magenta dazu. Einmal trocknen lassen.

**TIPP**

**Sieht deine Farbe nach dem Trocknen matt aus, versiegle die Fläche mit dem flüssigen Binder.**

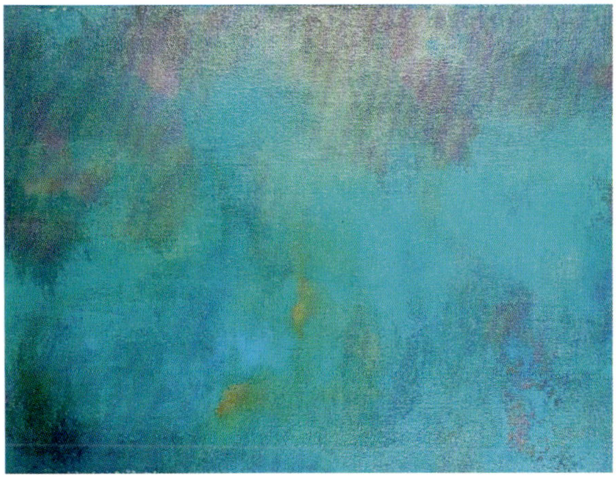

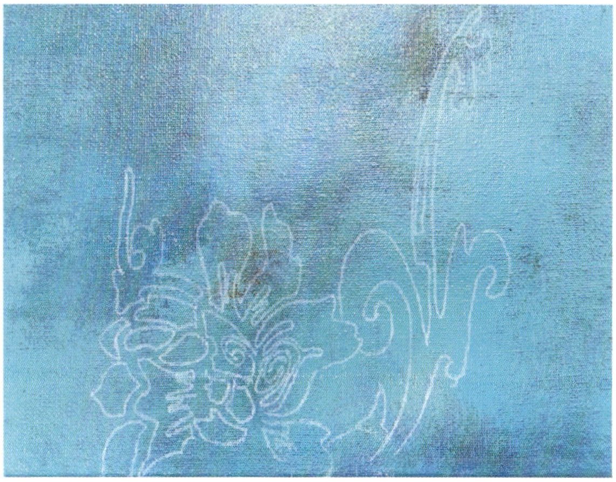

**4** Du erreichst nun die Oberfläche. Das kontrastreiche Spiel wird etwas beruhigt, indem du die Farbe jetzt flächig auf deine Leinwand bringst. Du arbeitest hier wie in der Lasurmalerei: Du trägst die Farbe auf die Leinwand auf, so, dass viel verdeckt wird, verwischt sie zu einer homogenen Fläche und nimmst dann die Farbe, mit dem Schwamm, stellenweise wieder ab. Dadurch kommt der Untergrund wieder zum Vorschein. Das Herausnehmen der Farbe machst du mit deinem sauberen, feuchten Schwamm. Dadurch entsteht ein Muster, das du auch stehen lassen kannst. Probiere dich ruhig aus. Wenn du merken solltest, dass dir das Ergebnis noch nicht gefällt, nimm mehr Farbe ab, lass alles trocknen und wiederhole den Arbeitsschritt so lange, bis dir die Farbfläche gefällt. Für diesen Farbauftrag nimmst du noch einmal dein Hellgrün und gibst etwas Türkis dazu. Die Farbe könnte etwas dunkler abtrocknen – ich habe daher noch etwas Weiß zu der Mischung gegeben. Danach lass wieder alles trocknen.

**5** Dein Höhepunkt und zugleich auch dein Hauptmotiv in deinem Bild präsentiert sich auf dem Wasser. Die stolze Rose ist wohlwissend mit dem Element Wasser verbunden und doch möchte sie sich erheben. Ihre zart weißen Blüten strecken sich dem Licht entgegen. Dabei tauchen ihre Schatten in das Wasser ein und halten sie. Zeichne mit einem weißen Kreidestift deine Wasserrose auf die Bildfläche. Wenn du dein Motiv übertragen möchtest, färbe die Unterseite deiner Vorlage mit Pastellkreide ein. Lege sie auf dein Bild und zeichne die Linien mit einem Stift nach. Die Linien auf deiner Leinwand sind nun weiß. Male die Linien mit einem Fineliner nach. Male die Schatten deiner Rose in dunkleren Farben aus. Am besten guckst du, welche Farbe sich an der Stelle befindet, und mischst diese etwas dunkler oder heller an und füllst damit die Fläche aus.

**youtu.be/
7VBT3XgFxNI**

**TIPP**

**Übertrage deine eigenen Motive, statt der Seerose, auf dein Bild und gehe dabei wie in der Anleitung vor. Dabei kannst du auch deine Fantasie in die Geschichte bringen und neu denken.**

# In die Ferne schweifen

**Palette**

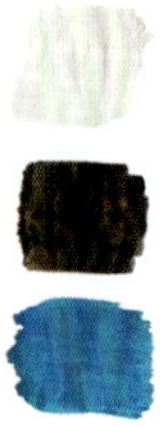

Dieses Bild habe ich auf der silbernen Seite einer Rettungsschutzdecke gemalt. Natürlich könntest du auch Blattsilber oder hochwertige Farbe verwenden – beides ist aber nicht so strapazierfähig und daher nicht geeignet. Das Verwenden der Rettungsschutzdecke fühlt sich an wie ein Bruch mit alten Konventionen, und genau so soll es sein. Altes hinter sich lassen und sich aus dem Zwang des Alltags befreien. Dafür steht auch das grün-blaue Türkis. Es wirkt aufmunternd und bedeutet Aufbruch, Veränderung, Sehnsucht und Ferne. Weiße Strände ferner Länder. Silbrige Spiegelungen auf dem Meer. Das warme Klima, das dich bis in späte Abendstunden begleitet und Leichtigkeit verspricht. So begibst du dich mit diesem Bild gedanklich in die Ferne, findest dein Glück aber ganz nah: zu Hause, auf deiner Leinwand.

## Malgrund:

Leinwand, 30 × 60 cm

## Farbe:

Weiß, Türkis, Grau (Schwarz mit Weiß, zum Grau gemischt), *Pigment mit viskosem Bindemittel anrühren, alternativ: viskose bis feste, gebrauchsfertige Acrylfarbe*

## Werkzeug:

- Kunststoffspachtel, ca. 6 cm breit
- Malmesser
- feiner Rundpinsel
- Borstenpinsel, flach, 14 breit, nass
- Lappen
- Tuch
- Wassergläser
- Rettungsschutzdecke (silber)

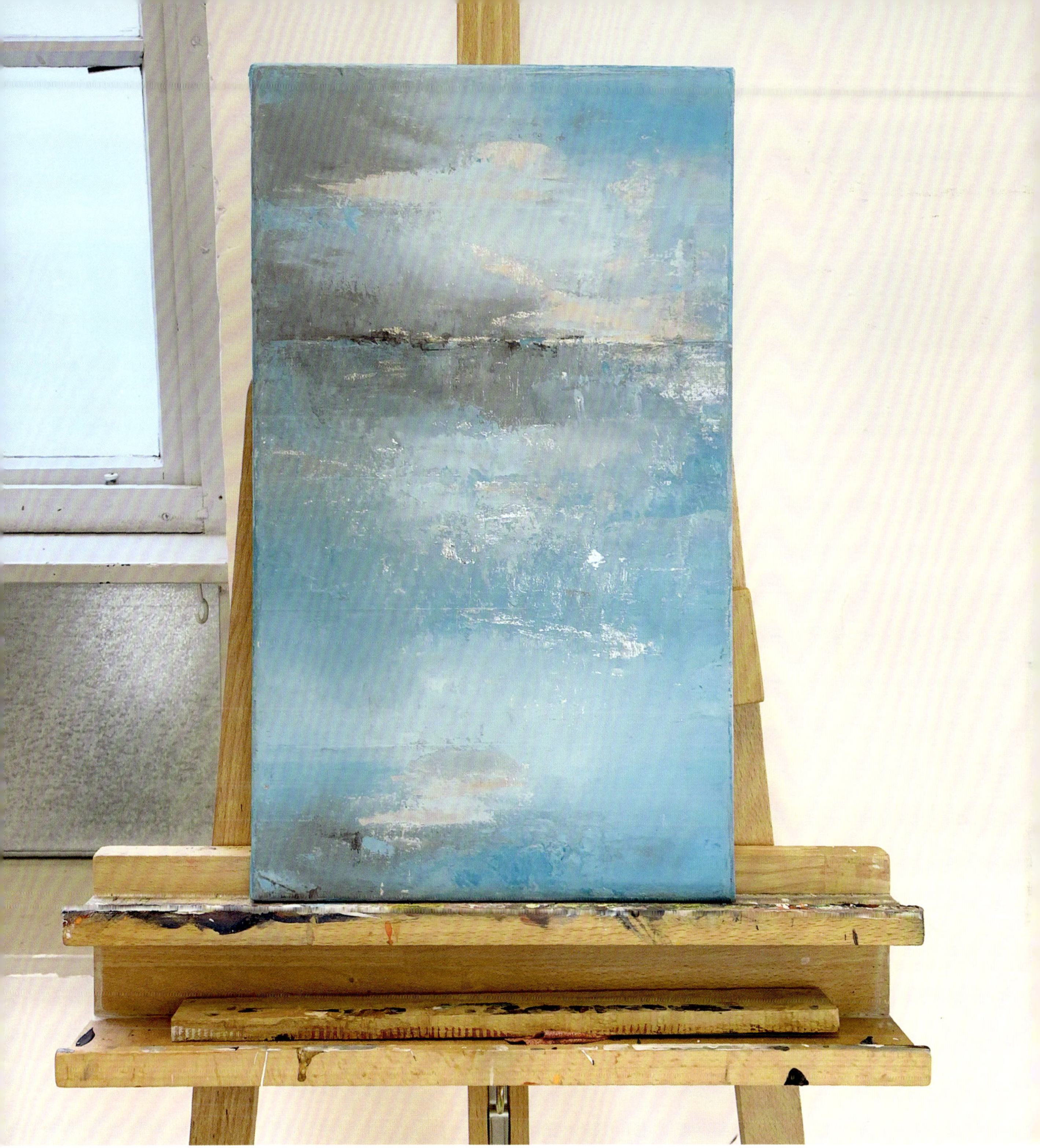

So geht's

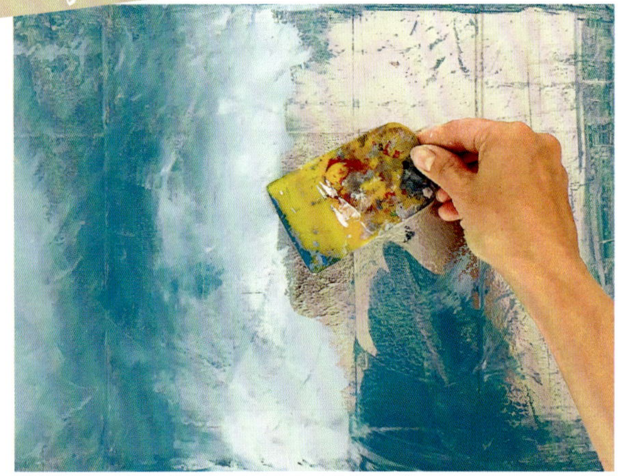

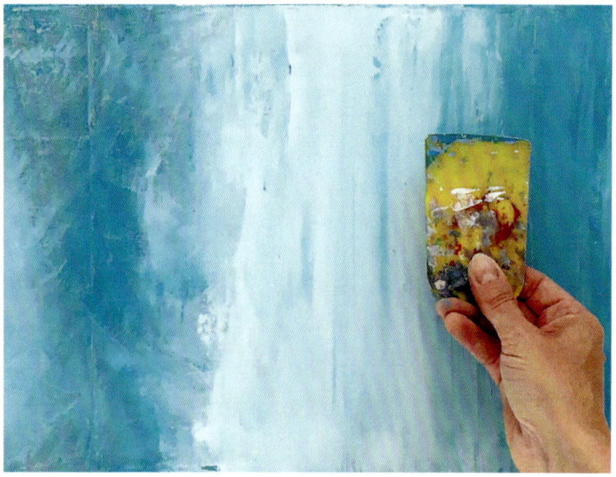

**1** Als Einstieg klebst du deine Rettungsschutzdecke auf die Leinwand, die silberne Seite kommt nach oben. Streiche mit dem Kunststoffspachtel die Folie glatt. Die Falten vom Zusammenlegen der Folie sollten quer über die Leinwand laufen, also über die kurze Seite. Lass alles trocknen. Trage anschließend Türkis zuerst ringsum, auf den Rand, auf. Ziehe mit deinem Kunststoffspachtel die Farbe weiter zur Mitte. Teile die Fläche in einen ungefähren Goldenen Schnitt (ein Drittel oben, zwei Drittel unten) auf. Auf die obere, kleinere Fläche gibst du Türkis. Denke jetzt an deine Idee von Ferne. Deinen Himmel und dein Meer. Den unteren Teil lässt du vorerst frei. Probiere dich ruhig aus. Du bleibst bei deinem Kunststoffspachtel und trägst die Farbe auf, kratzt sie wieder runter und gibst die Farbe an anderer Stelle wieder auf. So mischst du gleich, im nächsten Farbauftrag, die Farben ineinander: Trage, wenn du so weit bist, Weiß auf das Türkis auf und vermische beide Farben auf der Fläche ineinander. Halte beim Verwischen den Spachtel flach, Daumen nach oben. So entstehen weitere Nuancen.

**2** Du malst jetzt dein Meer. Trage Weiß mit dem Spachtel auf die freie Fläche auf. Gib Türkis dazu und ziehe die Farbe quer über die Fläche. Du erhältst weitere Nuancen. Lass zum Leinwandrand hin die Farbe dunkler und zum Horizont hin heller werden.

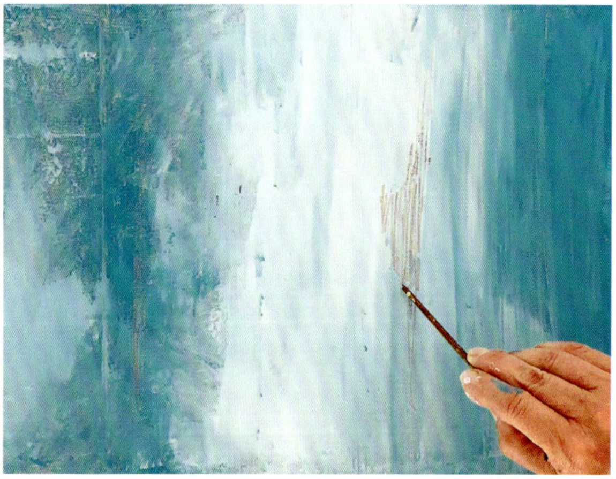

**3** Nimm mit dem Pinselstiel Farbe aus der nassen Farbe heraus. Denke dabei an Sonnenlicht, das sich auf der Oberfläche des Meeres spiegelt. Du kannst größere Flächen mit dem Spachtel abnehmen: Wolken. Zieh Ansätze glatt, indem du den Spachtel flach, leicht über die Stellen streichst.

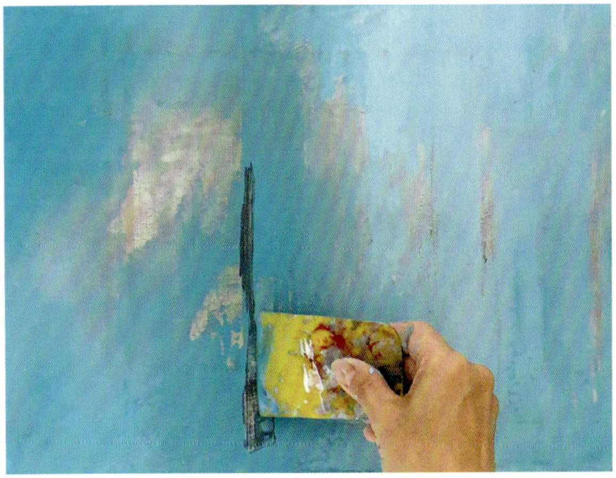

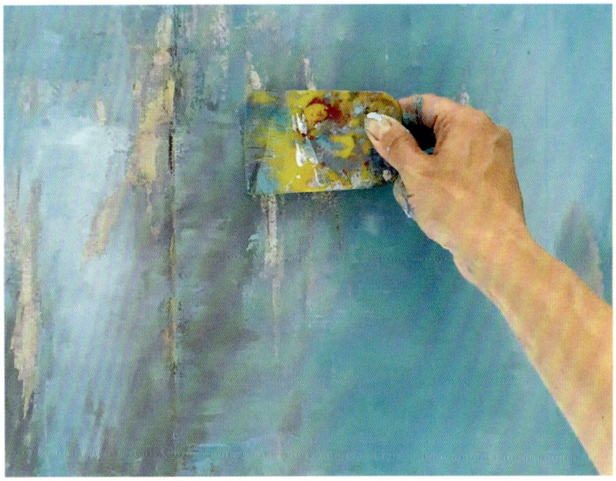

**4** Gib ruhig noch einmal Farbe auf und werde etwas dichter im Farbspiel. Verdecke ein paar Kratzer und lass die Farben weich ineinander übergehen. Du kannst dann wieder neue Kratzer, nämlich Lichtreflexe auf dem Meer oder am Horizont, setzen. Die Farbe haftet erst, wenn sie vollkommen durchgetrocknet ist. Gib das angemischte Grau mit dem Spachtel auf die horizontale Linie. Trage Weiß darüber und vermische die Farben auf der Fläche. Gib auch Türkis dazu und gehe über die Horizontale weiter nach unten, auf die Fläche des Meers. Die untere Farbe löst sich dabei etwas. Du kannst auch jetzt Farbe vollkommen abkratzen. Ich habe diese Möglichkeit genutzt und hier und da noch etwas Farbe abgenommen und so das Silber der Rettungsschutzdecke hervorgeholt.

**5** Gib Farbe auf den Spachtel und zieh flach über die Fläche. Auf der trockenen Farbe haftet die Farbe, lässt sich nicht weit verstreichen. Lass die Struktur des Auftrags stehen. So sieht ein farbiges Grau vorne aus wie ein Stein. Denk dich in deine Geschichte und experimentiere.

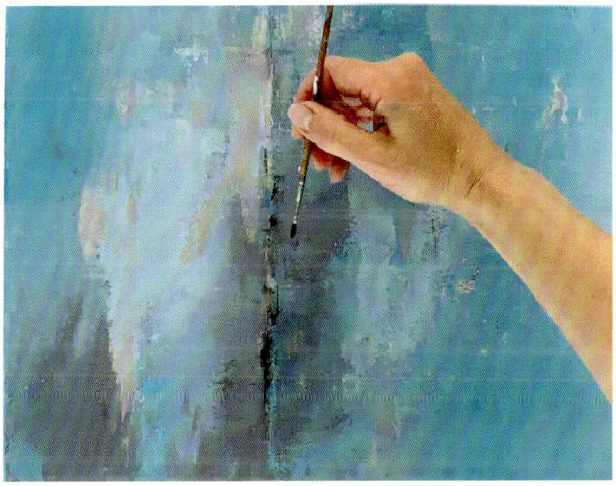

**6** Im letzten Step betonst du den Horizont. Du schaffst noch mehr Tiefe. Trage dafür Grau mit dem Pinsel auf und verziehe es leicht mit dem Spachtel.

**TIPP**

**Ist deine Farbe zu schnell trocken, sodass sie sich schlecht vom Untergrund löst, sprühst du mit dem Zerstäuber Wasser auf die Stelle und kannst dann weiterarbeiten.**

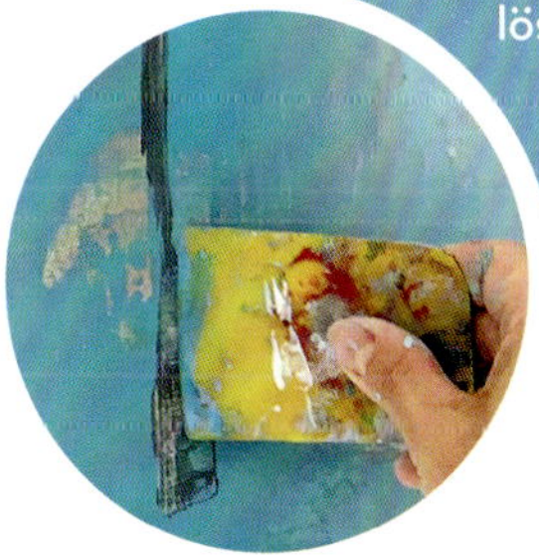

# Blüte im Wechselspiel

**Palette**

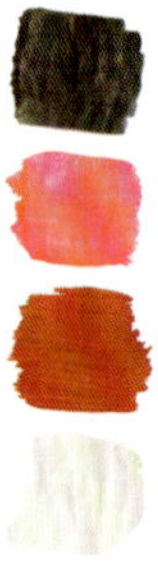

Sachlich steht das Grau über der rot changierenden Blüte. Die beiden Bildkomponenten sind im Wechselspiel zwischen aufbrausend und Stillschweigen. Das Rot, der Vollton in diesem Bild, strebt leuchtend in den Vordergrund. Das Grau steht trotzdem vor dem Rot, als lege es einen Mantel über das Getöse im Untergrund. Dieses lebendige Wechselspiel zweier ungleicher Partner, die uneinig eine Symbiose eingegangen sind, macht den Reiz des Bildes aus. Insgesamt strahlt das Werk ein Selbstbewusstsein aus, welches einen Ort zum Strahlen bringen lässt. Mit Grau lässt sich leicht kombinieren. So kann ein Grau ein neutraler Partner in einem Bild sein, wie auch die Hauptfigur eines einzigen Farbspiels ausmachen.

## Malgrund:

Leinwand, 30 × 60 cm

## Farbe:

Weiß, Zinnober, Neonpink, Grau (Schwarz mit Weiß, zu Grau gemischt), *Pigment mit viskosen Bindemittel, anrühren, alternativ: viskose bis feste, gebrauchsfertige Acrylfarbe*

## Werkzeug:

- Kunststoffspachtel, ca. 6 cm breit, zum Auftragen
- Kunststoffspachtel zum Herausnehmen des Motivs, ca. 2 cm breit, ggf. passig schneiden
- Borstenpinsel, flach, 14 breit, nass
- Lappen zum schnellen Reinigen der Werkzeuge
- Tuch
- Wassergläser
- Zerstäuber mit Wasser

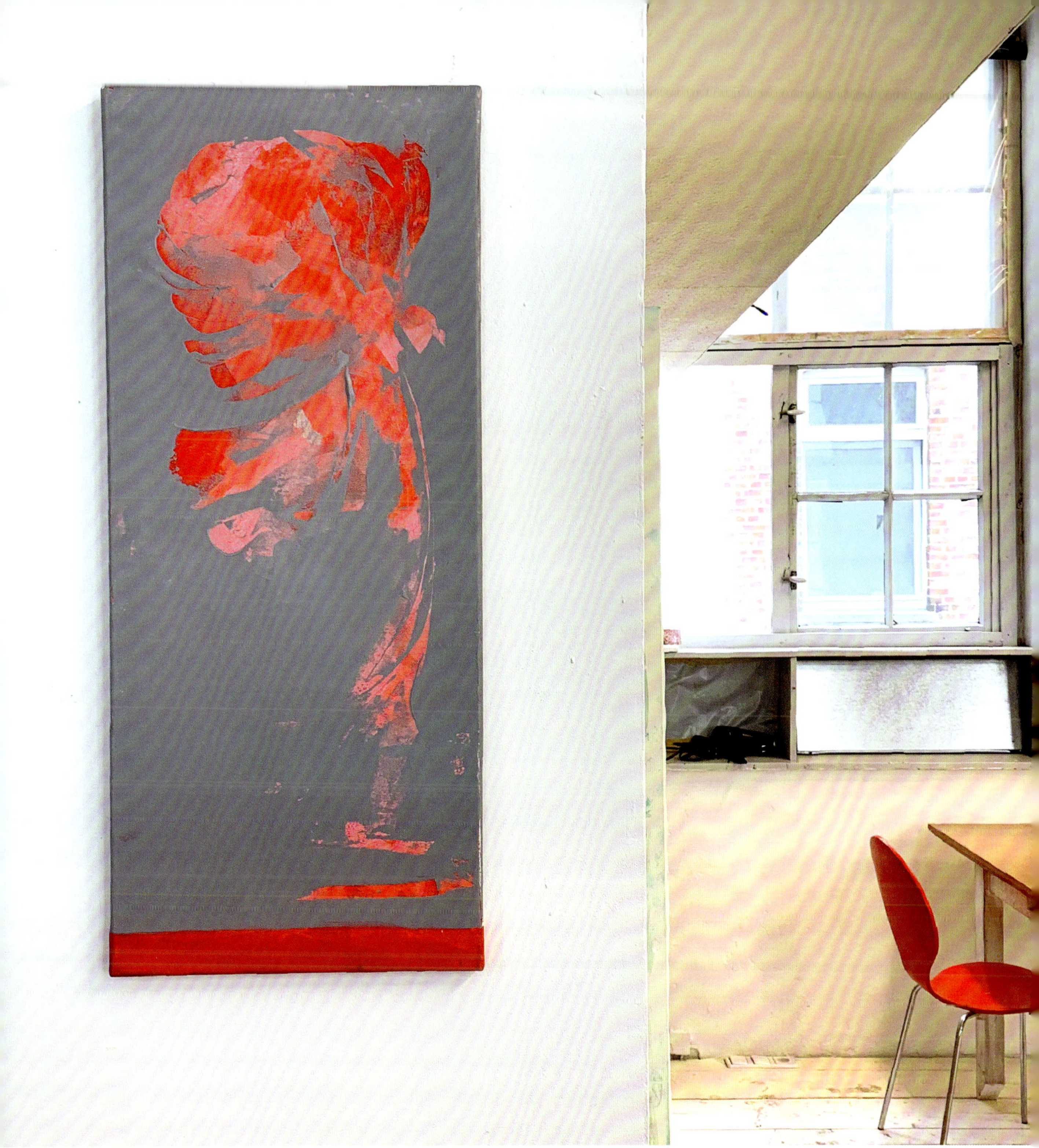

## So geht's

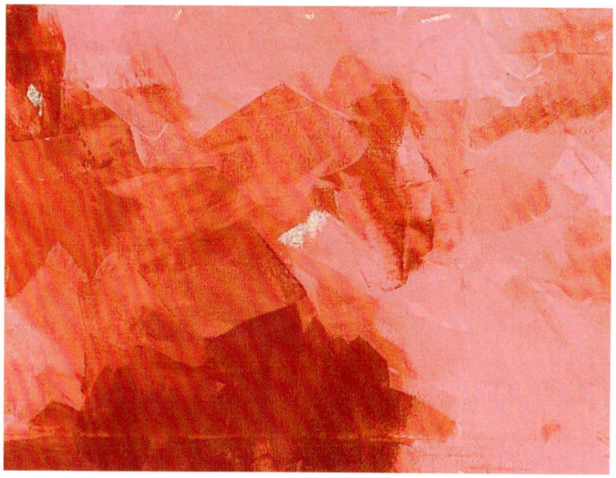

**1** Du ziehst in diesem Bild das Grau über deinen trockenen, roten Untergrund. Dann nimmst du zügig dein Motiv aus der nassen Farbe. Bereite daher, bei diesem Schritt, deinen Arbeitsplatz genau vor. Schneide deinen Kunststoffspachtel zum Auskratzen deines Motivs vorher zurecht. Halte einen Lappen in der Hand, mit dem du schnell die Farbe vom Werkzeug nehmen kannst.

Nimm Zinnober und trage ihn ringsum auf dem Rand der Leinwand auf. Teile deine Leinwand gedanklich im Goldenen Schnitt und ziehe das Rot etwas auf die untere Abteilung. Nimm Neonpink dazu und mische auf dem Rot die Farbe stellenweise zu einer weiteren Mischfarbe. Lass auch das reine Rot und das reine Pink stehen. Verteile den gemischten Farbton weiter. Gib Weiß dazu und mische den Farbton mit dem Weiß und auch noch mit dem Neonpink. So entstehen weitere Farbnuancen. Du mischst also auf der Leinwand. Arbeite deshalb in kurzen Handbewegungen, damit nicht zu viel Fläche zum Mischen eingenommen wird. Die Farbe kann ruhig dicker stehen bleiben und sollte kontraststark sein.

**2** Nimm wieder dein Rot und trage es auf die freien Stellen im unteren Teil. Dann gehst du weiter hoch und mischst deine Farben auf der Leinwand. Achte immer darauf, dass entstandene Mischtöne verteilt werden und die Farben vom direkten Auftrag stehen bleiben. Wenn du ein buntes helles Feld gespachtelt hast, gib wieder das dunkle Rot von dem ersten Auftrag dazu. Dein Spiel kann farbstark und kontrastreich sein. Anschließend lässt du es trocknen.

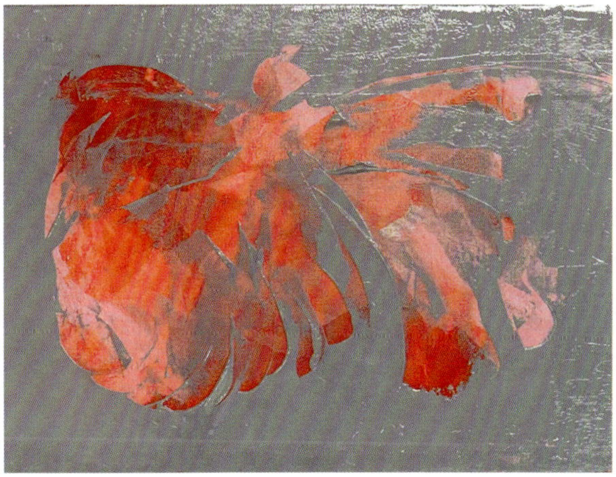 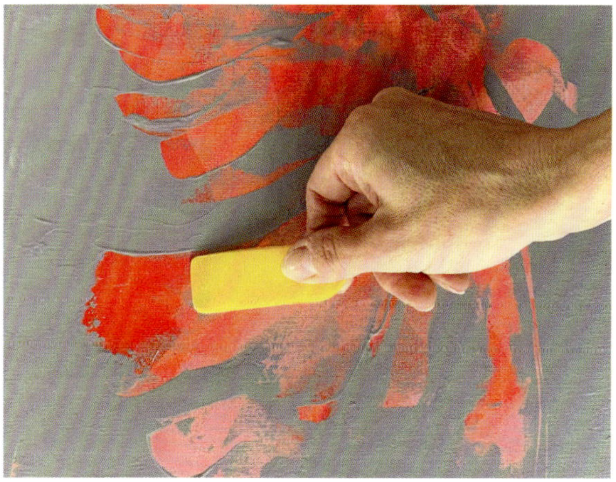

Schneide deinen Kunststoffspachtel vorher zurecht und nimm mit diesem dein Motiv aus der nassen Farbe.

**3** Besprühe deine Leinwand mit etwas Wasser. Das verhindert das schnelle Austrocknen der nächsten Farbschicht. Verteile nun dein Grau zügig auf deine obere Fläche. Nimm den zurechtgeschnittenen Spachtel und ziehe dein Motiv heraus. Wenn du dir nicht sicher in der Aufteilung bist, zeichne dein Motiv mit einem Pastellkreidestift vorher in der Größe auf. Übe es auch auf Papier. Sobald du dir sicher bist, gehe an dein Werk. Falls du nicht zufrieden mit deinem aufgekratzten Motiv sein solltest, kannst du es mit Wasser anlösen und noch einmal versuchen. Wenn dein Motiv im oberen Teil fertig ist, gehe weiter runter und arbeite den Rest aus. Streiche also nicht gleich die ganze Leinwand mit Grau aus, sondern versuche, vorher dein Motiv aufzuteilen. So kannst du langsamer arbeiten. Ich habe, ganz unten, einen schmalen Streifen ausgespart. So erhalte ich noch einen zusatzlichen Kontrast von geschwungenen Linien zur Geraden. Dieser Kontrast ist wie ein Schlusspunkt und unterstreicht die Blüte.

**TIPP**

Grau ist nicht gleich Grau. Mische daher dein Grau an und erstelle zunächst ein Muster. Erst wenn die Farbe getrocknet ist, siehst du, wie sie im Endstadium aussieht. Das Grau trocknet meist dunkler ab.

# Sommerliches Hofgeflüster

**Palette**

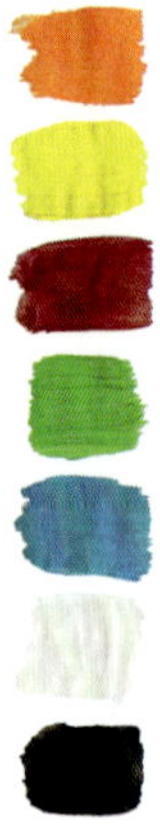

Dieses Bild habe ich ursprünglich für den Atelier-Hof auf Holz gemalt. Der Hof lädt im Sommer gerne zu einer kurzen Plauderei ein. Man trifft sich dort unverfangen und tauscht so schnell Neuigkeiten aus. Im Winter freue ich mich über einen Sonnenstrahl, der die letzten Stufen der langen Treppe zum Atelier hoch erreicht hat. Dort wärme ich meine Hände an einer Tasse Tee und mein Blick schweift dabei gerne über den Hof. Ich höre wieder die Geschichten, die erzählt wurden, und blicke auf das bunte Bild, das tapfer dem tristen Grau der Mauer trotzt. Nun findet es hoffentlich auch einen Platz in deinem Zuhause und wird mit neuen Gedanken gefüllt.

### Malgrund:

Leinwand, 60 × 80 cm

### Farbe:

Weiß, Schwarz, Türkis, Grün (Hell, gelblich), Bordeaux, Gelb, Kadmiumorange, *Binder, fest, Pigment mit festen Bindemittel anrühren, alternativ: viskose bis feste, gebrauchsfertige Acrylfarbe*

### Werkzeug:

- Kunststoffspachtel, ca. 6 cm breit
- Borstenpinsel, flach, 14 breit, nass
- Borstenpinsel, flach, 50 breit, trocken
- Flächenstreicher, flach, 40 breit
- Lappen
- Tuch
- Wassergläser
- Zerstäuber mit Wasser

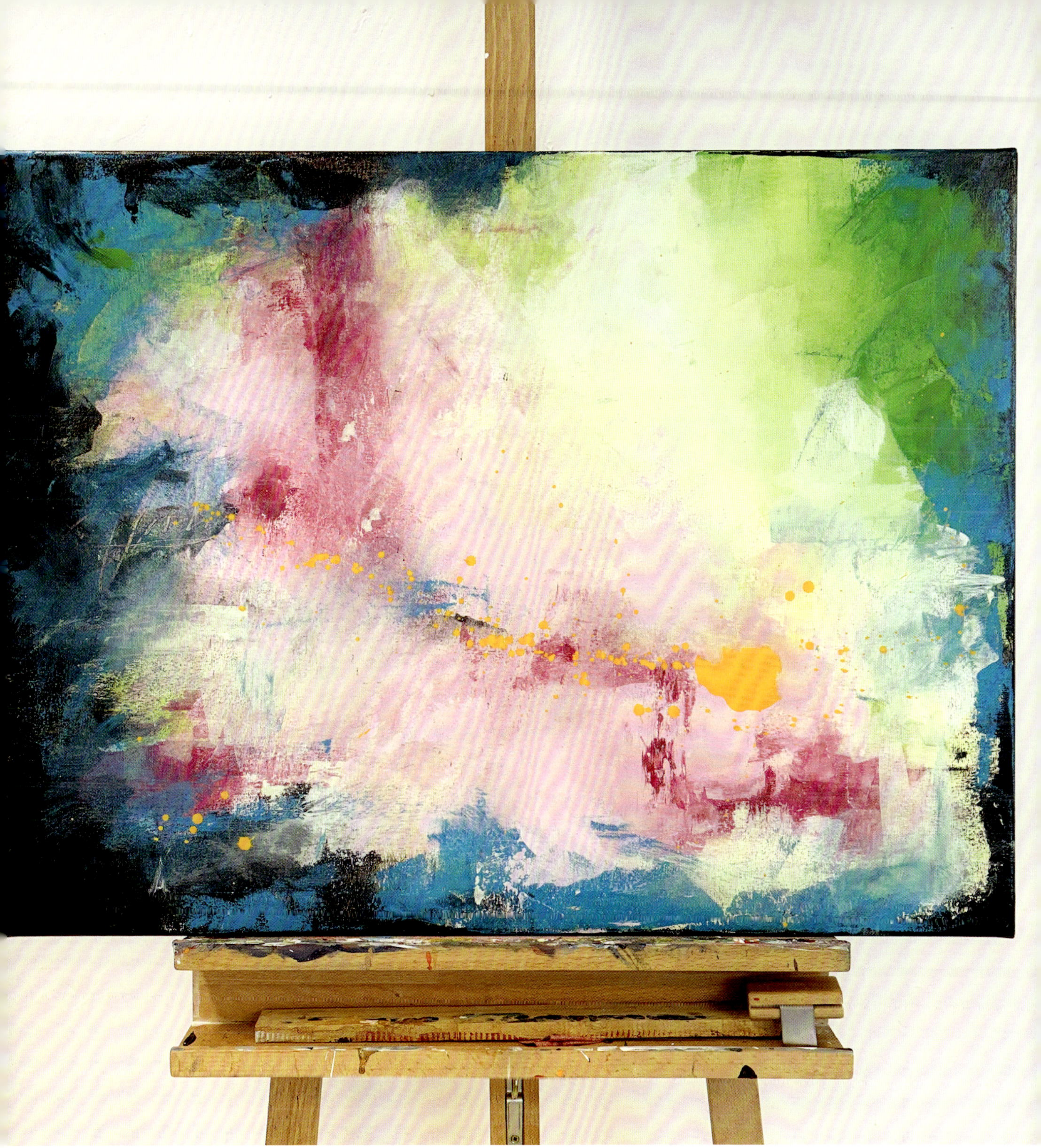

So geht's

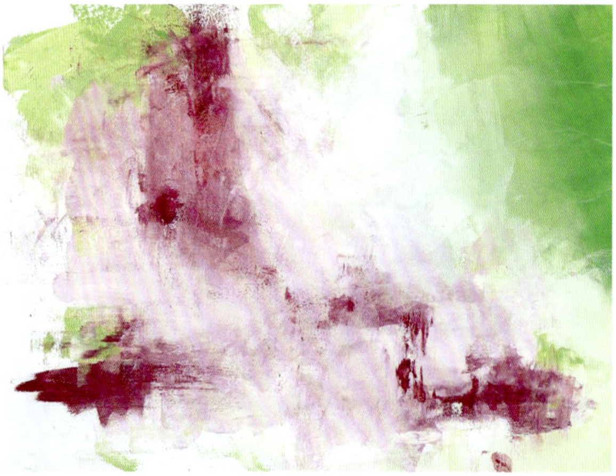

**1** Trage Weiß mittig mit dem Spachtel auf die Leinwand auf. Gib Gelb dazu und schaffe, durch direktes Mischen auf der Leinwand, weiche Übergänge. Nach rechts trägst du Grün dazu und bleibst überwiegend im weichen Auftrag. Du mischst also nasse Farbe in die nasse Farbe. Dabei hältst du den Spachtel recht flach. Teilweise darf die Struktur vom Spachtel die homogene Fläche aufbrechen.

**2** Gib mittig, auf das Weiß, das kräftige Bordeaux. Nimm den Spachtel und mische das Rot in das Weiß vom Untergrund ein, sodass wieder hellere Farbtöne entstehen. Ziehe nochmals Bordeaux in die nasse Farbe und lass den Farbton teils kräftiger stehen. Ziehe auch die Farbe mit dem Spachtel flach über die Leinwand und lass die entstandene Struktur sichtbar. Gib nochmals Gelb und Grün im linken Bildbereich auf die Übergänge. Wenn du die Übergänge mit dem Spachtel nicht weich bekommst, nimm einen sauberen, trockenen Borstenpinsel und streiche damit leicht über die Farbe. Lass alles einmal trocknen.

**TIPP**

In diesem Bild sind die Bunttöne Türkis, Bordeaux und Gelb-Grün. Wenn du das Bild in anderen Farbtönen malen möchtest, tausche diese drei Farben aus. Achte dabei darauf; hier ergänzt sich das Türkis mit Grün, wie mit Bordeaux. Suche also einen Farbton der sich mit zwei weiteren Farben gut ergänzen lässt.

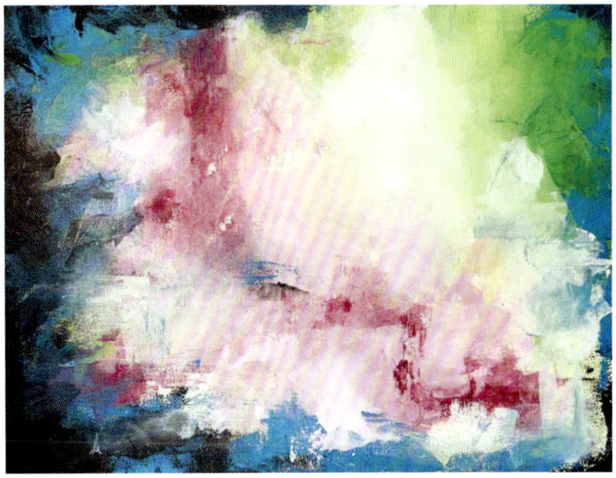

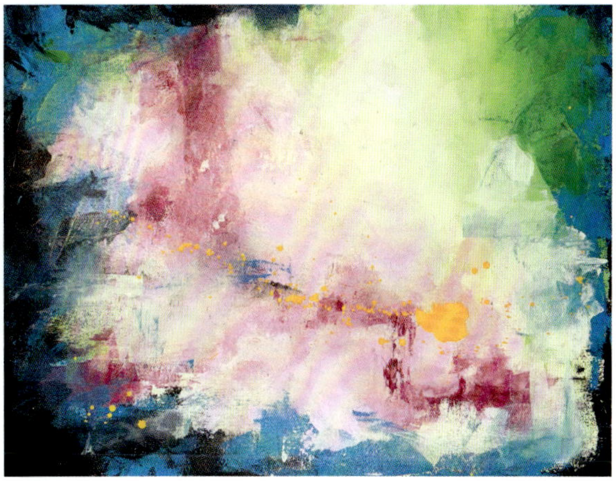

**3** Streiche Schwarz mit einem beliebigen Pinsel über die Kante des Rahmens. Gehe vom Rand rüber auf die Leinwand. Nimm jetzt den Spachtel dazu und ziehe die Farbe zur Mitte hin: rechts weniger, links mehr. Mit dem Zerstäuber löst du anschließend die Ansätze links leicht mit Wasser. Ziehe die jetzt dünne schwarze Farbe weiter zur Mitte. Alles einmal trocknen lassen. Gib Türkis dazu. Beginne wieder am Rand, am besten links oben und unten. Streiche es zur Mitte hin. Ziehe den Spachtel flach, um die Struktur des Auftrags zu erhalten. Damit die Übergänge und Aufträge nicht aufgesetzt aussehen, gibst du abermals den unteren Farbton auf das Türkis. Zum Beispiel: Schwarz ist im Untergrund und jetzt Türkis daraufgesetzt, gib also etwas Schwarz wieder auf das Türkis. So taucht das Türkis mal auf, bleibt kurz an der Oberfläche und verschwindet dann wieder. Verreibe an manchen Stellen auch die Ansätze mit einem trockenen Flächenstreicher. So bleibt mal Kontur vom Spachtel und mal ein homogener Farbverlauf stehen. Mische separat Bordeaux und Weiß zu einem Rosa. Nimm dies und anschließend das Gelb und ziehe die Farben auch leicht über die türkisfarbenen Stellen. So lockerst du die Fläche insgesamt noch etwas auf. Lass dein Bild wieder trocknen.

**4** Jetzt kommt das Beste: Kadmiumorange ist dein Höhepunkt in deinem Bild. Es setzt den fehlenden Akzent. Eine komplett andere Farbe. Kadmium lässt sich prima dünn verwenden, da es auch verdünnt seine Intensität behält. Es ist ein deckendes Pigment. Demnach sollte auch deine gebrauchsfertige Acrylfarbe deckend sein. Vermische etwas von dieser Farbe mit Wasser. Den Borstenpinsel zum Rühren nimmst du direkt für den nächsten Schritt. Du darfst jetzt mit vollem Selbstbewusstsein deine Farbe über die Leinwand „schmeißen" und gehst damit noch einmal in die Höhe. So schaffst du insgesamt eine schöne Aufteilung

# Gartenkunst aus ferner Zeit

**Palette**

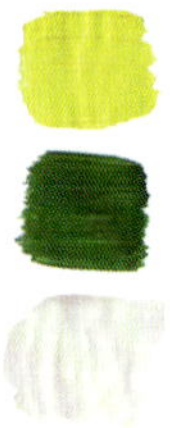

Eingebettet in die hügelige Landschaft Italiens, liegt eine strahlendweiße Villa. Zahlreiche Wege führen dich von dort aus durch den groß angelegten Garten. An sommerlichen Tagen kannst du dich einfach von ihnen leiten lassen. Vorbei an saftig, grünen Buchsbaumhecken, kleinen Steinmauern und Brunnen. Treppchen durchbrechen horizontal die weichen Hügel und erleichtern dir den Anstieg, von denen aus du einen herrlichen Blick auf das schöne Land hast. Die Skulpturen in Reihen aufgefädelt, wie Perlen an einer monumentalen Kette. Sie erzählen von Zeiten, die längst der Vergangenheit angehören. Aber wenn du ganz leise bist, hörst du noch das Getuschel der herrschaftlichen Gesellschaften, welche hier einst lebten.

## Malgrund:

Leinwand, 50 × 70 cm

## Farbe:

Weiß, Grüne Erde oder Olivgrün (dunkel), Zitronengelb, *Binder, fest, Pigment mit festem Bindemittel anrühren, alternativ: viskose bis feste, gebrauchsfertige Acrylfarbe, Fineliner, weiß, schwarz, Bleistift*

## Werkzeug:

- Kunststoffspachtel, ca. 6 cm breit
- Borstenpinsel, flach, 14 breit, nass, zum Mischen der Farben
- Lappen
- Tuch
- Wassergläser

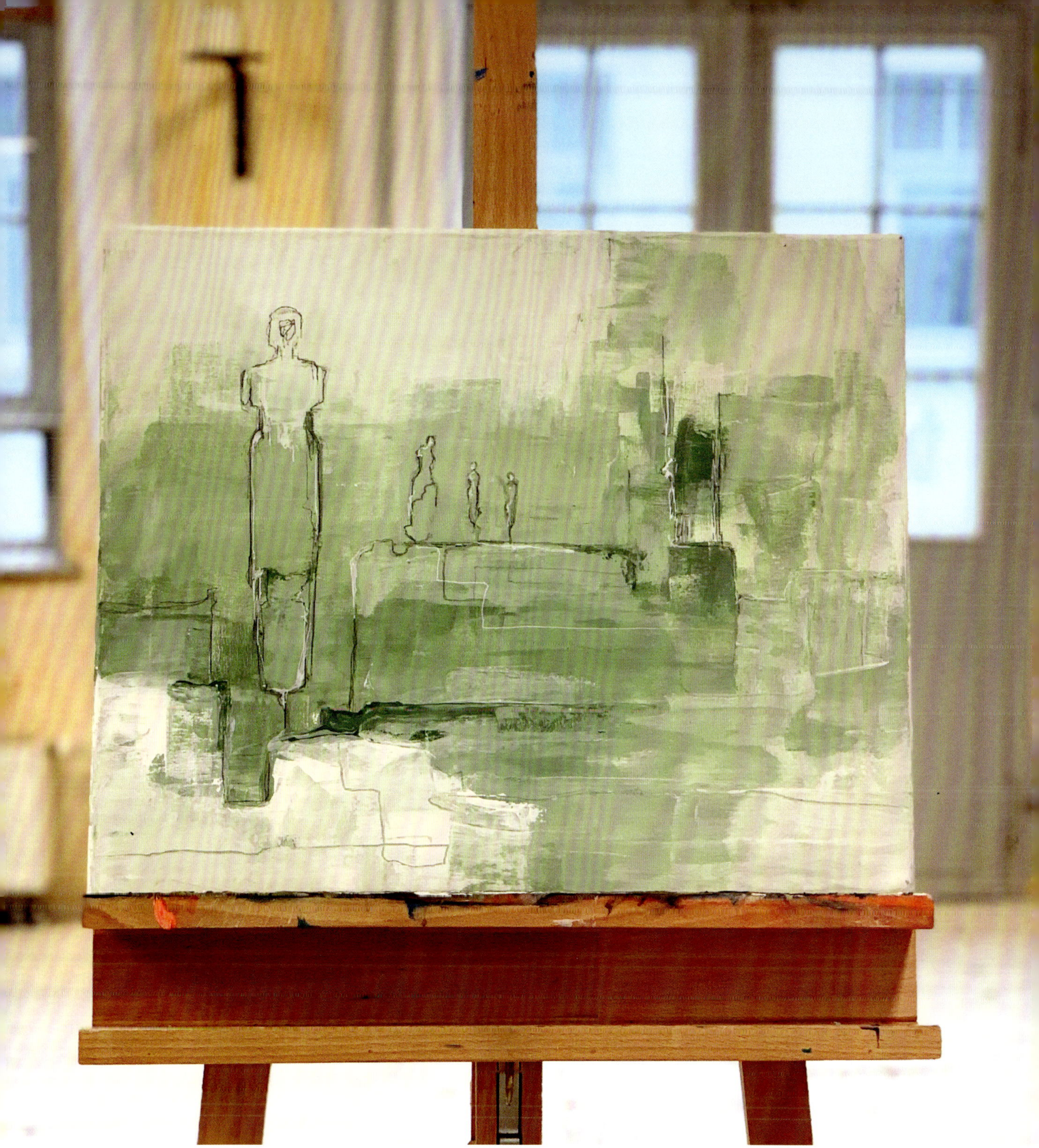

So geht's

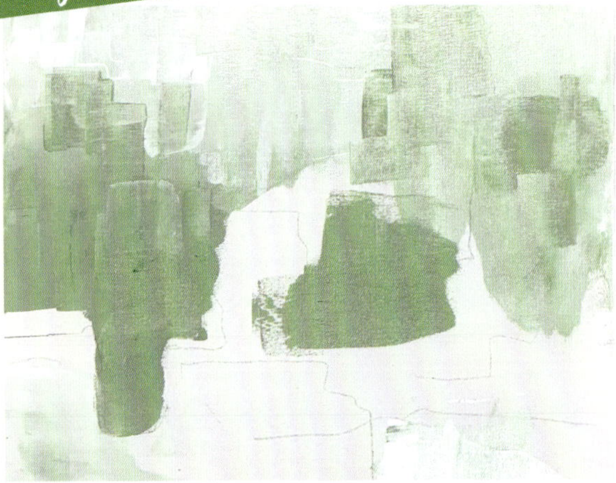

**1** Schaffe dir ein Bild vor deinem geistigen Auge. Wenn du dich in deine Geschichte denken kannst, fällt dir das Malen viel leichter. Höre die Stimmen, spüre das warme Licht auf den Steinmauern und sieh die spielenden Kinder, wie sie einst durch die Hecken liefen. Dieses Bild kannst du in einem durcharbeiten. Du hast hier weiche Übergänge und harte Abgrenzungen. Dadurch, dass das Bild nur in grünen Farbtönen und Weiß gemalt ist, entstehen keine Fehlfarben. Du kannst die Farben bedenkenlos ineinandermischen, es entstehen nur weitere Nuancen einer Farbe. Das vereinfacht den Arbeitsgang. Das Bild lebt durch seine Kontraste von Hell und Dunkel derselben Farbe. Durch das Zeichnen der Linien in die noch nasse Farbe, erhältst du ein reliefartiges Bildwerk.

Mische vorerst dein Olivgrün mit Weiß und einen Hauch Gelb zu einem Hellgrün. Trage Weiß, oben und unten, mit dem Kunststoffspachtel auf die Leinwand auf. Gib dein Hellgrün dazu und schaffe, durch direktes Mischen auf der Leinwand, weiche Übergänge. Zur Mitte hin, wo kein Weiß auf der Leinwand ist, gibst du dein Hellgrün dazu. Auf der Leinwand haftet die Farbe schneller, wenn kein Weiß drunter ist. Dein Hellgrün bleibt so auch wirklich Hellgrün.

**2** Trage jetzt das Olivgrün, ungemischt, dazu. Mische die Farben an den Übergängen ineinander. Erhalte aber auch kantige Spachtelaufträge. Denke dir beim Auftragen eine Landschaft. Sieh eine hügelige Landschaft, die abstrakt dargestellt wird. Nimm den Spachtel und mische das Olivgrün in die anderen Farbtöne vom Untergrund ein, sodass weitere Farbtöne entstehen. Zieh auch den Spachtel flach über die Leinwand und lass die entstandene Struktur sichtbar. Oben leicht hell, zur Mitte dunkler. Eine Aufteilung im Goldenen Schnitt ist quer, zwei Drittel oben, ein Drittel unten. Du betonst die Schnittfläche mit Weiß. Trage Weiß mit dem Spachtel so auf, dass eine kantige hügelige Schnittfläche entsteht.

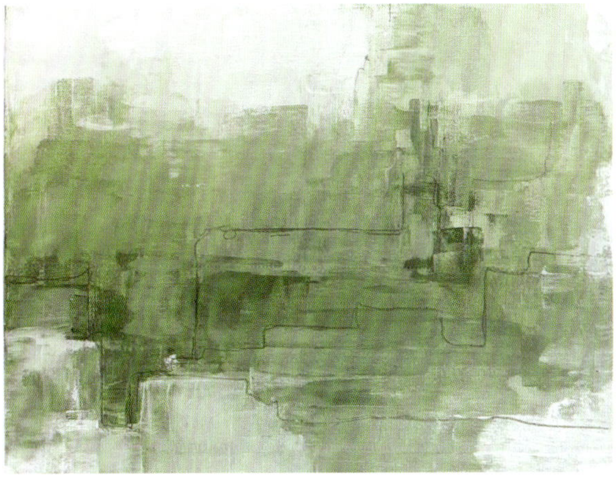

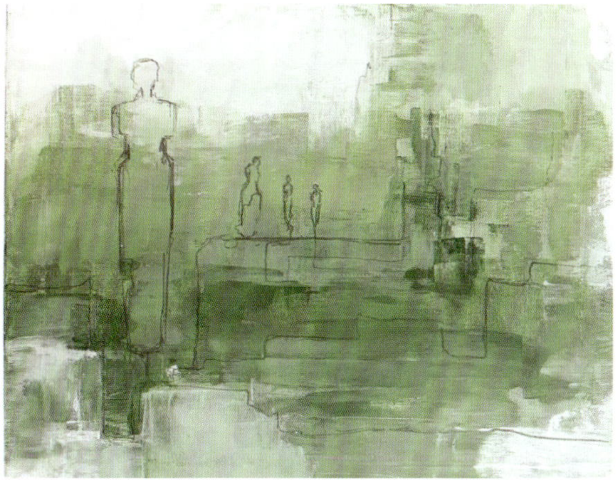

**3** Jetzt umrandest du mit dem Bleistift die Flächen an einigen Stellen. Du nimmst dabei die nasse Farbe ab. Daher musst du den Bleistift immer mal mit dem Tuch abwischen. Eine Gravur entsteht. Die entstandenen Flächen betonst du noch ein wenig, indem du mit dem Malmesser gezielt Farbe draufsetzt. Setze mittig liegende Flächen mit Olivgrün, oben und unten mit Weiß. Fahre anschließend noch einmal mit dem Bleistift über die Fläche. Durchbrich auch die entstandenen Aufteilungen damit.

## TIPP

**In diesem Bild ist der Buntton Grün. Wenn du das Bild in anderen Farbtönen malen möchtest, tausche das Grün und verwende einen Farbton der sich harmonisch mit Weiß mischen lässt. Blau wird z. B: schnell zu einem „Babyblau". Daher erstelle vorab ein Farbmuster. Mische den Farbton auf Papier mit dem Weiß und lass ihn kurz trocknen. Im getrockneten Zustand sieht der Farbton oft anders aus.**

**4** Du kannst jetzt direkt mit dem Bleistift deine Skulpturen in die nasse Farbe ziehen. Durch das Ziehen der Linien in die nasse Farbe erhältst du ein tiefes Bildwerk, wie ein Relief. Die Farbe trocknet recht schnell. Es darf ruhig spontan, wie eine Skizze, aussehen. Denke an die Skulpturenlandschaft, wenn du die Figuren aufzeichnest. Als würdest du sie vor dir sehen. Wenn du dir das nicht zutraust, macht das nichts. Lass die Farbe einmal trocknen und übertrage deine Skizze. Ist deine Skizze aufgetragen, ziehst du mit einem dunklen Fineliner die Linien aus der Skulptur nach. Das Licht und Schattenspiel. Die Linien können dünn und dick sein. Mit Weiß betonst du noch einmal ein Licht auf der Figur. Mit dem Grau oder Schwarz einen Schatten. Daher habe ich das Weiß links auf die Figur gesetzt und eher rechts den dunklen Ton als Schatten.

# Bunt ist bunt

**Palette**

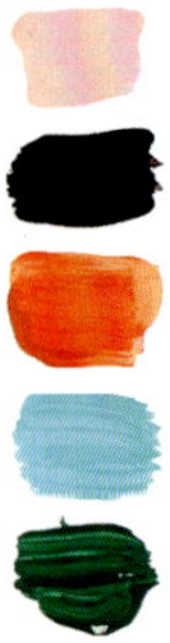

Zinnober und Türkis stehen sich im Farbkreis gegenüber. Genauso Dunkelgrün und Dunkelrot. Mit diesen Farbkombinationen erreichst du einen Hell-Dunkel-Kontrast und einen Warm-Kalt-Kontrast. Denn das Blau steht für eine kalte Farbe und das Rot für eine warme. Zudem erreichst du einen Komplementärkontrast. Dieses Paar, oder sogenannte Komplementärfarbpaar, verstärkt sich in seiner jeweiligen Wirkung. Nebeneinander platziert, erwecken diese Farben so den Eindruck von Lebhaftem und Bewegtem. Das gesamte Motiv wirkt zudem bunt. Ich mag diesen Kontrast. Orange und Türkis findet sich daher oft auf meiner Leinwand wieder. Nun brauchst du dich aber nicht weiter um diese kleine, theoretische Ausführung zu kümmern, sondern holst einfach deine Farben und eine Strukturpaste heraus und fängst an zu malen.

## Malgrund:

Leinwand, 30 × 60 cm

## Farbe:

Weiß, Zinnober, Schwarz, dunkles Türkis oder Dunkelgrün (mehr Blau im Grün)
*Strukturpaste, feinkörnige, Pigment mit festem Bindemittel anrühren, alternativ: viskose bis feste, gebrauchsfertige Acrylfarbe*

## Werkzeug:

- Kunststoffspachtel, ca. 6 cm breit
- Borstenpinsel, flach, 14 breit, nass
- Flächenstreicher, flach, 40 breit, nass
- Lappen
- Tuch
- Wassergläser

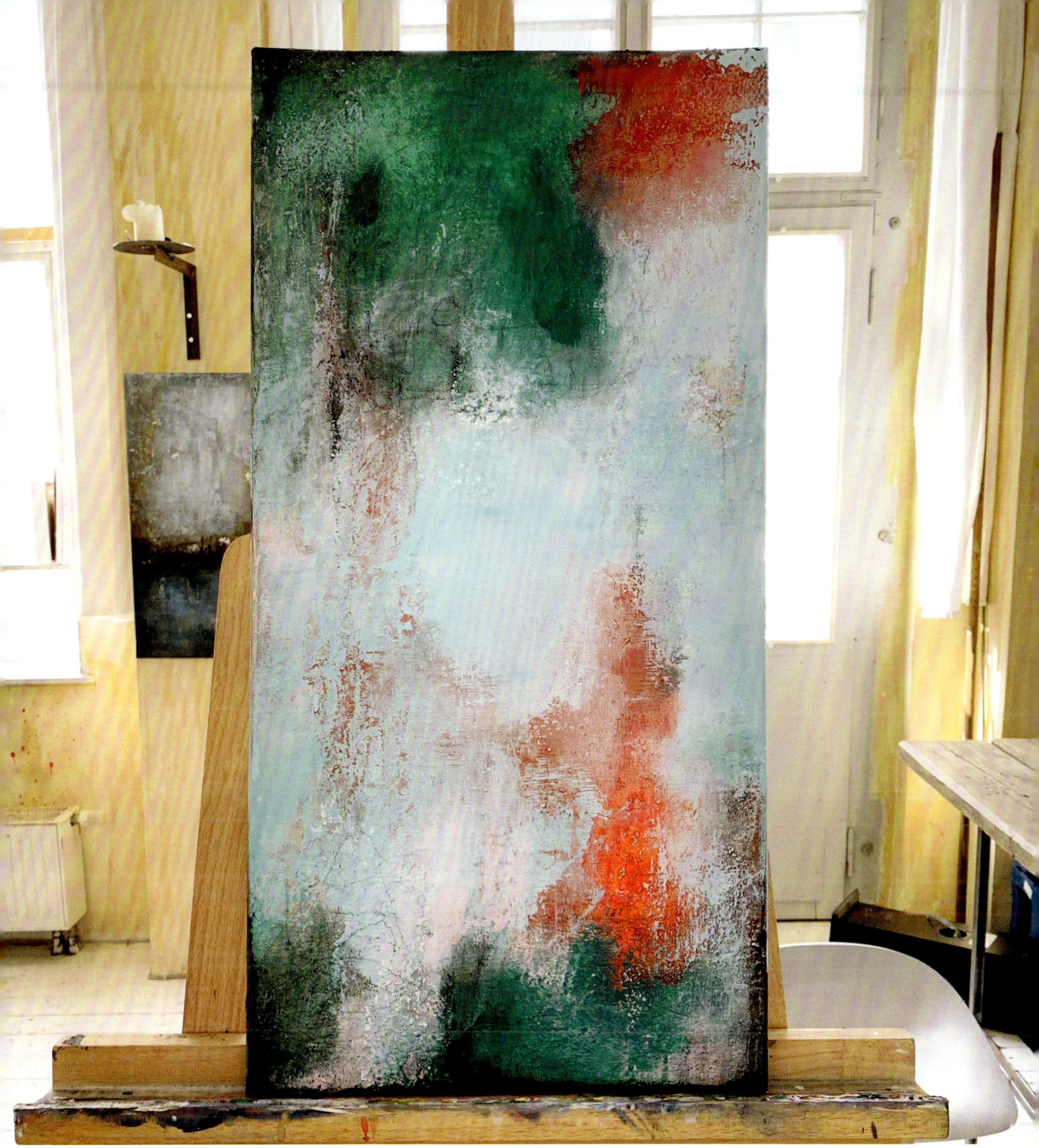

So geht's

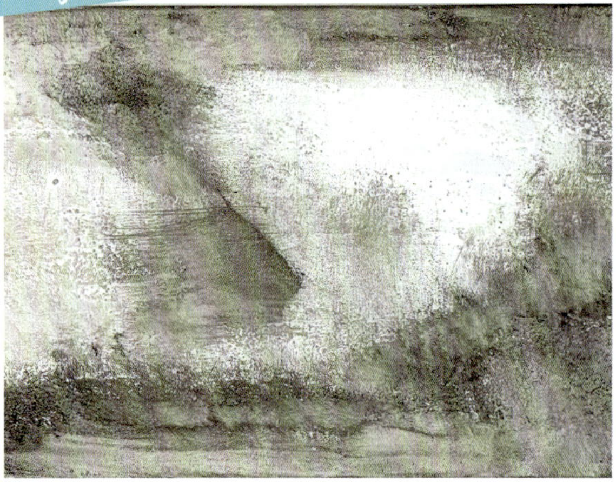

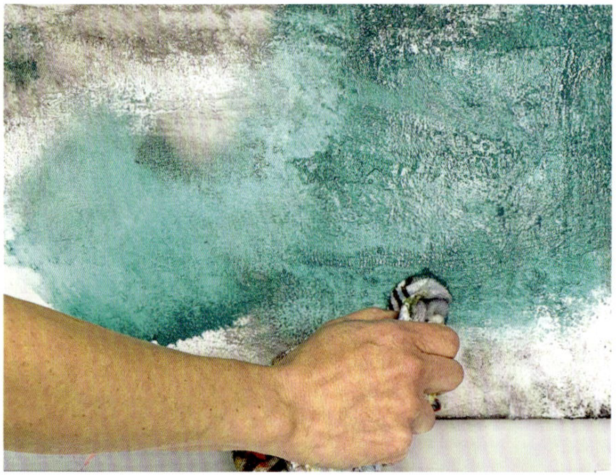

**1** Zunächst trägst du deine Strukturpaste auf deine Leinwand auf. Verwende hierfür erst einen Spachtel zum Auftragen. Du kannst dir auch einfach eine dicke Pappe nehmen und diese, wie den Spachtel, zum Auftragen verwenden. So schonst du deinen Kunststoffspachtel. Trage die Paste über die Leinwand verteilt auf. Dann nimmst du einen beliebigen Borstenpinsel und verwischst damit einige Ansätze der Paste. So werden diese weicher und die Struktur taucht auf und fließt wieder in den Untergrund. In der ersten Schicht kannst du dich mit der Fläche vertraut machen. Lass die Fläche trocknen. Wenn alles trocken ist, geht es an den ersten Farbauftrag. Du nimmst mit deinem nassen Flächenstreicher Schwarz auf. Falls du keinen Flächenstreicher hast, kannst du auch gerne einen Borstenpinsel verwenden. Verteile die Farbe auf dem Rand der Leinwand. Danach ziehst du sie weiter auf die Fläche. Gib Wasser durch den Pinsel dazu, so kannst du die Farbe besser verteilen. Der Rand ist jetzt eher dunkel und deine Fläche hell. Durch die Wasserzugabe wird die Farbe transparenter und das Schwarz wird so optisch Grau. Lass, wie auf dem Foto zu sehen ist, einige Stellen Weiß.

**2** Jetzt trägst du mit dem Pinsel dein Türkis auf die Fläche. Dort, wo Schwarz drunter ist, wird die Farbe dunkler. Wo Weiß drunter ist, behält das Türkis seine Leuchtkraft. Nimm ein strapazierfähiges Tuch und reibe, vorsichtig, über die Struktur. Es entstehen so weitere Effekte, da du mal die Tiefen, mal die Höhen der Struktur einfärbst. Verteile die Farbe über die Leinwand und lass auch Stellen frei. Du kannst gleich weiterarbeiten.

**TIPP**

**Dieses Bild lässt sich auch noch wunderbar mit Linien erweitern. So kannst du Wörter oder abstrakte Formen mit schwarzer Ölkreide zum Schluss drauf bringen.**

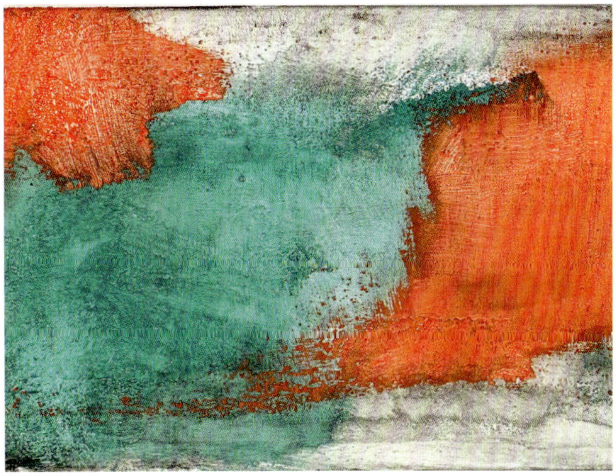

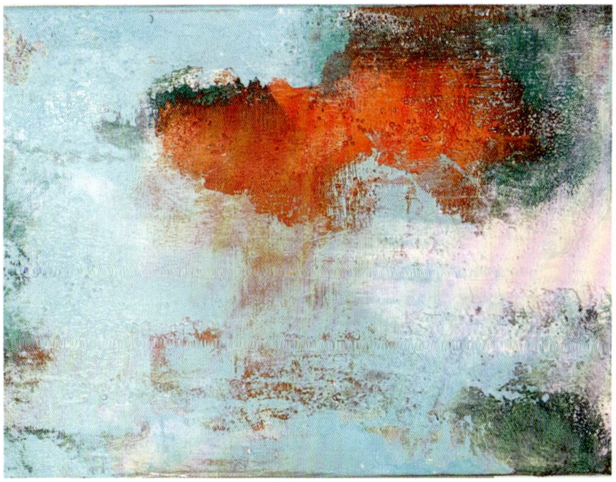

**3** Nimm nun dein Rot und trage es auf die Stellen auf, an denen kein Türkis ist. Du kannst es dort mit dem Flächenstreicher in die Fläche einreiben, so wird die Struktur fast unsichtbar. Halte dann den Pinsel ganz waagerecht und ziehe die Farbe damit über die Farbansätze hinaus. Die Farbe bleibt nur auf den Höhen der Struktur haften.

**4** Mische dein Türkis mit Weiß separat an. Wie bei dem Auftrag des Rot, trägst du auch hier das angemischte, helle Türkis auf deine Fläche. Reibe die Farbe in die Struktur, indem du die Farbe, wieder mit dem Flächenstreicher, bis zum Grund aufträgst. Reibe sie, von dort ausgehend, etwas weiter. Dadurch arbeitest du mal deckend, mal transparent. Es entstehen weitere Farbtöne. Halte das Werkzeug waagerecht und betone die Struktur. Mische separat dein Rot mit Weiß. Trage dann diesen Rosaton mit deinem Pinsel auf. Gehe genauso vor, wie du es jetzt schon von den anderen Aufträgen her kennst. Es sollte nur eine kleine Fläche damit eingefärbt werden.

# Schweigen ist Gold

**Palette**

Trendig und schick. In modernen Wohnungen kannst du mit diesem Bild deinen ausgewogenen Geschmack und, zeitgleich, dein großes, künstlerisches Talent zur Geltung bringen. Das Gold steht bei diesem Motiv sinnbildlich für das Licht. Wir können uns kurz an die Ikonenmalerei erinnern, wo auf einem goldenen Hintergrund gemalt wurde. Damit sollte, unter anderem, die Dimension des Lichts dargestellt werden. Gold steht auch immer für das Wertvolle. Es belebt dieses in Schwarz und Weiß gemalte Bild und strahlt dadurch Wärme und Energie aus. Das Bild wirkt ohne Worte, nur durch seine Kühnheit und das Wechselspiel des metallischen Effekts. Einfach und edel.

## Malgrund:

Leinwand, 40 × 60 cm

## Farbe:

Schwarz (warmes Schwarz, nicht in die blaue Richtung), Weiß, *Rettungsschutzdecke, Strukturpaste, feinkörnige*

## Werkzeug:

- Borstenpinsel, 14 breit, trocken
- Borstenpinsel, 50 breit, trocken
- Flächenstreicher, 40 breit, nass
- Bastelkleber zum Aufkleben der Rettungsschutzdecke
- Lappen zum Abtupfen der Farbe von der Leinwand
- Tuch zum schnellen Reinigen der Werkzeuge und Abtupfen der nassen Pinsel
- 2 Wassergläser
- Zerstäuber mit Wasser

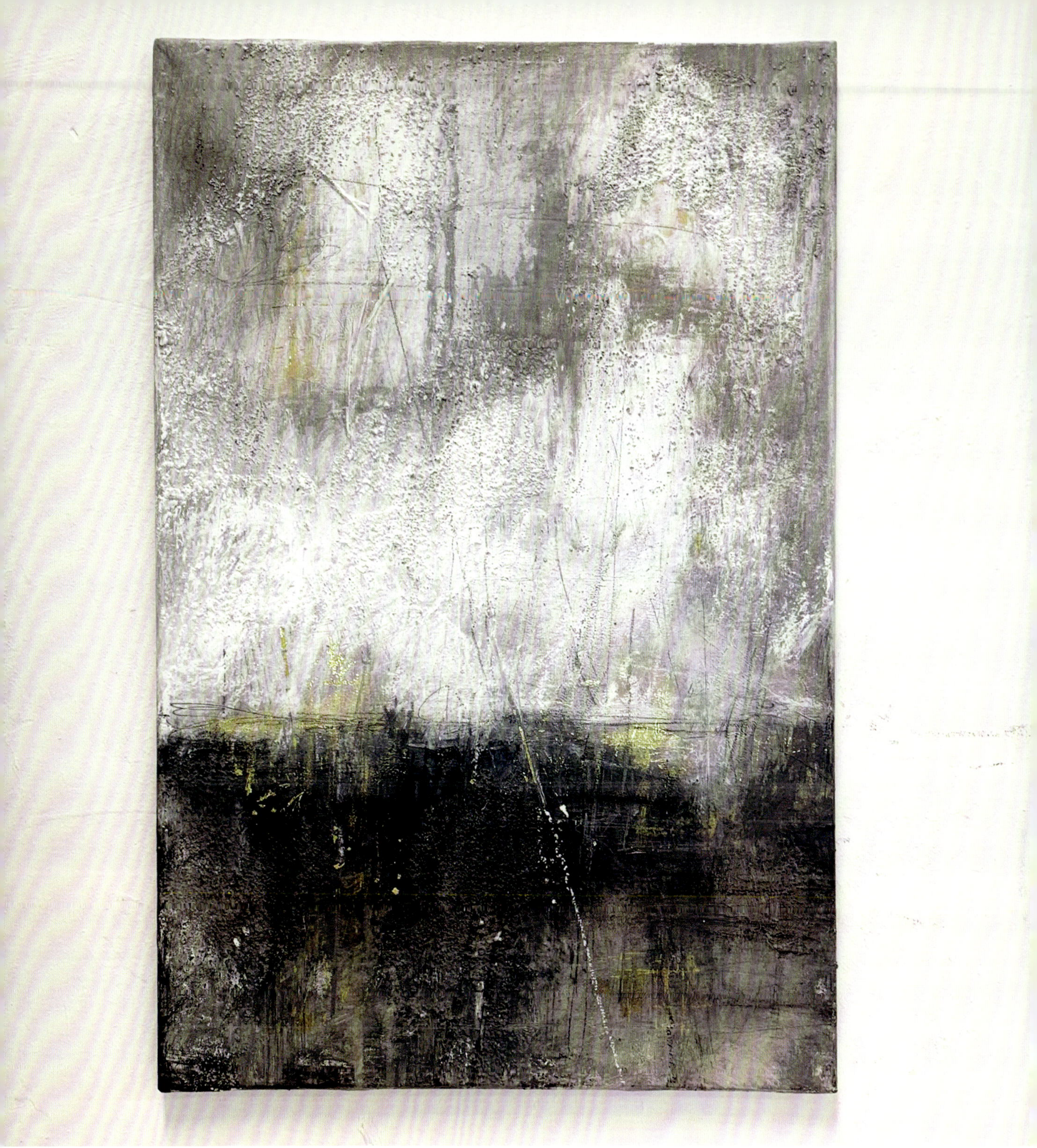

SCHWEIGENIST GOLD

## So geht's

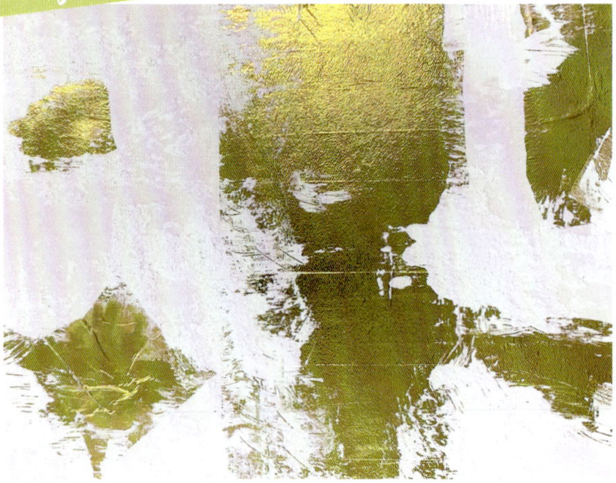

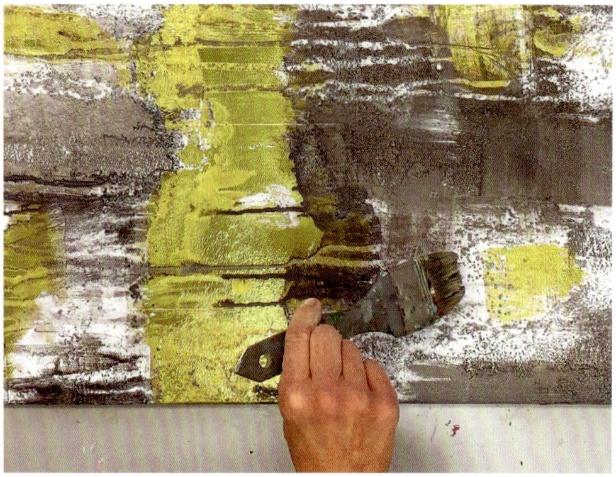

**1** Schneide die Rettungsschutzdecke in kleinere Teile und klebe sie auf deine Leinwand. Dann ziehst du deine feinkörnige Strukturpaste mit einem Kunststoffspachtel über die Kanten der Folie. Dadurch taucht die Folie unter der Struktur auf. Lass alles trocknen.

**2** Wenn deine Leinwand trocken ist, fängst du mit Schwarz an. Du bearbeitest jetzt die mittlere Ebene deines Bildes. Nimm dafür mit dem nassen Flächenstreicher Schwarz auf und verteile die Farbe über den Rand der Leinwand. Falls dein Schwarz zu kalt erscheint, gib etwas Van-Dyke-Braun dazu. Ziehe die Farbe dann weiter über die gesamte Fläche und lass dich inspirieren. Die Farbe sollte eher transparent sein, also nicht deckend. Ist deine Farbe deckend, nimm etwas Wasser dazu und verstreiche die Farbe erneut. Mit dem trockenen, breiten Borstenpinsel streichst du anschließend leicht über die Pinselspuren vom Auftrag, falls welche da sind. Sprühe Wasser auf deine obere Fläche, hebe die Leinwand oben an und lass die Farbe runterlaufen. Tupfe mit dem trockenen Tuch über die Goldfolie, sodass diese stellenweise wieder sichtbar wird. Lass alles trocknen.

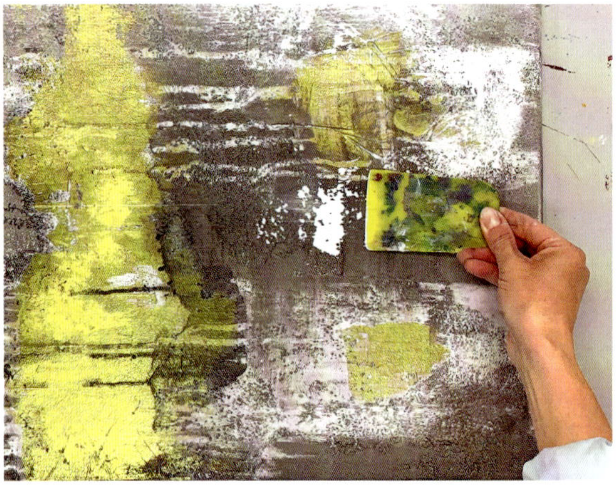

**3** Ziehe mit dem Kunststoffspachtel auf dem oberen Drittel dein Weiß flach über die Leinwand. Damit betonst du die Höhen deiner Struktur. Verteile das Weiß anschließend mit dem Borstenpinsel über die obere Fläche.

**youtu.be/ ASIIB2RhnP4**

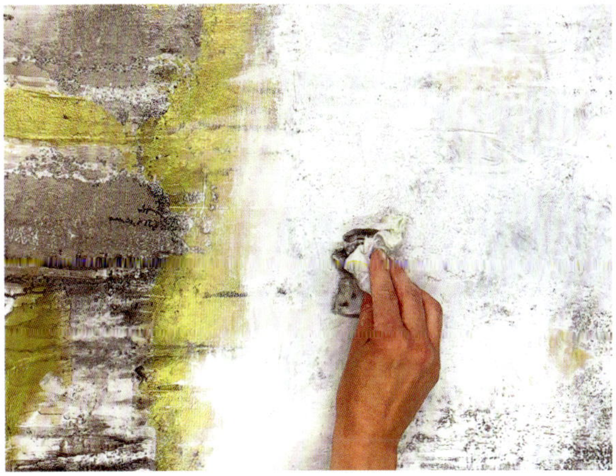

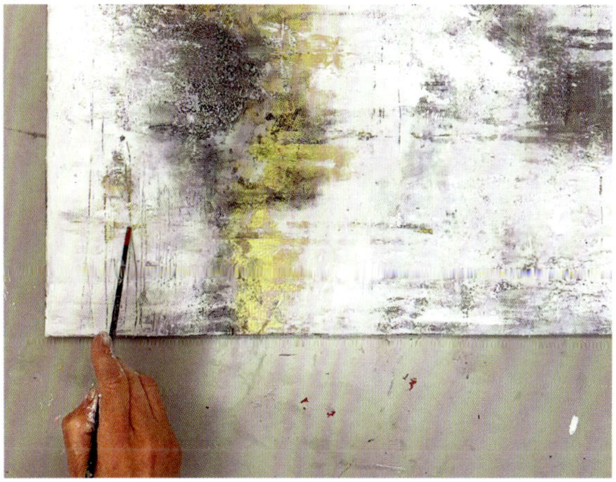

**4** Tupfe mit dem Tuch über die weiße, noch nasse Farbe und nimm sie damit wieder stellenweise ab. Auch mit dem sauberen, nassen Borstenpinsel löst du stellenweise die weiße Farbe. Fang an, mit dem Farbauftrag zu experimentieren. Es entstehen Grau-Nuancen.

**5** Jetzt kommt das untere Drittel an die Reihe. Du trägst hier dein Weiß auf. Experimentiere wie vorher mit den Werkzeugen und dem Farbauftrag. Lass dabei das Gold, auf der Goldener-Schnitt-Aufteilung aufblitzen. Dann nimmst du deinen Pinselstiel und kratzt ein paar Linien heraus. Lass dein Bild einmal trocknen.

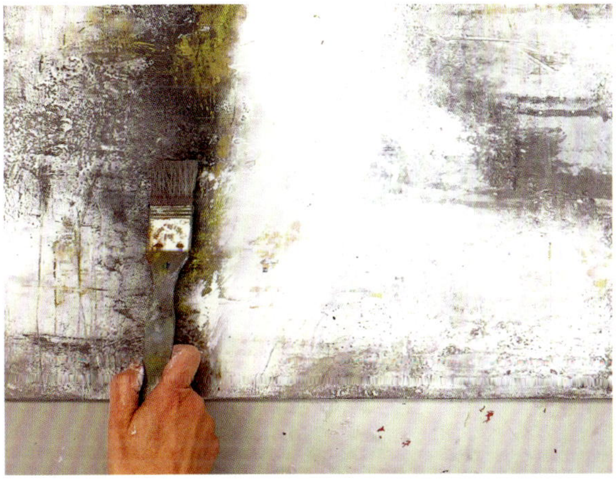

**6** Schau dir dein Werk an. Stell es ruhig schon mal an den Ort, an dem es einmal hängen soll. Oft wirken die Farben dort ganz anders als an deinem Malort. Ich habe jetzt noch den unteren Bereich dunkel gesetzt. So schaffe ich einen Schwerpunkt, eine Stabilität im Bild. Es wirkt auf mich ausgewogener, wenn der untere Teil dunkler ist.

**TIPP**

**Dieses Bild kannst du wunderbar ebenso in anderen Formaten umsetzen. Du kannst es quadratisch oder im Querformat malen. Halte dich lediglich an die Aufteilung des Goldenen Schnitts.**

# Segeln im Sturm

**Palette**

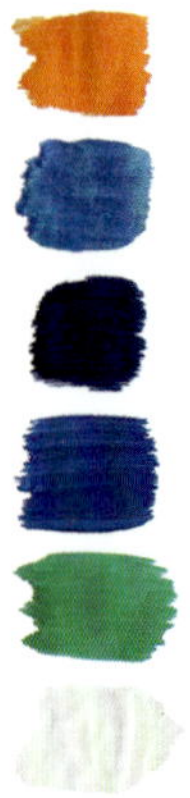

Lautes Getöse der rauen See brachte Unruhe in dein Vorhaben eines entspannten Segeltörns. An Deck schaust du zum Horizont, dorthin, wo die Wolkendecke aufreißt und das Licht dir gleißend hell entgegenscheint. Ein bisschen Hoffnung und ein warmer Gedanke bei stürmischem Wetter, wo kaum Halt zu finden ist auf dem Schiff, auf dem du dich befindest, ermutigt dich. Du möchtest dich am liebsten in deine Kajüte zurückziehen, dein spannendes Buch zu Ende lesen. Aber der Sturm lässt dir keine Ruhe. Du bleibst an Deck. Komm', lieber Freund, wir segeln jetzt gemeinsam durch den Sturm. Was meinst du? Gibt es weitere Schiffe auf dem Meer neben deinem? Erzähle mir deine Geschichte, male sie mir!

## Malgrund:

Leinwand, 60 × 80 cm

## Farbe:

Weiß, Seegrün (Hell), Pariserblau, Cyan, Echtblau, *Strukturpaste, feinkörnig, Pigment mit festem Bindemittel anrühren, alternativ: viskose bis feste, gebrauchsfertige Acrylfarbe*

## Werkzeug:

- Kunststoffspachtel, ca. 6 cm breit
- Malmesser
- Borstenpinsel, flach, 14 breit, nass
- Borstenpinsel, flach, 40 breit, trocken
- Lappen
- Tuch
- Wassergläser
- Zerstäuber mit Wasser

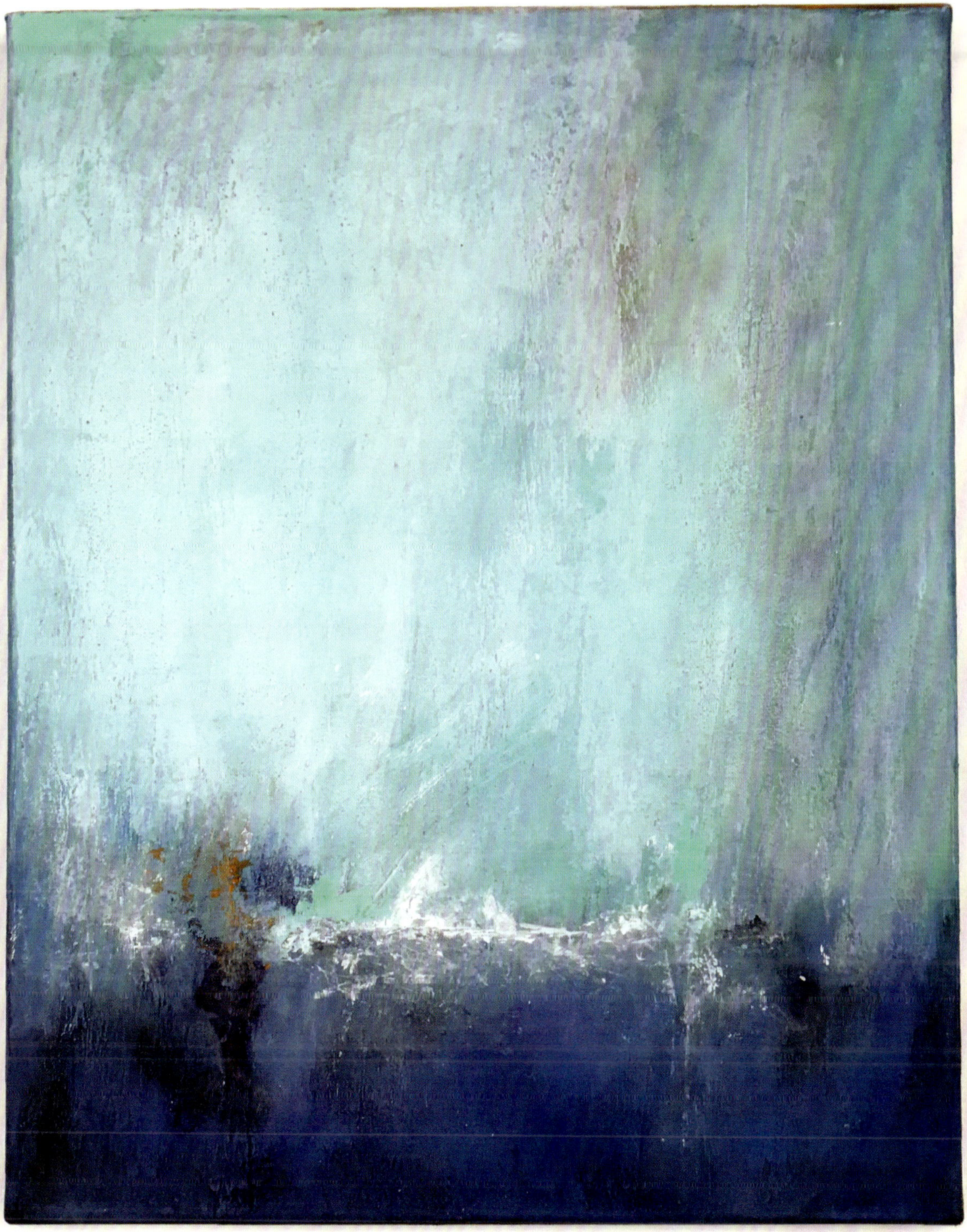

SEGELNIM STURM

## So geht's

**1** In der ersten Schicht kannst du dich mit der Fläche vertraut machen. Trage eine feinkörnige Paste auf. Lass deinen Gedanken beim Auftragen der Paste freien Lauf. Denke dir eine Geschichte aus, geh an Bord! Verwende für den Auftrag einen Japanspachtel. (Solltest du keinen haben, kannst du natürlich auch deinen Kunststoffspachtel verwenden. Es geht eher darum, deinen Spachtel zu schützen, da die Körnung der Paste Kratzer in den Spachtel fügen könnte.) Ziehe lange Linien und Flächen von oben nach unten. Unterbrich sie mit quer gezogenen Flächen. Alles einmal trocknen lassen. Falls du die Paste selbst angemischt hast, achte darauf, dass sie weiß ist. Falls die Paste gelblich abtrocknet, färbe sie mit Gesso oder Acrylfarbe Weiß und lass die Leinwand trocknen. In dieser Zeit kannst du schon deine Farben heraussuchen und anmischen.

**2** Deine Fläche ist trocken und du beginnst deinen ersten Farbauftrag mit Seegrün und Pariserblau. Denke dir einen Himmel und ein Meer. Du segelst los und die See ist noch ruhig. In den oberen zwei Dritteln findet das Grün seinen Platz, im unteren Drittel das Blau. Die Pigmente sind transparent, daher scheint das Weiß von unten durch. Das sogenannte Tiefenlicht, das dabei entsteht, bringt mehr Leuchtkraft in deine Farbschicht, daher ist es auch so wichtig, dass deine Leinwand reinweiß ist. Du trägst deine Farbe mit einem großen Pinsel wie dem Flächenstreicher oder auch dem Borstenpinsel auf. Mach den Pinsel vor der Farbaufnahme nass. Nach dem Auftrag verstreiche die Farbe mit dem trockenen, flachen Borstenpinsel, da ein weicher Farbauftrag entstehen soll. Das war es schon. Jetzt alles einmal trocknen lassen.

**youtu.be/
du3KTdjKGtw**

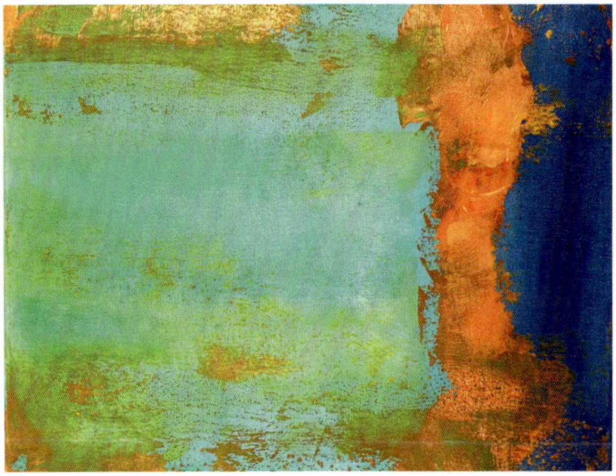

**3** Gib deinem Horizont ein Licht. Trage ein Orange auf die Zwei-Drittel-Teilung, auf die ungefähre Schnittfläche des Golden Schnitts. Verstreiche die Farbe, mit dem Spachtel, nach oben und ein wenig nach unten. Halte den Spachtel dabei flach, um die Höhen der Struktur zu betonen.

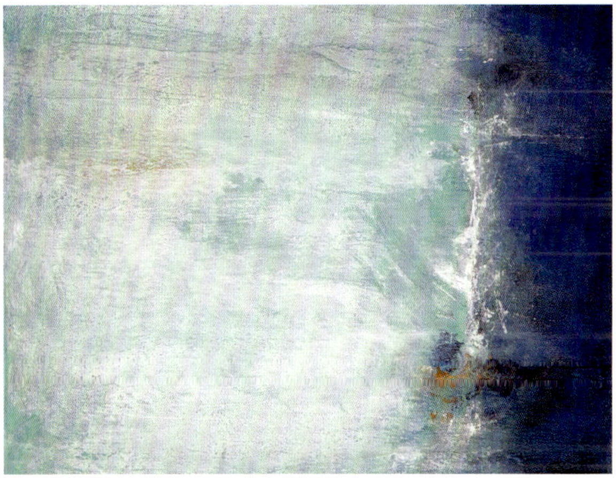

**5** Jetzt gehst du nochmal genauso vor wie vorher. Oben kommt ein Hellblau drauf. Nun das Highlight: Du hisst die Segel. Setze dazu mit dem Malmesser Weiß und Türkis über die horizontale Linie. Denke an Wellen oder Segelboote im Sturm und verstreiche die Farbe mit leichtem Schwung.

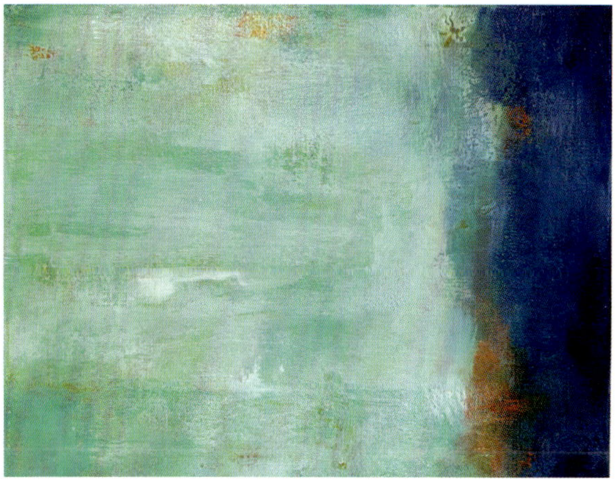

**4** Lass den Sturm aufkommen. Die Gischt erstreckt sich über dein Schiff. Die Planken verschwinden unter deinen Füßen. Aber das Licht am Horizont scheint dir hoffnungsvoll entgegen: Mische zu deinem Seegrün etwas Weiß. Trage diesen hellen Farbton mit dem Spachtel auf das Orange. Ziehe den Spachtel ebenso über die oberen zwei Drittel deiner Leinwand. Halte den Spachtel flach und ziehe die Farbe so über die Höhen. Verreibe sie mit dem trockenen Pinsel in die Tiefen. Damit verdeckst du die vorherigen Farben. Sprühe mit dem Zerstäuber etwas Wasser auf die Fläche und tupfe mit dem Tuch stellenweise Farbe wieder ab. So werden die Mischungen weicher. Geh danach wieder mit dem Spachtel über die Flächen und verändere die Farbe weiter. Trage auch Weiß dazu auf und vermische es zum Teil mit der grünen Farbe. So entstehen immer weiter unterschiedliche Farbtöne. Das Orange guckt hier und da durch. Geh jetzt in den unteren Teil deiner Leinwand mit dem Pariserblau. Nimm etwas Cyan dazu und verteile die Farben hier genauso wie oben. Die Fläche sollte danach außen etwas dunkler und zur Mitte etwas heller sein. Verbinde danach die oberen Farbtöne mit den unteren, indem du die Farben zueinander ziehst. Löse dabei ruhig die $^2/_3$-Flächenaufteilung etwas auf. Lass hier und da das Orange durchscheinen. Alles einmal trocknen lassen.

# Träumerisches
# Grün

**Palette**

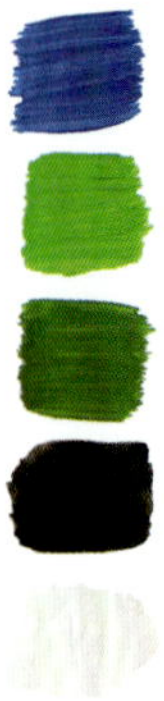

Grüne Erde ist eines meiner Lieblingspigmente. Der Namen allein beflügelt meine Fantasie. Grün in Verbindung mit dem farbstarken Cyanblau bedeutet für mich eine unendliche Geschichte der Ruhe und Entspannung. Damit diese auch beim Malen eintritt, ist der Einstieg durch eine Strukturpaste erleichtert. Die Bildgestaltung entsteht eher zufällig mit dem Auftrag der Strukturpaste, die du anschließend bemalst. In der gegenstandslosen Malerei gibt es kein Hauptmotiv, welches abstrahiert wurde. Es ist ein Gedanke, eine Idee von etwas ohne Bezug zu einem Gegenstand, der dargestellt wird. So kann dich ein Gedicht auf die Idee bringen, es in Farbe umzusetzen. Wenn du mit diesem Gefühl an dein Werk gehst, schwingt es beim Malen mit und wird dich zum Ziel führen.

### Malgrund:
Leinwand, 40 × 40 cm

### Farbe:
Weiß, Schwarz, Olivgrün, Grün, Cyan,
*Ölkreide weiß und gelbgrün, Stück*

### Werkzeug:
- Kunststoffspachtel, ca. 6 cm breit
- Borstenpinsel, flach, 50 breit, trocken
- Borstenpinsel, flach, 14 breit, nass
- Flächenstreicher, 40 breit, nass
- Malmesser
- Lappen zum Reinigen der Werkzeuge
- Tuch zum Abtupfen der Farbe auf Leinwand
- Wassergläser

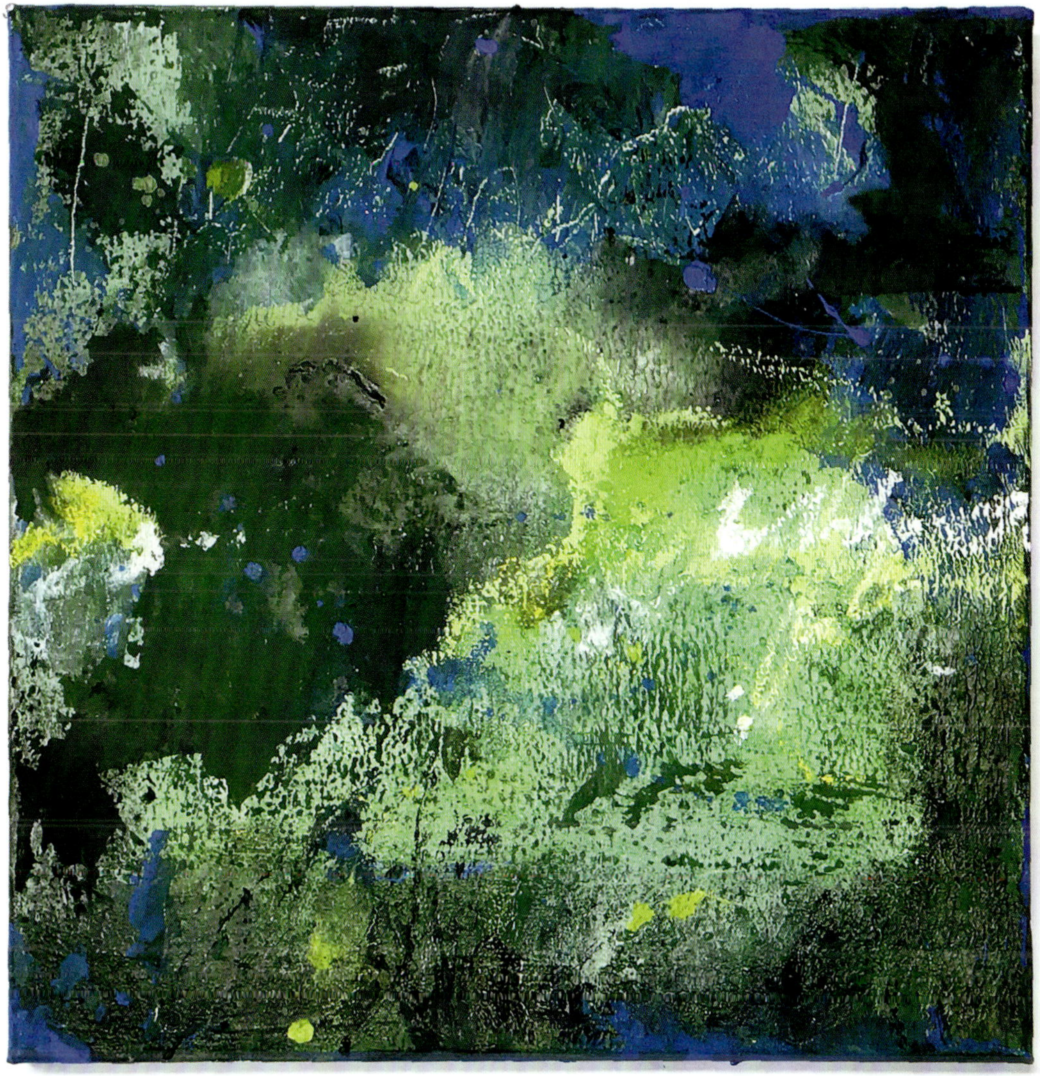

TRÄUMERISCHES GRÜN

*So geht's*

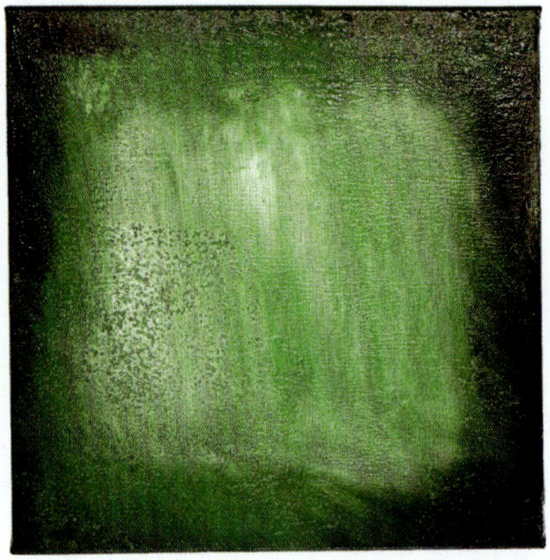

**1** Im ersten Schritt bringst du eine Struktur auf die Leinwand. Dies ist deine Einleitung zu deinem Kunstwerk. Nimm dazu eine feine Strukturpaste und verteile sie auf der Leinwand. Sie kann ungleichmäßig aufgetragen werden. Zum Auftragen kannst du einen Spachtel benutzen. Lass ruhig Stellen frei, so kannst du hier später die Farbe anders verarbeiten. Du kannst auch, wie in Struktur beschrieben, etwas Sand zu deiner Acrylfarbe geben und diese Struktur verteilen. Bevor du mit dem Malen anfängst, sollte deine Leinwand vollkommen weiß und trocken sein.

Dieses Bild ist in mehreren Schichten aufeinander aufgebaut. Du fängst mit deinem Grün an, das ein mittlerer Ton wie Permanentgrün sein sollte. Nimm einen Klecks des Grüns auf deinen nassen Flächenstreicher und streiche ihn mittig auf deine Malfläche. Durch das Wasser in deinem Pinsel lässt sich die Farbe gut verstreichen. Ein Klecks reicht auch wirklich, da du dich hier weiter einarbeitest.

**2** Verstreiche die Farbe, sodass sie transparent und damit hell wird. Nimm dein Schälchen mit dem Grün und gib etwas Schwarz dazu. Mische die beiden Farben etwas und trage sie am Rand der Leinwand auf. Wenn du die Farbe nicht gut verrührt hast, erhältst du weitere Farbnuancen. Verstreiche die Farbe am Übergang zu dem Grundton mit dem trockenen großen Borstenpinsel. Tupfe mit einem trockenen Tuch über die Übergänge. Nimm anschließend Cyan mit dem Kunststoffspachtel auf und streiche flach, links oberhalb von oben nach unten, über die Leinwand, sodass du die Struktur betonst. Tupfe abermals mit dem Tuch etwas über die Farbe. Dreh die Leinwand einmal rechts herum und gib ein Hellgrün (eine Mischung deines ursprünglichen Grüntons mit etwas Weiß) drauf. Streiche dabei die Farbe wieder links oberhalb auf und in die Struktur. Ziehe dabei auch mal die Farbe flach etwas über die Struktur und betone damit hier und da die Höhen. Trage noch einmal das Dunkelgrün am Rand stellenweise dazu. Mit dem Pinselstiel kratzt du ein paar Linien in die nasse Farbe. Es ist dabei nicht wichtig, was du auskratzt, da es zum Teil wieder übermalt wird. Das Hellgrün kannst du nun auch stellenweise wieder abtupfen. So langsam entstehen mehrere Farben auf dem Bild. Deine Fläche fängt an zu leben. Etwas trocknen lassen.

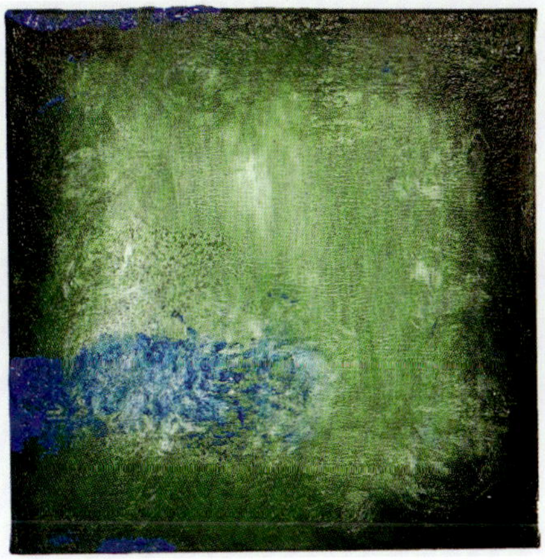

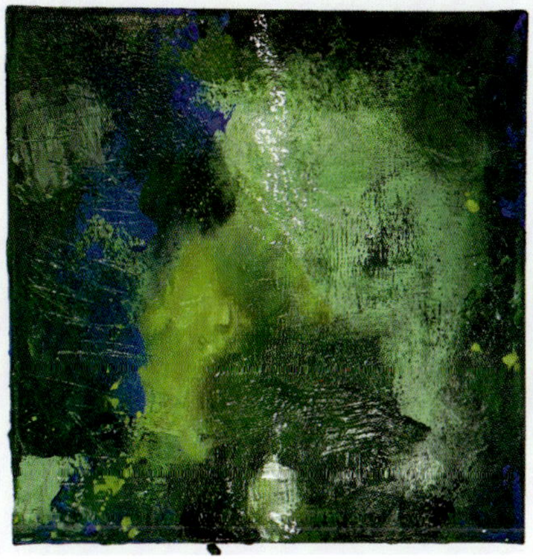

**3** Nimm ein Malmesser und trage im oberen Teil schräg, von rechts nach links, wieder Cyan auf. Gib zum Rand hin schwarz dazu. Auch hier kratzt du jetzt z. B. mit dem Malmesser Linien aus. Verwische alles etwas mit dem Spachtel, sodass die Farben stehen bleiben, aber auch teilweise ineinander gezogen werden. Gib mit demselben Werkzeug noch etwas Dunkelgrün dazu. Achte darauf, dass das Hellgrün im Untergrund mittig bis rechts unten stehen bleibt. Gib ruhig an anderen Stellen den gemischten Farbton, der noch auf deinem Werkzeug ist, z. B. links auf dein Bild. Lass alles einmal trocknen.

**youtu.be/ugMpIKKy_KI**

**4** Jetzt holst du die Linie noch einmal in den Vordergrund: Mit der weißen Ölkreide schreibst du quer, mittig über die Leinwand. Das kann ein Satz aus einem Lieblingsgedicht sein oder auch nur geschwungenes Gekritzel. Zieh noch etwas weiße Acrylarbe mit dem Malmesser teils über die Linien und verwische die Farbe anschließend wieder mit einem recht nassen Lappen. Dadurch entstehen unkontrollierte Flächen und Linien. Dein Motiv behält damit seinen abstrakten Ausdruck. Nimm diesen Lappen und füge etwas flüssiges Hellgrün dazu. Drücke nun deinen mit Farbe getränkten Lappen mittig auf deinem Bild aus. Gib Dunkelgrün rechts und links von dem Klecks dazu. Die Farben verlaufen zum Teil ineinander. Verreibe die Farbe etwas mit dem Pinsel. Achte darauf, dass dein Motiv mittig hell bleibt und nur zum Rand des Farbkleckses hin dunkler ausläuft. Jetzt spritze nur noch etwas Cyan und Hellgrün drüber und lass alles trocknen. Dein Bild trocknet dunkler ab, da die Farbe verdünnt ist. Du kannst ganz zum Schluss noch die gelbgrüne Ölkreide leicht über die Struktur streichen, um ein paar Lichter einzuarbeiten. Diese unterstreichen noch einmal den Tanz deiner Farbnuancen.

# Kornfeld über Land

**Palette**

Der Kuchenheber ist sehr ähnlich in der Handhabung wie ein Malmesser oder ein Spachtel. Trotz seiner großen Fläche kannst du auch auf relativ kleinen Leinwänden arbeiten. Dieses Kornfeld ist entstanden, als ich im Spätsommer 2019 übers Land in meine alte Heimat fuhr. Die Landschaft ist leicht hügelig und die Felder waren bereits abgemäht. Es war später Nachmittag und die Sonne stand tief. Ich musste einfach anhalten und dieses Bild von Landschaft bewundern. Noch im selben Moment hatte ich die Idee, es zu malen. Du siehst hieran, dass, wenn du eine Vorstellung oder ein Gefühl von etwas hast, du es auch viel einfacher malen kannst. Aber auch wenn du noch kein Gefühl hast, kann es beim Malen entstehen. In solchen Momenten löse dich gerne von deinem Plan oder deiner Vorlage. Mach deins draus.

## Malgrund:

Leinwand, 30 × 30 cm

## Farbe:

Weiß, Kadmiumgelb, Hellblau, Echtblau oder Cyan, Kasslerbraun, Van-Dyck-Braun oder Sienna gebr. mit einem Spritzer Schwarz, *Pigment mit viskosen Bindemittel anrühren, alternativ: viskose bis feste, gebrauchsfertige Acrylfarbe*

## Werkzeug:

- Kuchenheber
- Borstenpinsel, flach, 14 breit, nass
- Borstenpinsel, flach, 50 breit, trocken
- Flächenstreicher, flach, 40 breit, nass
- Lappen zum schnellen Reinigen der Werkzeuge
- Tuch
- Wassergläser
- Zerstäuber mit Wasser

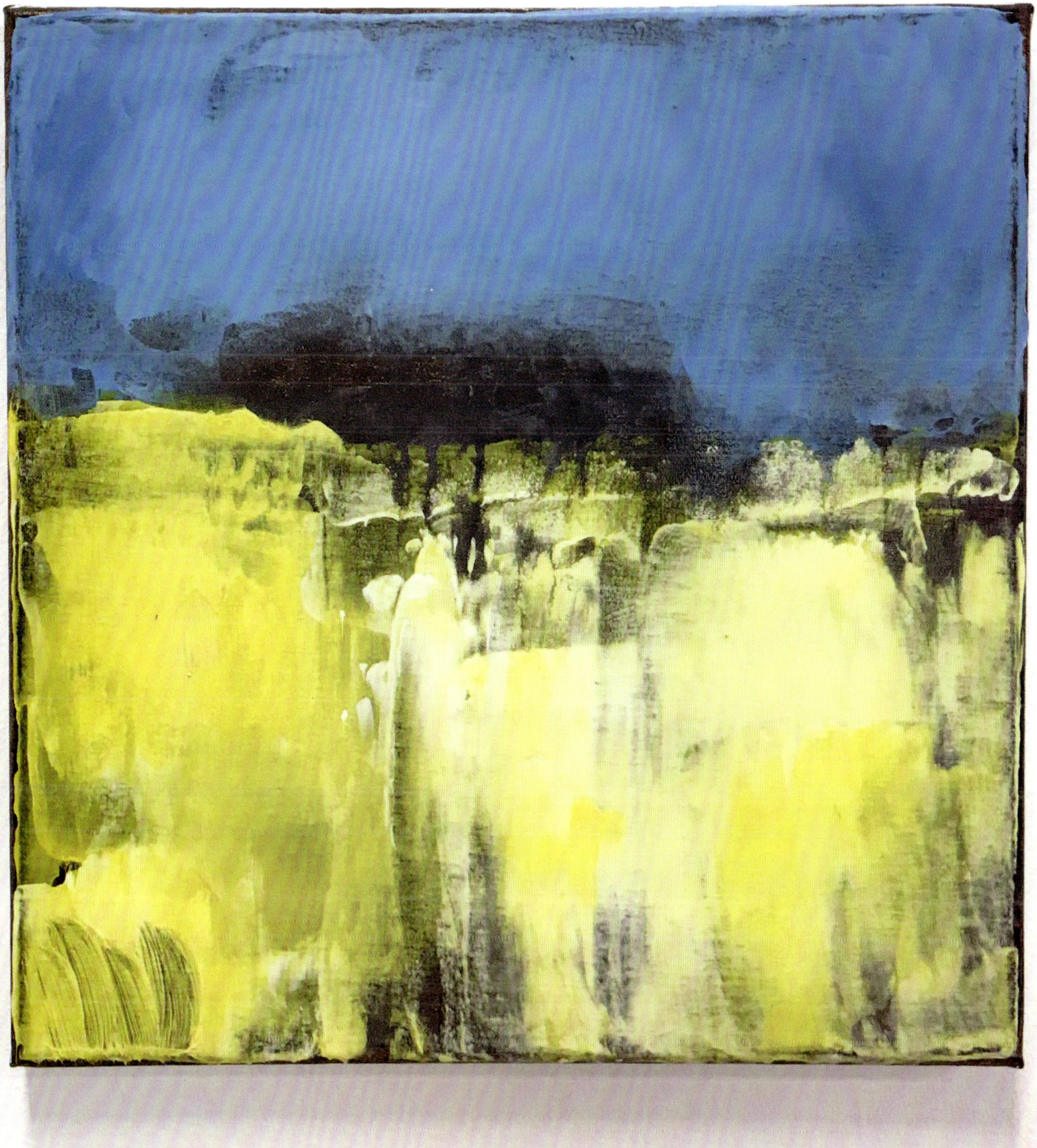

KORNFELDÜBER LAND

So geht's

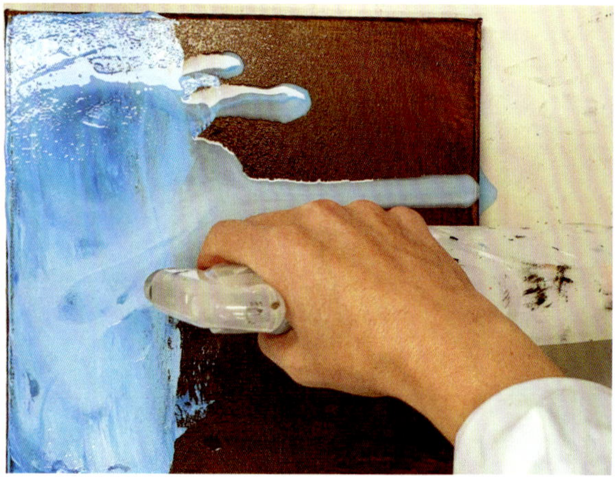

**1** Streiche als Erstes mit deinem Flächenstreicher die ganze Leinwand mit Braun ein. Ich habe mehrere Brauntöne vorgeschlagen. Nimm einen davon, es sollte in jedem Fall ein dunkles Braun sein. Bemale auch die Ränder der Leinwand damit. Nimm anschließend den trockenen Borstenpinsel und verstreiche damit die Farbe. Der Farbauftrag muss zwar nicht gleichmäßig sein, aber es soll keine Struktur durch den Farbauftrag entstehen. Lass die Farbe gut trocknen.

**2** Mit Weiß und Hellblau malst du jetzt deinen Himmel. Du kannst auch hier ein Blau deiner Wahl nehmen. Sprühe einmal mit dem Zerstäuber Wasser auf die flache Seite deines Kuchenhebers. Du bearbeitest jetzt nur den oberen Bereich, genauer gesagt das obere Drittel deiner Fläche. Gib dafür Weiß auf dein Werkzeug und ziehe es quer über die obere Aufteilung des Bildes. Trage Blau dazu auf. Achte darauf, dein Werkzeug zwischendurch immer mal wieder mit deinem Tuch zu säubern. Mische auf der Fläche die beiden Farben ineinander. Denke dabei an einen sommerlichen Himmel. Auf der Zweidrittel-Linie, dem Horizont, wäschst du die Farbe etwas aus. Nimm dazu den Zerstäuber und sprühe Wasser auf den Horizont. Es sieht jetzt so aus, als seien Bäume am Horizont. Nimm ruhig den Lappen und tupfe am Horizont die Bäume nach und nimm so noch etwas Farbe ab. Einmal trocknen lassen.

▶ youtu.be/pA6dgftZ_0o

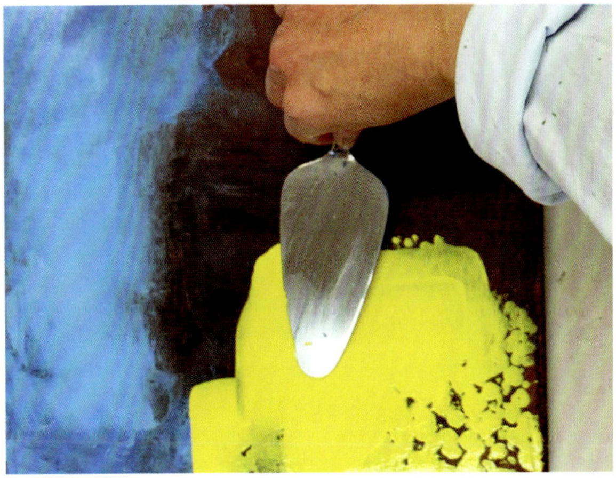

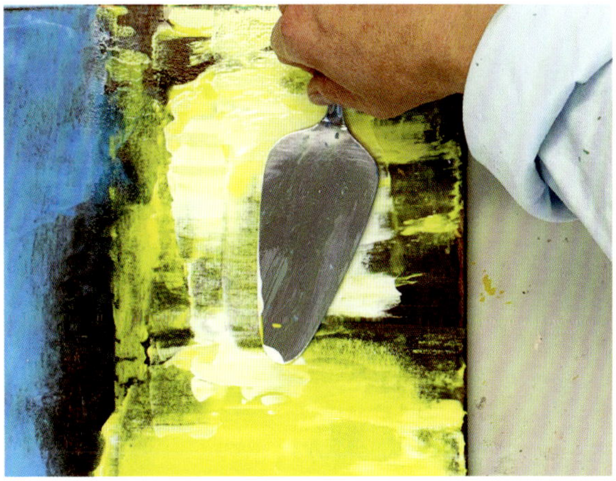

**3** Jetzt kommt der untere Bildbereich, genauer gesagt die unteren zwei Drittel, dran. Du brauchst jetzt dein Kadmiumgelb und Weiß. Trage das Kadmiumgelb vom Horizont aus nach unten auf. Setze dein Werkzeug dabei aber immer erst einmal etwas weiter unterhalb des Horizonts an. Zieh den Kuchenheber immer von oben nach unten und setze gerne Farbe auf Farbe. So entsteht die Tiefe im Bild. Gib Weiß dazu. Lass dabei auch das Braun sichtbar. Mit der Kante des Werkzeugs kannst du Farbe wieder abnehmen. Das Braun ist wie die Muttererde, auf dem der Mais gewachsen ist. Daher kannst du auch mal Streifen mit der Kante des Kuchenhebers auskratzen. Zum Horizont hin wirst du immer heller. Das passiert, indem du dort nicht so deckend arbeitest, sondern transparent. Das Braun vom Untergrund soll mehr durchscheinen. Zum Schluss sprühst du noch ein bisschen Wasser auf den Horizont und nimmst die Farbe mit dem Tuch ab.

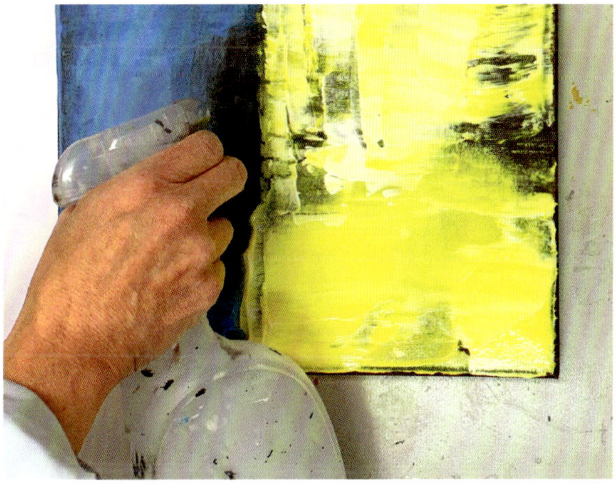

# Abstrakt expressiv

**Palette**

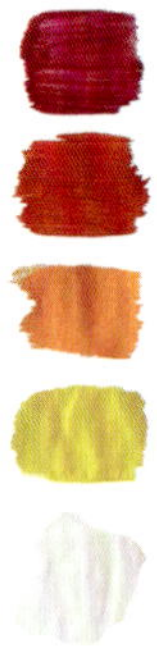

Gelb, Orange und Rot sind Farben der Sonne. An grauen Tagen stimmen sie uns automatisch positiv. Ein klassisches, modernes Gemälde mit einer Komposition aus warmen Farben, die nur so vor Vitalität strotzen. Dazu bietet dir diese Technik den Boden deiner Kreativität. Du kannst dich in deinem Tun einmal mit deiner abstrakten und expressiven Ader von Gelb, Orange und Rot einlassen und sie als gestalterisches Element nutzen. Das unkonventionelle Werkzeug hilft dir dabei, mit der Farbe spielerisch umzugehen und neue Formen zu entdecken. Lass den Zufall dein Begleiter sein. Lehne dich an meine Anleitung, aber lass spontanes Handeln zu. Die Farbwahl von Farben, die uneingeschränkt zueinander wollen, lassen dir dabei Spielraum. Falls du das Bild in anderen Farben malen möchtest, wähle Farben aus einer Farbfamilie.

## Malgrund:

Leinwand, 50 × 80 cm

## Farbe:

Weiß, Kadmiumgelb, Kadmiumorange, Zinnoberrot, Magenta

## Werkzeug:

- Borstenpinsel, flach, 14 breit, nass
- Fensterwischer
- Tuch zum schnellen Reinigen der Werkzeuge
- Wassergläser
- Zerstäuber mit Wasser

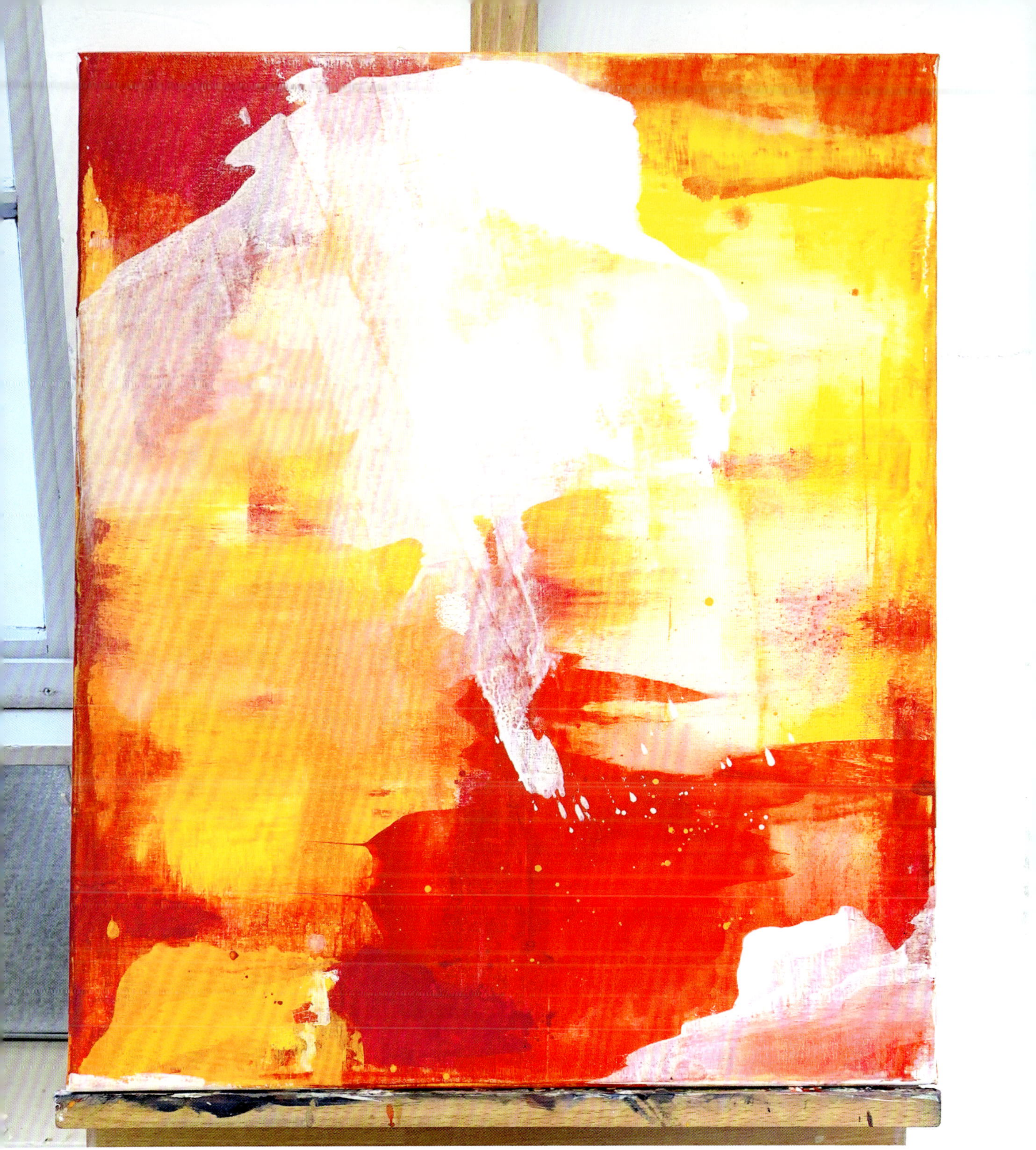

## So geht's

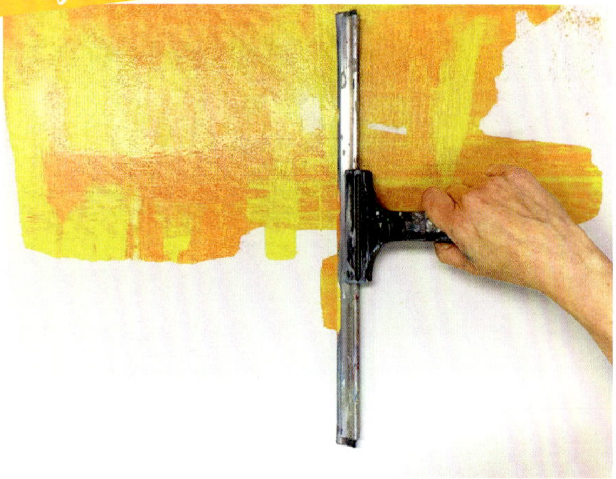

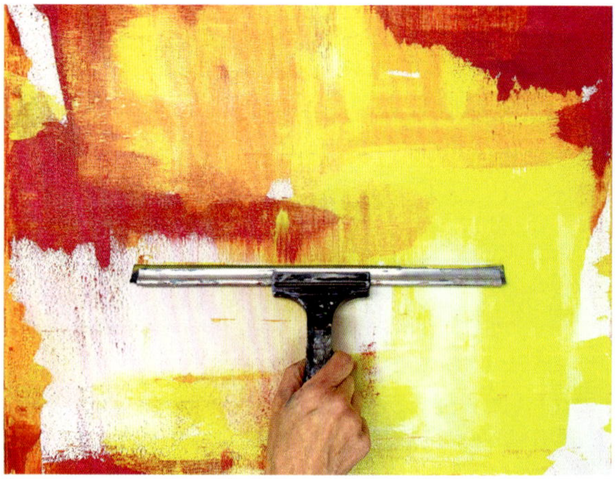

**1** In der ersten Schicht verteilst du deine hellsten Farbtöne, Gelb und Orange. Ich bin auf der Längsabteilung unten heller als oben geblieben. Trage als Erstes Kadmiumgelb und Kadmiumorange als dicke Kleckse mit dem Pinselstiel auf die obere Fläche, zum Rand hin, auf. Nimm den Wischer und ziehe diesen langsam über die Farbe. Du verwischst mit dem Wischer die Farbe und der Wischer nimmt gleichzeitig Farbe auf. Das heißt, du hast jetzt Restfarbe auf dem Wischer. Diese verteilst du einmal ringsum auf den Rand der Leinwand. Das Bild ist so aufgebaut, dass die Gelb- und Orangefarben eine gerade Anordnung haben. Das heißt, die Bewegung des Werkzeugs ist immer nur senkrecht und waagerecht zur Form der Leinwand. Es entstehen dabei keine Kreise oder Rundungen. Die Fläche erhält durch den zufälligen Verlauf der Farbe seinen besonderen Charakter. Du kannst aber spielerisch mit dem Werkzeug umgehen. Drücke das Werkzeug nur leicht auf, verstreiche die Farbe ohne Druck. Mache wellenförmige Bewegungen: anheben, weitergehen, runtergehen, auftragen. Und das in kurzen Abständen. Ziehe und schiebe die Farbe. Arbeite mit deckenden Flächen und transparenten. Ich habe mehr Gelb und weniger Orange verarbeitet.

**2** Nimm Magenta und trage dieses auf das Orange und versetzt dazu (wie auf dem Foto gezeigt). Der Wischer ist sauber. Nimm ihn und verwische die Farbe. Wische ruhig etwas Farbe in die andere, so entstehen weitere Farbtöne. Säubere den Wischer anschließend und ziehe dann nochmals über die Farbe, nun aber stellenweise mit Druck. So nimmst du die Farbe teilweise wieder ab. Befeuchte die restliche, weiße Fläche mit Wasser (mithilfe des Zerstäubers) und wische Kadmiumgelb darüber. So erhältst du weiche Übergänge. Da die Oberfläche nass ist, wird das Kadmium transparent. Darüber erhältst du weitere Nuancierungen deiner Farben. Nimm etwas Weiß und kleckse es auf die gelbe, hellere Fläche. Mit dem erneut gesäuberten Wischer ziehst du nun vorsichtig über das Weiß. Säubere den Wischer wieder und wische nochmals über das Weiß, sodass nur leichte weiße Flöckchen auftauchen.

**TIPP**

**Auf meinem YouTube-Kanal findest du weitere Motive zu dieser Technik. Schau doch einfach mal vorbei!**

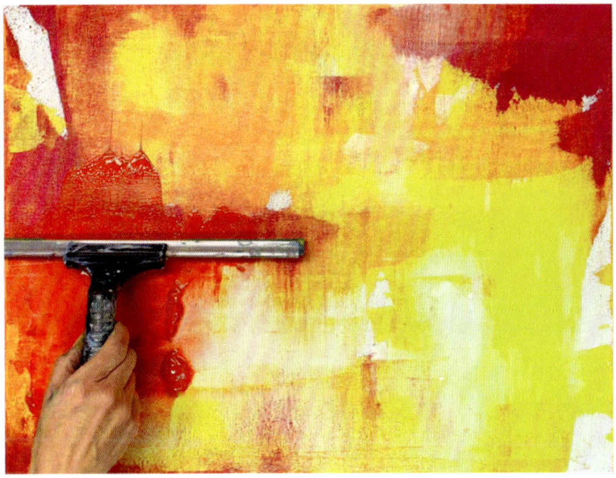

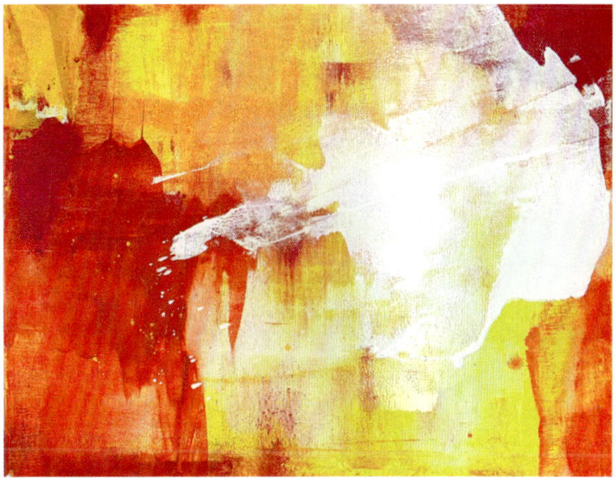

**3** Trage einen großen Klecks Zinnoberrot auf die magentafarbene Fläche. Die Fläche ist noch nass. Ziehe den Wischer langsam nach unten und ein Stückchen wieder hoch. Löse damit den farbigen Fleck. Gib dann mit dem Wischer dem Fleck einen richtigen Ruck nach oben, sodass die Farbe etwas fliegt. Das Gleiche nach unten. Ziehe dabei die Farbe, mit einem kräftigen Ruck, zu dir. So „schmeißt" du den dicken Klecks über die Fläche. Das ergibt einen schönen Effekt. Verziehe noch etwas die restliche Farbe. Auf das Kadmiumgelb im oberen Teil der Leinwand gibst du ein klein wenig verdünntes Zinnober. Jetzt lass alles einmal trocknen. Das Trocknen dauert etwas länger, da die Farbe jetzt dick aufgetragen ist. Lass sie ruhig dick darauf stehen und langsam trocknen. Wenn du den Föhn einsetzen möchtest, musst du ganz langsam föhnen, da die Farbe sonst reißt.

**4** Wenn die Farbe ganz trocken ist, nimmst du etwas Kadmiumorange und gibst ein paar Spritzer auf die rote Fläche. Lass die Farbe ganz kurz trocken. Sprühe etwas Wasser mittig auf die Fläche. Verdünne dein Weiß, separat in einem Schälchen mit Wasser. Jetzt wird es spannend: Schmeiß das verdünnte Weiß mittig auf deine Leinwand. Nimm den sauberen Wischer und ziehe das Weiß nach oben. Stoppe vor dem Ende der Leinwandfläche und drehe den Wischer nach rechts und links auf der Leinwand aus. Lass auch kleine Spitzer einfach stehen und so abtrocknen. Das Weiß tanzt auf der geraden, orangenen Fläche. Wenn du möchtest oder unsicher bist, kannst du dies auch vorher schon mit den Orangetönen ausprobieren. Oder du probierst es jetzt am Rand aus. Du siehst auf dem Foto, unten rechts, noch ein helles, weißes Feld. Spiele dabei mit dem Werkzeug. Drehe die Farbe, schiebe und ziehe sie. Nimm sie ab, lass Stellen sichtbar. Das macht Spaß und du lernst das Werkzeug besser kennen.

# Abstraktes Farbenspiel

**Palette**

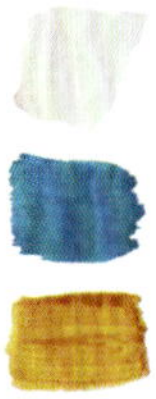

Mal etwas ganz einfach und schnell machen, ohne lange überlegen oder üben zu müssen – das ist hier das Thema. Denn bei diesem Bild arbeitest du mit nur drei Farben und in kurzen Arbeitsschritten. Mit dem Fensterabzieher lässt sich die Farbe schnell und einfach verstreichen. Also, wenn es einmal schnell gehen soll, probiere dieses Bild aus! Und, wenn du möchtest, kannst du es einfach in deinen Farbtönen abändern. Wie das geht, beschreibe ich dir auf den nächsten Seiten.

## Malgrund:

Leinwand, 40 × 40 cm

## Farbe:

Weiß, Türkis, Französisch Ocker oder du mischt Goldocker mit einem Tropfen Siena. *Pigment mit viskosem Bindemittel und Wasser anrühren, alternativ: viskose, gebrauchsfertige Acrylfarbe mit Wasser verdünnen Wenn die gebrauchsfertige Farbe fest ist, gib zusätzlich zwei, drei Tropfen Silikonöl dazu.*

## Werkzeug:

- Borstenpinsel, flach, 14 breit, nass
- Borstenpinsel, flach, 50 breit, trocken
- Flächenstreicher, flach, 40 breit, nass
- Fensterwischer
- Tuch zum schnellen Reinigen der Werkzeuge
- Lappen
- Wasserglas
- Zerstäuber mit Wasser

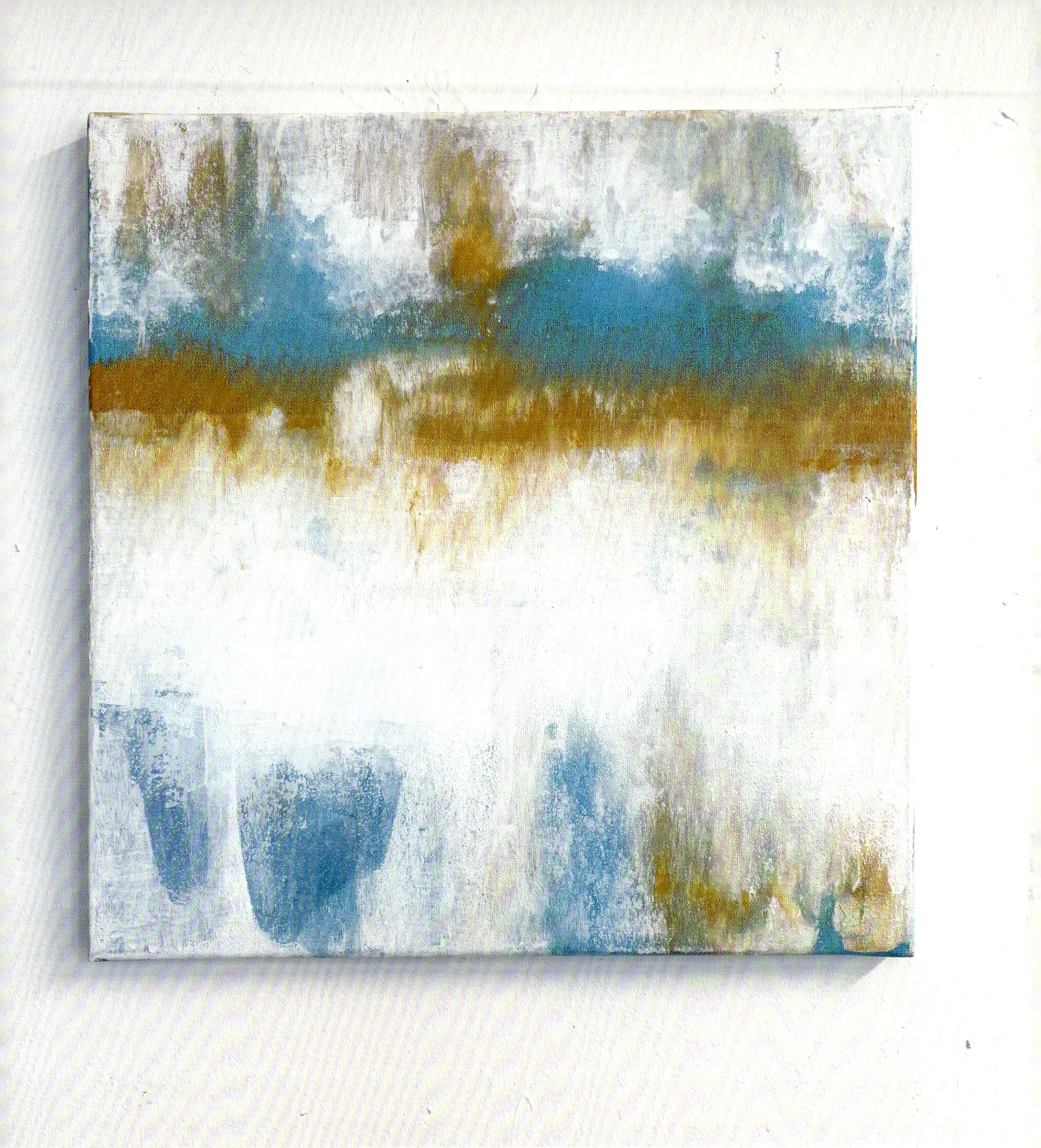

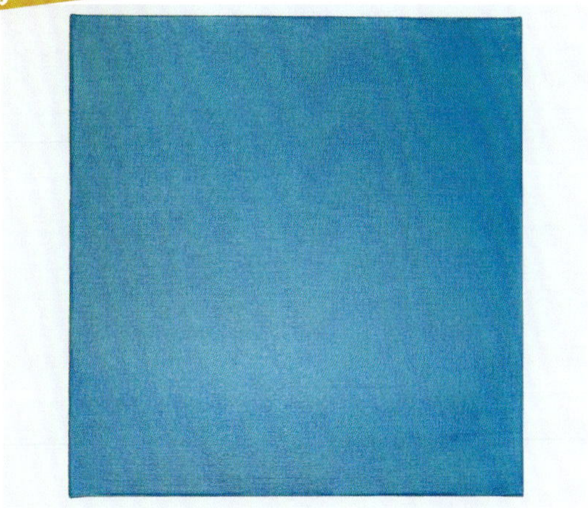

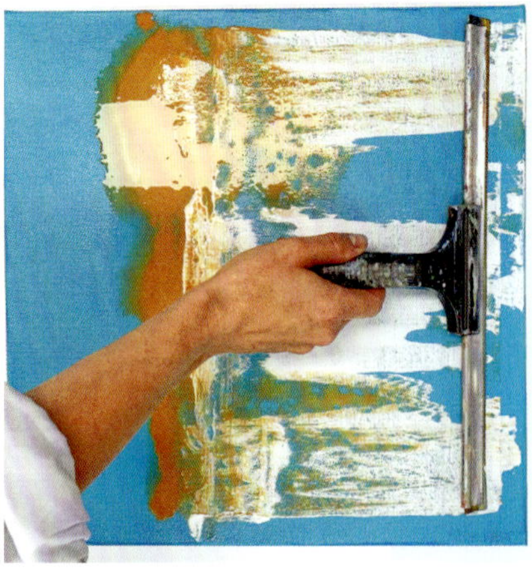

**1** Als Erstes färbe deine Leinwand mit dem Flächenstreicher Türkis ein. Verstreiche die Farbe mit dem trockenen, großen Borstenpinsel nach dem Auftrag. So ist deine Fläche schön homogen und die Pinselstriche vom Auftrag sind verschwunden. Wenn sie nicht weg sind, ist das auch nicht weiter schlimm. Jedes Bild übt dich im Umgang mit den Werkzeugen.

**So kannst du das Bild in deinen Farbtönen gestalten:**
Das Türkis ist dein **Grundfarbton**, der volle Buntton, der die Tiefe in diesem Bild angibt. Du kannst dich hier nach einem Farbton umschauen, der z.B. in deinem Zimmer vorherrscht. Das kann ein dunkles Grün aus dem Teppichmuster sein, ein strahlendes Blau aus Kissen, Bordeaux von der Vase, Orange oder Magenta. Die **mittlere Ebene** wird durch Ocker bestimmt. Ocker geht eine Verbindung zu Türkis ein. Es erdet den luftigen Farbton, ohne dem Türkis die Schau zu stehlen. Hätte ich statt dem Türkis Orange genommen, wäre der Kontrast so stark gewesen, dass das Bild bunt und lebendig geworden wäre. Möchtest du eine ruhige und ähnliche Ausstrahlung in deinem Bild erhalten, wähle Ocker, Grau, Braun zu deinem Buntton. Weiß bildet die **neutrale Höhe** im Bild. Du kannst stattdessen einen Farbton wählen, der aus deinem zweiten Farbton besteht, nur mit Weiß abgemischt ist.

**2** Sprühe Wasser mit dem Zerstäuber auf die Leinwand. Dann trägst du die Farbe wie folgt auf: Teile gedanklich deine quadratische Fläche in $^1/_3$ zu $^2/_3$. Dies ist ca. die Aufteilung des Goldenen Schnitts. Die Linie, die sich aus dieser Flächenaufteilung ergibt, ist dein Anhaltspunkt deiner Bildaufteilung. Betrachte deine Fläche und die Aufteilung: oberhalb ein Drittel, darunter zwei Drittel. Du behältst beim Malen die obere Schnittlinie im Auge. Auf dieser wird später dein Türkis immer sichtbar bleiben. Gib franz. Ocker auf diese Linie. Ich habe den Ocker mit flüssigem Bindemittel gemischt. Wenn du gebrauchsfertige Acrylfarbe benutzt, kannst du diese mit Wasser verdünnen. Damit es nicht zu dünnflüssig wird, kannst du auch etwas Silikonöl dazugeben. Dann fließt die Farbe leicht, läuft aber nicht weg. Gib Weiß (genauso verdünnt) unterhalb des Ocker auf deine Leinwand. Dann nimmst du den sauberen Fensterwischer und ziehst damit die Farbe nach unten. Drehe den Fensterabzieher und wische das Weiß noch einmal entgegengesetzt, also von unten, zu der abgeteilten Linie hin.

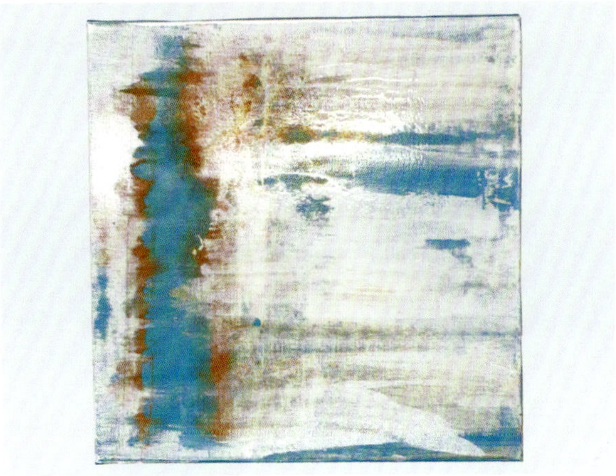

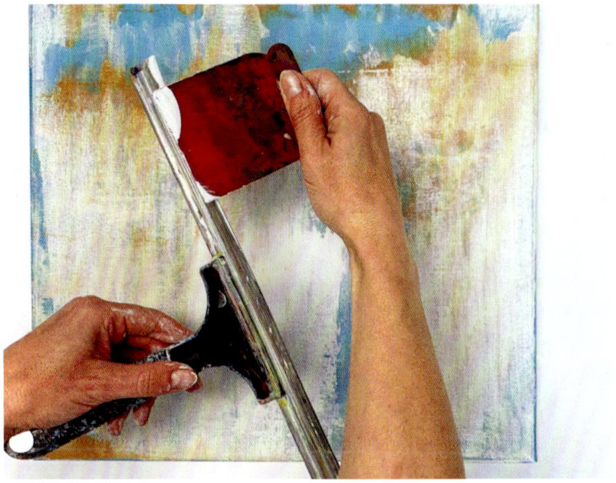

**3** Drehe nun deine Leinwand einmal herum. Du bearbeitest jetzt den freien, oberen Teil. Trage dazu wieder Ocker auf das Türkis auf und darunter, zum Rand hin, dein Weiß. Lass dabei die türkisfarbene Linie frei. Setze also etwas höher mit dem Farbauftrag an. Gehe genauso vor wie zu Anfang. Verstreiche, mit dem Fensterabzieher, die Farben ineinander. Du führst das Werkzeug einfach von der aufgeteilten Linie zum Rand. So bleibt mittig das Türkis vom Untergrund voll sichtbar. Zu den Flächen ist eine ineinanderfließende Farbschicht entstanden. Drehe die Leinwand wieder und lockere sie etwas auf. Sprühe Wasser punktuell auf die Farbe. So wäschst du den Untergrund frei. Verstreiche noch etwas mit dem Fensterabzieher die Farben und tupfe Stellen mit einem trockenen Tuch nach. So bleibt die Fläche glatt und aufgelockert zugleich. Lass es einmal trocknen.

**4** Ist deine Fläche zu dunkel abgetrocknet, kannst du einfach noch einmal Weiß über die hellen Stellen geben. Wenn du mit dem Pinsel die Farbe auf deinen Wischer gibst und danach die Farbe auf die Leinwand abziehst, kannst du so gezielt Farbe auftragen. Nimm ruhig ein Tuch und wische teilweise die Farbe wieder ab. Dann sind die Farbaufträge in sich homogener. Stelle dein Bild ruhig einmal an den Ort, wo es später hängen soll. Hier wirken die Farben oft anders, da die Lichtverhältnisse unterschiedlich sind. Ist dir deine Fläche jetzt zu gedeckt, kannst du auch das Türkis nach vorne holen, indem du es auf das Weiß gibst. Dazu kannst du genauso vorgehen wie vorher oder deinen Kunststoffspachtel benutzen, um gezielt Türkis, oder auch Ocker, aufzutragen.

# Über die Autorin

Petra Thölken wusste schon als Kind, dass sie Künstlerin werden möchte und erlernte die Ölmalerei von der Pike auf. In ihrer Freizeit nach der Schule fertigte sie Zeichnungen aus Pastellkreide und Bleistift an. Ihre Inspiration nahm sie meist aus der Natur. Später, als selbstständige Designerin, entwarf sie für namhafte Privatpersonen Einzelmöbel und bald ganze Raumkonzepte. 1999, auf der Suche nach neuen, größeren Räumen für das Design- und Planungsbüro wurde sie im Herzen von Hannover fündig. Die alte Fabrik bot auch Platz für ihr heutiges Atelier. 2004 eröffnete sie eine Malschule und richtete 2015 unter dem Namen „Künstlerstreich" ihren international beliebten YouTube Kanal ein. Ihre Bilder konnten in Ausstellungen u. a. in New York bewundert werden und sind Bestandteil öffentlicher und privater Sammlungen.

# Liebe Freundin, lieber Freund

Ich freue mich, dass ich dich bis hierhin begleiten durfte. Ich hoffe, du hast durch dieses Buch deinen Wissensschatz erweitern können. Du hast vielleicht sogar eine neue Leidenschaft entdeckt und damit einen Ort geschenkt bekommen, an den du dich begeben kannst, um zu dir zu finden. Wo du deine Vorstellungen und Fantasien ausbreiten und sichtbar machen kannst. Fühle dich und drücke es künstlerisch aus. Denn, wie ich hier und da erwähnt habe, der Ausdruck ist ausschlaggebend in deinem abstrakten Bild. So kommt es vor, dass du ein Thema in einem Bild abarbeitest. Du hast wahre Kunst zugelassen. Vielleicht hast du dich durch die eine oder andere Technik kämpfen müssen oder hast, ganz leicht, einen herrlich strahlenden Maltag mit dir verbracht. Glaube mir, es gehört beides dazu. Bei mir ist es so, dass ich manchmal an ein Bild gehe, wo ich vorher schon wusste, dass es nichts wird. Ich musste es trotzdem malen. Wenn ich es gemalt habe, bin ich los, was auch immer ich loswerden musste. Male ich es dann noch einmal, ist es so, als ob ein Vorhang gefallen ist. Es wird sichtbar, was ich erhofft hatte zu sehen, ohne zuvor gewusst zu haben, wie es aussehen könnte. Also egal, wonach dir jetzt ist, egal, welche Stimmung du jetzt hast, du kannst die Malerei für dich nutzen. Und wenn dir danach ist, verabschiede dich von den Vorlagen. Komponiere ein Bild nach eigenen Vorstellungen. Jetzt ist der beste Moment, Neues zuzulassen. Ein Werk, auf welches du mit Stolz schaust, weil es deine Handschrift trägt.

# Danksagung

Herzlichen Dank an dich, liebe Franziska, meine liebe Ansprechpartnerin, in dem wunderbaren EMF Verlag. Vielen Dank an den Verlag, insbesondere an Luca und all' diejenigen, die ebenso zu dem Gelingen dieses Werkes beigetragen haben.

Danke an meine beiden Sponsoren STABILO International GmbH und Johann Froescheis Lyra-Bleistift-Fabrik GmbH & Co. KG.

Danke an all die lieben Menschen, die mich begleiten und mich stets unterstützen.

## IMPRESSUM

Bibliografische Information der Deutschen Bibliothek.

Die Deutsche Bibliothek verzeichnet diese Publikation in der Deutschen Nationalbibliografie.

Detaillierte bibliografische Daten sind im Internet über http://www.dnb.de/ abrufbar.



Bei Fragen zur Produktsicherheit wenden Sie sich an

Edition Michael Fischer GmbH
Kistlerhofstr. 70
81379 München
kontakt@emf-verlag.de



EIN BUCH DER EDITION MICHAEL FISCHER

11. Auflage 2025



Covergestaltung: Pia von Miller
Layout und Satz: Luca Feigs
Produktmanagement: Dr. Franziska Witt-Klorer

ISBN 978-3-96093-667-1

Gedruckt bei C&C Offset Printing Co., LTD., 14/F C&C Building, 36 Ting Lai Road, Tai Po, N. T. Hong Kong, China

www.emf-verlag.de

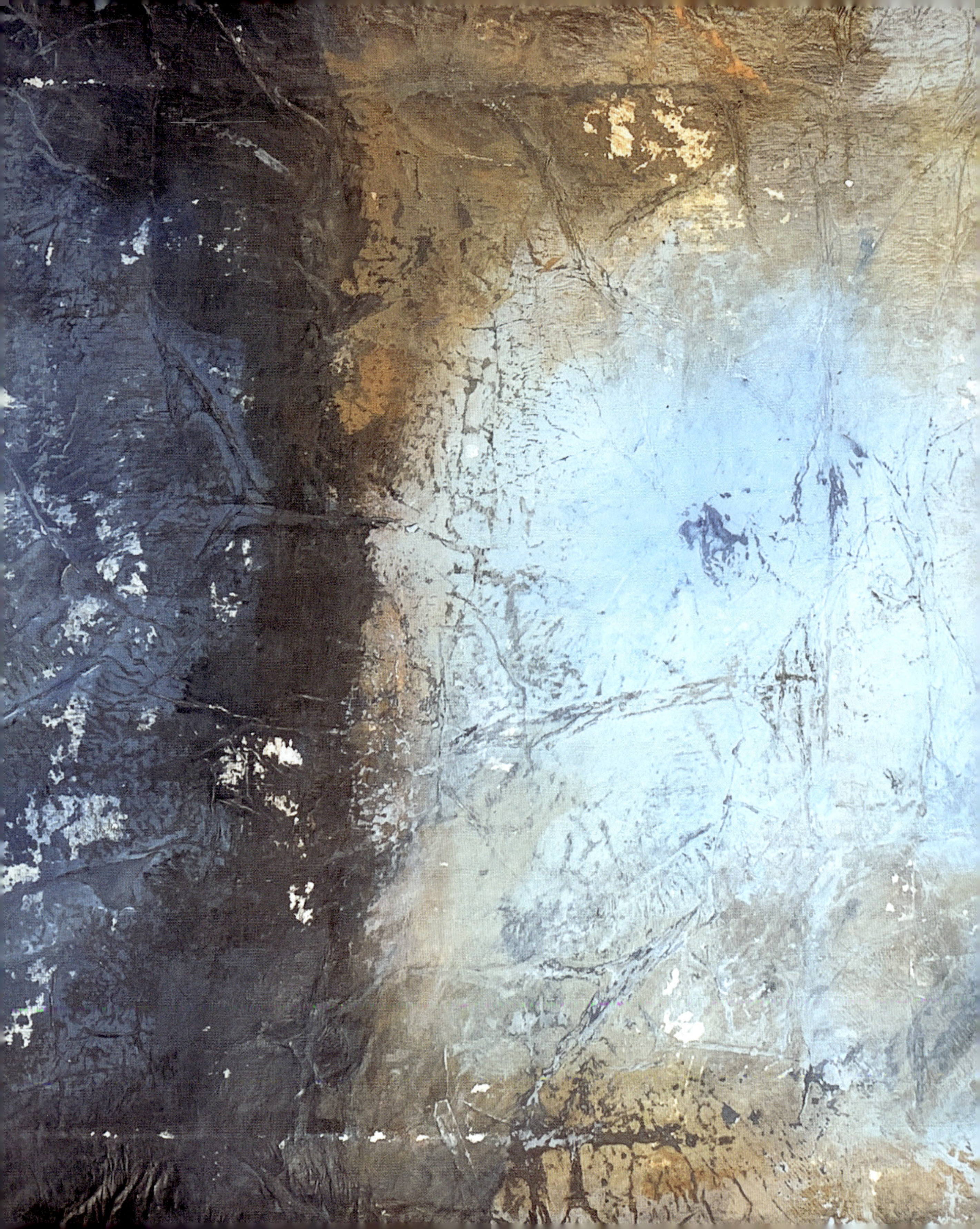